本土人类学与民俗研究专题

之一

生熟有度

汉人社会及文化的一项结构主义人类学研究

周星 著

创于1897 商务印书馆 The Commercial Press

2019年·北京

图书在版编目（CIP）数据

生熟有度：汉人社会及文化的一项结构主义人类学研究 / 周星著．—北京：商务印书馆，2019
（本土人类学与民俗研究专题）
ISBN 978-7-100-17778-8

Ⅰ.①生…　Ⅱ.①周…　Ⅲ.①汉族—民族文化—研究—中国　Ⅳ.①K281.1

中国版本图书馆CIP数据核字（2019）第188700号

本土人类学与民俗研究专题之一
生熟有度
——汉人社会及文化的一项结构主义人类学研究
周星　著

商　务　印　书　馆　出　版
（北京王府井大街36号　邮政编码100710）
商　务　印　书　馆　发　行
北京艺辉伊航图文有限公司印刷
ISBN 978－7－100－17778－8

2019年10月第1版　　开本880×1230　1/32
2019年10月北京第1次印刷　　印张9

定价：45.00元

总 序

人类学与民俗研究的学术实践

1994年6月，费孝通教授为“人类学与民俗研究通讯”题写了刊名，该“通讯”由此前不久成立的“北京大学人类学与民俗研究”中心主办，我当时在北京大学社会学人类学研究所任教，曾经和同事们一起参与了这个中心和这份小刊物的创办。这份不定期的旨在沟通校内同行学者的学术信息类刊物，对当时国内的人类学、民族学和民俗学界产生了一定的影响，于是，我们就不再局限于校内，而是把它不定期地邮寄给国内其他高校和研究机构的同行。不经意间，二十多年过去了，世事与人事均有了许多变故，但对我来说，当年导师费孝通的题词鼓励一直不曾淡忘，它成为我沿着“人类学与民俗研究”这条学术道路持续走来的主要动力。如今人过六旬，确实是到了将多年来学术研究的一己实践所形成的积累逐一推出，以便向学界同行师友汇报，同时也到了对自己的学术生涯有所归纳的时候了。但值此推出“本土人类学与民俗研究专题”之际，我反倒深感不安，觉得还有必要将有关的思路、心路再做一点梳理。

初看起来，我是把文化人类学（民族学）和民俗学这两个学术部门“并置”在一起，甚或是搅和在一起，试图由此做出一点具有新意的探索，但这样的冒险也可能弄巧成拙。或许在习惯于学科“圈地”中纠结于名正言顺的一些同行师友看来，我的这些研究既不像是典型的文化人类学，可能也远非人们通常印象中的民俗学。如果容许我自我辩解一下，我想说的是，反过来，它们会不会既有点像本土的文化人类学，又有点像是一种不同的民俗学呢？至少我是希望，这些研究或者是借重了文化人类学的视野、理念和方法的民俗学研究，由此，它不同于国内以民间文学为偏重的民俗学；但同时，它们或者也可以是一类经由民俗研究而得以实现自立的人类学研究，由此，它虽然没有那么高大上，没有或少了一些洋腔洋调，倒也不失为较接地气、实实在在、本土化了的人类学，多少是有那么一点从中国本土生长出来的意思。

文化人类学对于中国来说，原本是“舶来”的学问。中国的文化人类学在大规模地接受西方文化人类学浸染的同时，相对于西方文化人类学而言，其在中国落地生根，便形成了中国特色的本土人类学。中国本土的文化人类学虽然在以英美法为主导的文化人类学的世界知识体系中处于边缘性的地位，但它却无疑是为中国社会及公众所迫切需要，这一点反映在它曾经的“家乡人类学”取向上，而正是这个取向使得它和一直以来致力于本土文化研究的民俗学，几乎是不可避免地相互遭遇。在我看来，文化人类学和民俗学在中国学术界的此种亲密关系犹如宿命一般，重要的是，它们的遭遇及互动是相得益彰的，文化人类学因此在中国实现了本土化，民俗学则因此而可以实现朝向现代民俗学的转型。

在沿着这条多少有些孤单、似乎也“里外不是人”的道路上摸索前行的过程中，我有幸获得杨堃、费孝通和钟敬文等学界前辈导师的指教和鼓励，这几位大师或多或少都具有文化人类学（民族学）家和民俗学家的双重乃至多重的身份，所以，我从他们的学问中逐渐地体会到了“人类学与民俗研究”的学术前景其实是大有可为的。与此同时，多年来，我也受惠于和我同辈甚或比我年轻的学界同行。比如说，我的朋友小熊诚教授对费孝通和柳田国男这两位学术大师的方法论所进行的比较研究，就曾使我深受启发，因为他的研究不仅使我意识到中国文化人类学作为“自省之学”的意义，还使我觉悟到比较民俗学作为和文化人类学相接近、相连接的路径而具有的可能性。还有，我拜读另一位日本文化人类学家桑山敬己教授对于文化人类学的世界知识体系与日本文化人类学的关系所做的深入研究，很自然地产生了很强的共鸣，他在《本土的人类学与民俗学——知识的世界体系与日本》这部大作中提到，日本长期以来只是被西方表象的对象，这一点颇为类似于文化人类学作为研究对象的“本地人”（native）。我想，中国又何尝不是如此呢？在深切地意识到被“他者”所表象的同时，一直以来习惯于被观察、被研究、被表象而沉默不语的本地人或本土知识分子，尤其是本土人类学家，不仅能够阅读那些关于自己文化的他者的书写，也能够开始使用母语讲述自己的文化，这该是何等重要的成长！再进一步，便是我以前的同事高丙中教授多年来一直努力的那个方向，亦即中国的文化人类学从“家乡”或“本土”的人类学，朝向“海外民族志”延展的学术之路，不仅讲述和表象自己的文化，还要去观察、研究、讲述和表象其他所有我们感兴趣的异文化，进而通过以母语积累的学术成果，为中国社会的改革开放，为中国公众的世界认知做出必要的贡献。如果说从民俗学走向文化人类学的高丙中教授，他所追求的是更进一步朝向外部世界大踏步迈去的中国人类学，那么，似乎是从文化人类学（民族学）走向民俗学的我本人，所追求的或许正是本土人类学进一步朝向内部的深入化。无论如何，在使用母语为中国读者写作这个意义上，在将通过“人类学与民俗研究”所获得的点滴知识与成果回馈中国社会与公众读者的意义上，我们或多或少都是在尝试着去践行费孝通教授所提示的那个“迈向人民的人类学”的理念。

有趣的是，上述几位和我同辈或比我年轻的中日两国的学者，也大都兼备了文化人类学家和民俗学家的双重身份，这么说，并非自诩我也是那样，而是说我们大家都不约而同地认知到，并且都在实践着能够促使文化人类学和民俗学之间相互助益的学术研究。这让我想起了费孝通教授关于人类学田野工作方法中能否“进得去”和“出得来”这一难点的归纳。对于以异文化为对象的文化人类学研究而言，能否进得到对象社区里去，可能是一个关键问题；而对于以本文化为对象的民俗学研究而言，能否出得来，亦即能否走出母语文化的遮蔽，则是另一个关键问题。就我的理解而言，我们在“人类学与民俗研究”的路径中，通过对双方的比照和参鉴，的确是有助于化解上述难点的。实际上，文化人类学和民俗学的对应关系，在我的理解中，还有“异域”和“故乡”（祖国）、“他者”和“同胞”、“田野工作”和“采风”、“外语”和“母语”等许多有趣的方面，也都很值得深思。

不仅在中国，也包括日本以及许多其他非欧美国家的本土人类学家，很多人是在西方受到专业的人类学训练，所以，他们洞悉欧美人类学的那些主要的“秘密”，包括“写文化”、表象和话语霸权之间的关系等。诚如桑山敬己教授所揭示的那样，这些本土的文化人类学家能够凭借母语濡化获得的先赋优势，揭示更多异文化他者（包括西方及日本以中国为田野的人类学家，或使用汉语去表象少数民族文化的汉族出身的人类学家）往往难以发现及领悟的本土文化的内涵，所以，比起他们的欧美人类学家老师来，他们在认识自己的本土社会、表象本土文化时确实是有更多的优势或便利，他们容易发现欧美人类学言说的破绽，他们对于自身所属的本土社会在文化人类学中被表象的部分或对于被外来他者所误读的部分，常常倾向于给出不同的答案。虽然他们总是被欧美人类学体系边缘化，但边缘自有边缘的风景。

现时代的文化人类学已经很难认可某种特定的言说或表象，而是需要在研究者、描写者和被研究者、被描写者的双方之间，基于对相同的研究对象的共同学术兴趣，形成对所有人均能开放的交流空间。文化人类学的知识越来越被证明其实是来自它和对象社区的本土知识之间的反复对话，所以，我们应该倡导的是一种在不同的世界之间交流知识和沟通信息的人类学。在我看来，始终致力于本文化研究的民俗学乃是本土知识的即便不是全部，也是最为主要的源泉，所以，文化人类学和民俗研究的相遇、交流和对话，确实是可以促成丰硕的学术产出。所以，中国截至目前依然在某种程度上存在的来自文化人类学对于民俗研究的藐视，即便乍看起来似乎是有那么一些根据，例如，民俗学在田野调查、民俗志积累或是理论建树方面有较多的欠缺等等，但若仔细斟酌，却也不难发现在此种姿态背后的傲慢、偏见与短视。

长期以来，中国的本土人类学并不是为了补强那个文化人类学的世界知识体系或为它锦上添花而存在的，它主要是基于国内公众对于新知识的需求，基于中国学术文化体系内在的理据和逻辑而逐渐成长起来的。文化人类学在中国肩负着如何在国内本土的多民族社会中，翻译、解说和阐释其他各种异文化的责任，因此，它对于国内各民族的公众将会形成怎样的有关异域、他者、异文化或具体的异民族的印象，减少、降低甚或纠正有关异族他者的误会、误解，以至于消除偏见和歧视等，均至关重要。与此同时，它也需要深入地开掘本土文化的知识资源，推动国内公众的本土文化认知，引导、包容、整合乃至于融化经常表现在民俗研究之中的各种文化民族主义式的认知与思绪，进而引导一般公众达致更为深刻的文化自觉。因此，中国文化人类学的“海外民族志”发展取向和对本土文化研究的深入开掘应该是比翼齐飞，而不应有所偏废。我相信，要达成上述具有公共性的学术目标，文化人类学和民俗研究在中国本土社会及文化研究领域里的互动与交流是非常必要的，而且也是可行的。从长远看，这种互动刺激的路径能够在国内的新知识生产中发挥创造性，从而既为中国社会科学及人文学术的发展做出贡献，也在推动民众提升有关文化多样性、文化交流、族群和睦、守护传统遗产、根除歧视等国民教养方面有所作为。

文化人类学在中国的内向深化发展，很需要来自民俗研究的支持；它们两者的相互结合，既可以促使人类学的本土文化研究不再停留于表面肤浅的层面而得以迈向深入，也将有助于提升中国民俗研究的品质，扩展中国民俗学的国际学术视野，以及推动它朝向现代民俗学的方向发展。这就是我多年来较为坚持的学术理念，收入“本土人类学与民俗研究专题”系列的若干专题性研究，也大都是在上述理念的支持下，历经十多年乃至数十年的认真思考与探索逐步完成的。这些各自独立的专题性学术研究，大都缘起于个人的学术趣味，虽然它们彼此之间未必有多么密切的关联，但大都算得上是在“人类学与民俗研究”这一学术路径上认真实践、砥砺前行所留下的一串脚印。现在不揣浅陋使之问世，我由衷地希望它们能够为中国的文化人类学及民俗学的学术大厦增添几块砖瓦，当然，也由衷地希望诸位同行师友及广大读者不吝指教。

周　星

2019 年 2 月 28 日

记于名古屋

目　录

导　言

在汉人的社会与文化中，普遍地存在着一些既相互关联、彼此或交错或对应，但往往又能够自成单元的分类系统或者认知框架，许多主要表现为“二元组合”的分类范畴或“本土”概念之中，诸如“阴阳”、“五行”、“内外”、“表里”、“寒热”、“虚实”、“生熟”、“天地”、“高低”、“上下”、“左右”、“君臣”、“善恶”、“公私”等等。所有这些范畴或概念之间错综复杂的关系，至少部分地构成了汉人社会与文化之复杂性的重要侧面，同时，它们也是构成汉人社会及文化之传统性知识体系的重要组成部分。在上述诸多“本土”概念当中，由于“五行”之间存在着若干两两相生相克的关系，因此，它也可以被看作由若干“二元组合”的分类范畴所形成的一个循环、封闭和自足的体系。

人们对于周遭事物或人事的分类，作为其社会日常生活或文化“常识”，总是容易为所在其中的人们熟视无睹，视为“理所当然”。很多内在于分类的意识或意义，往往还颇为隐晦地潜藏在其社会文化结构的深部。上述汉人社会及文化里的那些分类就是如此，它们虽然非常重要，却很少被人们清晰地意识到。通过对于类似上述每一对这样的分类范畴展开深入的研究，我们就有可能接近于理解汉人社会与文化的某一个特定面向的各种问题，甚或接近于理解汉人社会与文化某些部分的比较深层的结构与特质。而且，对于上述某些分类范畴的研究，往往还能够触类旁通和举一反三，比如，“阴阳”这一对范畴，实际上就具有相对较高的抽象性，因而它们也就有可能涵盖较为宽泛的面向，由此类研究得出的认识，对于说明汉人社会与文化的原理及特质，当然也会具有较强的解释力。在分别对这些基本的范畴逐一地展开分析和探索的基础之上，进而发现或建构各组范畴之间的关联，这对于比较系统和深刻地揭示汉人社会及文化的奥秘，显然会有建设性的贡献。尽管有学者批评说“二元对立”的分析已有泛滥的倾向，但就汉人社会及文化而言，相关的实证性研究其实还远远不够充分。尤其重要的是，这些基本成组的概念和范畴，都是在汉人社会及文化的传统脉络之中形成的，都是一些重要的“本土”概念，对它们反复地进行推敲，自然是汉人社会及文化研究应该着重关注的项目。

我倾向于把上述那些范畴同时视为一系列分类、分类组合或分类的本土知识体系。文化人类学早就揭示出人是分类的动物，分类在人的行为中具有核心位置，它通常成为某一文化里的“常识”，或者是其不言而喻、理所当然的知识体系的一部分。自从法国人类学家涂尔干（Emile Durkheim）和莫斯（Marcel Mauss）开创了人类学的分类研究以来，分类问题就始终是人类学的一个持续关注的焦点，有关分类研究的积累以及“民俗分类”的方法，逐渐地还在社会文化人类学领域中促成了认知（或知识）人类学这一研究方向的出现与发展。在涂尔干和莫斯看来，分类是“指人们把事物、事件以及有关世界的事实划分成类和种，使之各有归属，并确定它们的包含关系或排斥关系的过程”。他们在 1903 年发表的论文“分类的几种原始形式：集体表现之研究”①，研究了澳洲土著社会，发现其对事物的分类与对人的分类之间有着相互对应的关系，据此得出了分类体系是受到所在社会结构的影响而起源的结论。这两位法国人类学家甚至还精辟地指出，“事物的分类则再现了人类的分类”、“最初的分类就是人的分类”②。值得一提的是，虽然他们充分认识到中国文化中分类问题的复杂性，但他们既没有对中国文化中那些不同的分类体系进行整合性说明，也没有解释中国的社会结构是如何决定其分类体系，以至于使它如此复杂。

和涂尔干、莫斯的分类研究多少具有进化论的色彩相对比较，法国人类学家列维－斯特劳斯（C. Levi-Strauss）则试图从诸民族的分类事项中归纳或抽象出人类更具有普同性甚或终极性的二元对立分类，如“自然”与“文化”。但列维－斯特劳斯的方法也和涂尔干、莫斯的方法类似，都是从某一分类出发，然后再去寻找该分类与某社会及文化中其他组成部分之间可能存在的关联性。由他们几位形塑的研究分类问题的人类学传统，后来在英国人类学家罗德尼·尼达姆

① 〔法〕爱弥尔·涂尔干、马塞尔·莫斯：《原始分类》（汲喆译），上海人民出版社，2000 年 3 月。

② 同上书，第 12、89 页。

（Rodney Needham）等人的学术追求中得到了继承和发挥。尼达姆曾经翻译过涂尔干与莫斯的著述，他非常重视法国社会学年鉴学派的传统命题，如二元论的象征分类等。尼达姆在为《原始分类》英译本所写的导言中曾经指出，“社会人类学最原初的、最基本的关怀，就是分类”。人类学家在田野研究中，“他每一次学到的东西，在本质上都是分类”。“所以，他在分析上的任务，首先就是要理解分类的模式。”① 曾经被认为是“原始思维”或“野性思维”之特征的二元论，在尼达姆的深入研究中，被扩展到世界范围内所有已知的社会或文化。尼达姆的观点是，诸如“左/右”、“男/女”、“生/熟”、“生/死”等二元的象征分类，乃是基于人类共同心智而在所有社会及文化里均广泛存在或弥漫着，是人类具有相同结构的思维模式的基础。因此，尼达姆也可以说是列维-斯特劳斯颇为彻底的追随者。

和以往的古典进化论和功能主义人类学明显不同的是，列维-斯特劳斯主张，人类学应该深入探讨诸民族社会及文化中深层的无意识思维活动的结构②，为此，他把通过多种变量或要素相互结合而形成的对置或并置关系视为某一文化的结构，致力于从人类的婚姻制度和亲属关系中、从图腾及诸民族的神话中寻找和发现这样的结构。通过对这些结构的梳理和分析，列维-斯特劳斯列出了一长串二元对立的关系范畴，认为在它们彼此之间是可以相互转换、彼此过渡的，

① 〔英〕罗德尼·尼达姆：“《原始分类》英译本导言”，载〔法〕爱弥尔·涂尔干、马赛尔·莫斯：《原始分类》（汲喆译），第96—141页。

② 杨堃：《社会学与民俗学》，四川民族出版社，1997年3月，第157页。

亦即它们彼此之间具有相互隐喻的关系。的确，在列维－斯特劳斯的努力下，结构主义人类学拓展了文化人类学的解释力，并达到了此前未曾触及的深度。列维－斯特劳斯试图并在一定程度上证明了在诸民族文化的颇为凌乱和无规则的任意表象之底层，潜存着人类心智的一致性，以及颇为相似甚或一致的逻辑性思维运作；人类心智的活动在一定意义上，正是使用上述那样一些结构去表现、再现或重构生活世界的各种经验、事实或现象。他认为，“在人类的内心，有对于秩序的基本渴求”，人类具有“从无秩序或混沌状态”中寻找或建构秩序的本能，而“谈论秩序或规则和谈论意义是一回事”。[①]

“分类”，说到底，无非是人们理解、把握、控制，进而建构、组织或整理其周围的世界，包括自然、人文及社会在内的世界，建立或者形成尤其是人们的日常“生活世界”[②]的某种初步秩序的基本途径和主要工具。“这种对于秩序的要求也是一切思维活动的基础。”[③]人们几乎是自发地对其所经验的自然和社会现象进行分类和安排的，分类是人们建立认知、产生意义，甚或走向科学的第一步。无论对于哪个社会或文化而言，分类都是其社会、文化与日常生活得以展开和实现的一种过程，它既可能是无意识的，根植于人类认

① レヴィ＝ストロース：『神話と意味』（大橋保夫訳），みすず書房，1996年12月，第14—16頁。

② 高丙中：《民俗文化与民俗生活》，中国社会科学出版社，1994年9月，第133—138页。

③ 〔法〕列维－斯特劳斯：《野性的思维》（李幼蒸译），商务印书馆，1987年5月，第14页。

知一致性的先天逻辑和思维能力，也完全有可能是在生活智慧方面富有创新性的，因此，它往往还具有社会实践的指向和文化建构与创造的意义。“不管分类采取什么形式，它与不进行分类相比自有其价值。”① 分类不仅是人们日常生活之基本逻辑与其社会之组成原理的表述，它还是文化的表现形态。只要联想起汉人社会与文化中“阴阳”分类与“男女”两性之社会角色的对应，联想起“左右”分类与政治意识形态乃至权力结构的隐喻性关联，对此，也就不难理解了。对于生成、发展和延续于汉人社会及文化中，并不断地被重新解说、定义、变通和再生产的上述诸多分类范畴，大致都可以如此去理解。

几乎所有的人类学家都充分地认识到，“分类，从人类学的意义上说，意味着根据社会上已经确定的范围和类型区分物体、人、动物和其他现象。在任何社会，这都是知识体系的一个重要组成部分，而知识总是与社会组织和权力有关”②。“（分类）贯穿于许多从本土的角度对周围世界的理解当中——既包括自然世界也包括文化世界，……此外，在人们以惯常手段处理日常生活事物的过程中，对事物进行分类的观念也为人们如何措辞或者说如何使用意象来表达自己的想法提供了基础。”③ 人总是通过分类来认识宇宙万物，

---

① 〔法〕列维－斯特劳斯：《野性的思维》（李幼蒸译），第 14 页。

② 〔挪威〕托马斯·许兰德·埃里克森：《小地方，大论题——社会文化人类学导论》（董薇译），商务印书馆，2008 年 12 月，第 308 页。

③ 〔美〕麦克尔·赫兹菲尔德：《什么是人类常识——社会和文化领域中的人类学理论实践》（刘珩等译），华夏出版社，2006 年 1 月，第 196 页。

并赋予其所处的自然及人文社会生活以秩序的，人总是试图通过分类而将其生活世界归纳得井井有条。“人是会分类的生物，他们会区分有序和无序、内部和外部、洁净和不洁净。”[①]尤其是在结构主义人类学看来，“任何一种分类都比混乱优越，甚至在感官属性水平上的分类也是通往理性秩序的第一步”，“即使是一种不规则的和任意性的分类，也能使人类掌握丰富而又多种多样的事项品目；一旦决定要使每件事都加以考虑，就能更加容易形成人的‘记忆’。”[②]

但是，人在通过分类把握和理解世界并建构秩序的同时，也总是会制造出问题，因为分类总是在形成秩序的同时，也必然会生产出秩序的对立面“无序”或秩序之“外”，因为分类的整合性程度千差万别，“任何一种已有的分类体系都免不了会产生非正常的东西”[③]，尤其是在分类体系所无法穷尽的边缘、剩余、中间或过渡状态，就会问题丛生，甚或成为“污染”和“危险”的起源。英国人类学家玛丽·道格拉斯（Mary Douglas）认为，“污秽是事物系统排序和分类的副产品”[④]，而“异类通常与危险和污染相联系”[⑤]。在她看来，象征分类是社会的基础，而那些“异类”（anomalities）

① 〔挪威〕托马斯·许兰德·埃里克森：《小地方，大论题——社会文化人类学导论》（董薇译），第311页。

② 〔法〕列维－斯特劳斯：《野性的思维》（李幼蒸译），第21—22页。

③ 〔英〕玛丽·道格拉斯：《洁净与危险》（黄剑波等译），民族出版社，2008年9月，第49页。

④ 〔英〕玛丽·道格拉斯：《洁净与危险》（黄剑波等译），第45页。

⑤ 〔挪威〕托马斯·许兰德·埃里克森：《小地方，大论题——社会文化人类学导论》（董薇译），第310页。

正是由于其无法根据给定的分类法予以安置，所以，便对秩序构成威胁。实际上，所谓“异类”或异常之物，一般来说，不宜简单地只被归结为“正常”的反面，它不只是列维－斯特劳斯式的二元对立构造中的一元，在很多时候，还因为它触犯了或逸脱于社会认知及文化分类的某种底线或边际，而有可能被视为“暧昧”、“不纯”、“污秽”和“危险”的存在。当然，对于这些暧昧、不纯、污秽或危险的存在，不同的社会或文化体系往往会有不同的定义。例如，同性恋在某些社会可能只是“另类”并在某种程度上被容忍，但在另一些社会却有可能绝对不被接受，甚至被视为“邪恶”。通常，一个文化对于人的分类，往往内涵着道德性评价，人们往往会在内部寻找那些被“污染”了的存在或外部邪恶势力的代理人，试图驱逐之或至少使它们边缘化，从而维系社区或体系内部的“净化”状态。[①]也就是说，社会的秩序得以建构起来多是有赖于其内在的分类体系，这正是道格拉斯《洁净与危险》这一伟大著作所揭示的原理[②]。

“生食/熟食”这一组二元对立的范畴之作为学术命题，最初是由列维－斯特劳斯提出的[③]。通过对它的展开，列维－斯特劳斯提示了结构主义神话学分析的典型方法。正如陈连山教授指出的那样，在列维－斯特劳斯那里，“生食/熟食”

① 〔美〕杰里·D. 穆尔：《人类学家的文化见解》（欧阳敏等译），商务印书馆，2009年7月，第300页。

② 朱文斌：“分类体系的社会秩序建构——对《洁净与危险》的述评”，《社会学研究》2008年第2期。

③ 〔法〕克洛德·列维－斯特劳斯：《神话学：生食和熟食》（周昌忠译），中国人民大学出版社，2007年1月，第1页。

乃是属于神话思维的具体概念[①]，本书所讨论的“生”与“熟”，则侧重强调它是一组在汉人社会与文化中具有原初性，缘起于人们的日常生活，并不断被扩展、渗透和弥漫于社会与文化其他诸层面的基本分类范畴。

列维-斯特劳斯的结构主义人类学及其有关“生食”和“熟食”的命题，经杨堃[②]、王庆仁[③]、郭凡、李幼蒸诸先生译介到中国，至今已数十年之久了，其方法和理论对中国的神话学及文化人类学研究也已经产生了广泛而深远的影响。但“生食”与“熟食”这一对范畴，对于汉人社会及文化的研究是否有意义，或者究竟有多大的意义，截至目前，汉语文献中的相关讨论还非常之少。中国人类学家对这一命题较少回应，很少将它运用于解释汉人社会及文化中的材料，也没有以汉人社会及文化的例证予以检验，或向它提出质疑。但台湾人类学家李亦园可能是个例外，即便不是唯一，他也是少数意识到这一命题对于汉人社会及文化的研究所具有的重要性的人类学家之一。列维-斯特劳斯在其《神话学：从蜂蜜到烟灰》中，曾经对中国的寒食节仪式做过结构分析，认为中国古代周期性的禁火和取火仪式，也无非反映了生食与熟食、自然与文化、寒冷与温暖、短缺与丰盛等二元对立的结构。李亦园先生则在此基础之上，进一步分析了寒食节与介子推传说

① 陈连山：《结构神话学：列维-斯特劳斯与神话学问题》，外文出版社，1999年，第171页。

② 杨堃：“论列维-斯特劳斯的结构人类学派”，《民族学研究》1981年第1期。

③ 王庆仁：《试论列维-斯特劳斯和利奇的社会结构理论和方法》，中国民族学研究会编《民族学研究》第六辑，民族出版社，1985年3月。

相关联的缘由，从中找出了类似“高估人际关系 / 低估人际关系”、“禁火 / 点火”及“文化 / 自然”之类思维结构的相似性及其彼此间的转换关系。[①]

在我看来，列维－斯特劳斯在其结构主义神话学中所提示的“生 / 熟”二元对立的结构性命题，在中国文化尤其是汉人的饮食文化中能够获得强有力的支持。可以说，数千年的汉文化将“生 / 熟”这一组二元对立的范畴或逻辑发挥到了淋漓尽致的地步。遗憾的是，相对于中国学术界关于“阴 / 阳”等范畴的研究来看，“生 / 熟”范畴的研究尚不很多，但这并不意味着它就没有意义，相反，它的重要性远远超出了我们大多数人的想象。

本书对于汉人社会及文化中涉及“生 / 熟”二元对立之多种分类事象的描述和分析，受到列维－斯特劳斯结构主义人类学相关命题的启示，在相当程度上，也是在上述诸多人类学先贤大师的指引之下才得以展开的。本书将向读者全面地展示“生 / 熟”分类范畴在汉人的日常生活、社会结构及文化实践中所具备的多重性的深刻寓意。

① 李亦园：《文化的图像（上）——文化发展的人类学探讨》，允晨文化实业股份有限公司（台湾），1992 年 1 月，第 304—324 页。

第一章 “生”与“熟”：民俗分类的普适性

第一节 对应于“自然/文化”的“生食/熟食”

列维－斯特劳斯在1964年出版的《神话学》第一卷《生食与熟食》以及后来相继于1966年、1968年和1971年出版的《神话学：从蜂蜜到烟灰》《餐桌礼仪的起源》和《裸人》等著述里，特别地提出了“生的与熟的”、“新鲜的与腐烂的”、“湿的与干的”等若干组二元对立的概念，他认为，这些二元对立的项目或逻辑潜藏于各民族的神话之中，它们其实与“自然/文化”等二元对立的抽象范畴之间存在着通过隐喻性关联而相互转换的可能性。在《神话学：生食和熟食》的“绪言”里，他非常明确地指出：“一些经验范畴，诸如生和熟、新鲜和腐败、湿和干等等，虽然只能凭借种族志（ethnographie）观察，且每每得采取一种特定文化的观点，方才可精确地加以定义，却仍可用作概念工具，藉以澄清一些抽象观念，把它们结合成命题。”[①]

对于列维－斯特劳斯来说，比起神话想要传达一些什么信息，更重要的是它是如何传达的。[②] 列维－斯特劳斯曾经和他在法国高等研究院神话研讨班的学生们相互确认过对神话认知的归纳：神话的宇宙虽然是封闭性的，但经过有限的变换程序，同一神话圈内可以生发出无数多的神话；在神话的宇宙里潜在着对称性，生成每个神话的变换成群结对[③]。神话之所以有意义，是因为可以从中发现一系列隐喻性结构。神话是集体无意识的作品，它被认为内涵着人类的心智，于是，神话所反映的隐喻性结构也就能够反映人类的普同而又无意识的思维方式或心智结构。列维－斯特劳斯并不认同要将特定的神话只是放在特定民族的框架之内去理解的功能主义见解[④]，他全部的兴趣就在于论证二元对立结构的普遍性[⑤]。

列维－斯特劳斯认为，即便是看起来毫无关联的神话，其中也会存在一系列相互对应的关系，它们共享着一些颇为严谨的逻辑结构或同构性。类似这样的结构，并非只是存在

---

① 〔法〕克洛德·列维－斯特劳斯：《神话学：生食和熟食》（周昌忠译），第7页。

② 港千尋：「超理性の翼」，渡辺公三、木村秀雄编：『レヴィ＝ストロース「神話論理」の森へ』，みすず書房，2006年4月，第182—189頁。

③ 中沢新一：「『神話論理』前夜」，渡辺公三、木村秀雄编：『レヴィ＝ストロース「神話論理」の森へ』，みすず書房，2006年4月，第8—29頁。

④ レヴィ＝ストロース：『神話と意味』（大橋保夫訳），第36—37頁，みすず書房，1996年12月。

⑤ 〔美〕阿伦·邓迪斯：“结构主义与民俗学”（吴绵译），张紫晨编：《民俗学讲演录》，书目文献出版社，1986年6月。

于某一民族神话中的孤例，列维－斯特劳斯通过对南美诸多民族的神话、制度和风俗的采集与分析，发现那里的神话无论多么复杂或特异，由它们构成的整体却内涵着一定的结构。诸多神话共同的隐喻指向便是“自然/文化”之类的对应关系，如果用列维－斯特劳斯的话来说，即“自然/文化对立是这一切神话的基础”；“热依人火起源神话像图皮－瓜拉尼人关于同一题材的神话一样，也借助双重对立运作：一方面是生食和熟食的对立，另一方面是鲜食和腐食的对立。生食和熟食的轴表征文化，鲜食和腐食的轴表征自然，因为烧煮使生食发生文化转换，正如腐败是它的自然转换”①。尽管这些相互关联的隐喻性关系，或许并不为神话讲述者所自觉，但它们的确是基于人们对某一领域和其他不同领域之间逻辑关系的直觉形成的。

列维－斯特劳斯考察了大量神话，把它们的意义大都归结或还原为一组最基本的二元对立范畴，亦即“自然”与“文化”，这的确是所有人类社会及文化均必须处理的关系或必须对应的境遇，因为所有民族的文化创造都必然是发生在“自然”与“文化”之间的实践过程。就这样，从“生食/熟食”之类感觉或经验性的事项入手，进而就可以发现或建构出更多层面和更为抽象的二元对立项的组合对应关系。列维－斯特劳斯的分析，不仅对于诸多民族之饮食文化的烹饪料理实践及其在各自民族神话中的具现表象，提供了颇有说服力的

① 〔法〕克洛德·列维－斯特劳斯：《神话学：生食和熟食》（周昌忠译），第178、192页。

结构主义阐释，也深刻揭示了从“生”到“熟”的食物加工及分类所潜在的认知意义。

既然“生/熟”的分类范畴能够对应于“自然/文化”，那么，促使从“生食”到“熟食”的转换之成为可能的“火”的发明，以及利用“火”而实现的人工行为——烹饪和料理，也就具有了真正的文化史和文化实践的伟大意义。正因为如此，列维-斯特劳斯特别关注有关“火的起源”的众多神话，他认为，如同“火”在将食物从“生”转化为“熟”的过程中发挥的作用，亦即人之属性出现的标志，“乱伦”也是区分“自然”和“文化”的一个关键因素：通过文化来对性和食物进行转变[①]。按照结构主义的思路，人类是通过烹饪或料理，亦即对食物进行加工而进入“文明”状态的。烹饪“处于自然和文化之间”，烹饪“保证了自然和文化的必要结合。烹饪属于这两个领域，并在其一切表现中都反映出这种二元性”[②]。人类不只是使用工具劳动，不只是使用符号表达意义，人类还烹调食物。于是，在很多场景下，“生食”被认为和“野蛮”、“原始”、“粗野”等相关联，“熟食”则意味着“文明”和成熟的文化进化。

列维-斯特劳斯在讨论神话的深层结构时，排比分析了印第安民族志资料中大量有关“火的起源”和“烧煮起源”

① 〔英〕杰克·古迪：《烹饪、菜肴与阶级》（王荣欣、沈南山译），浙江大学出版社，2010年10月，第24—25页。

② 〔法〕克洛德·列维-斯特劳斯：《神话学：餐桌礼仪的起源》（周昌忠译），中国人民大学出版社，2007年4月，第483页。

的神话[①]，与火的起源或发现相关的，自然是从“生食”到“熟食”的文化发明过程。他“试图以生的与煮熟的、新鲜的与腐败的、湿的与干的等对立的烹饪及感官特质建立一套严谨的逻辑架构。‘生/熟’这个对立组是一再出现的主题：前者属于自然的范畴，后者属于文化的范畴。这两个范畴的差异及其变换是以火的发现为指涉的焦点。他进一步发现在下列各层次上各对立组的对应关系：在食物层次上是‘生的/熟的’、在社会层次上是‘自然/文化’、在宗教层次上是‘世俗/神圣’、在声音层次上是‘静默/音响’等等”[②]。显然，列维－斯特劳斯所追寻和关怀的是超越具体文化的人类普同的思维逻辑结构，来自具体的民族志的分类范畴，只不过是其理论的出发点。

深受结构语言学影响的列维－斯特劳斯后来提出的“烹饪三角”，虽然是对雅各布逊之音位模型的“完全摹仿”[③]，但它作为人类饮食文化的结构模型，却是最为简单、基本和重要的，在人类各文化系统中也大多是普遍存在的，具备了跨文化的普适性[④]。的确，任何文化都以某种或某些方式加工或烹调其食物，这样的加工或烹调例如煮或烤，都是以文

① 〔法〕克洛德·列维－斯特劳斯：《神话学：生食与熟食》（周昌忠译），第98—99、132—133、170—178、191—193页等。

② 黄道琳：《〈神话学〉导读》，载《神话学：生食和熟食》（周昌忠译），时报文化出版公司（台湾），1992年10月。

③ 和少英：《社会－文化人类学初探》，云南民族出版社，1997年12月，第121页。

④ 陈连山：《结构神话学：列维－斯特劳斯与神话学问题》，第43—44页。

化手段使“生食”变为“熟食”，而从“生食”到“熟食”正是一个从自然到文化的过程。在“烹饪三角”的模型中，除了“自然与文化”外，还内涵着“变态与常态”的二元对立。如果说“生食”之被煮熟的过程是文化的，那么，“生食”腐烂的过程则是自然的；常态亦即非人工和非商品的状态，经过不同程度的制作则成为变态的，亦即人工的和商品的。更进一步，列维-斯特劳斯还通过对“煮”、“烤”、“熏”等烹调“生食”为“熟食”的过程所做的文化结构分析，讨论了所谓“文化性”烹调过程和“自然性”烹调过程及其结果的属性（在自然性和文化性之间的）转换。他使用了不少证据以说明任何地方的人民，都有把食物制备过程、食物范畴与某些社会范畴人为地联系起来，形成某种结构的倾向，例如，将“生/熟”及通过不同加工方法产生的食物等级化，并与社会等级或身份形成相互对应的关联。显然，在这样的结构中，跨文化地存在着某些共同的原则。

针对列维-斯特劳斯的研究意向旨在追求人类文化的普遍性结构，英国社会人类学家埃德蒙·利奇（Edmund Leach）在对“烹饪三角”予以评述后指出：“在我们本身的制度中，炙与烤、蒸与煮以及油煎（即用油代替水来煮食）是各不相同的做食方式，这就需要更复杂的模式来加以说明，而列维-斯特劳斯《烹饪三角》的原文中，并没有论证他的这个方案对我们制度也具有普遍性——因而，在这点上，英语世界的读者们便开始怀疑他的全部论证是一个精心炮制的学术玩笑。”[1]尽管利奇承认该命题的普遍性价值，但他指出“生/熟”之间或其过程，包括食物的各种代码要比列维-斯特劳斯最初所指出的更为复杂和凌乱。他说：“列维-斯特劳斯以杰出的洞察力观察到这些行为既是技术的又是表达的。他认为，首先，我们以烹调食物来表明我们是开化的人而不是野兽；其次，我们把烹调和食物配制为各种类型，以使之适合与一种系统的二分代码相一致的不同社会场合。”“列维-斯特劳斯的贡献在于指出了像生/熟、熟/烂、烤/煮、煮/熏这样一些二分概念在食物代码中构成的明显特征，以及它们如何被应用于礼仪行为和神话中。是否总是如此还是一个悬而未决的问题，但是列维-斯特劳斯已令人信服地证明：在某些时候它肯定是如此，这是我们对大脑的思想概念作出物质表述的方法之一。”[2]

曾经令利奇困惑的问题是，与其文化很不相同的其他民族，也用颇为相似的方法分类他们的食物，并有类似的地位区别，例如，“烤”的地位高于“煮”，烤肉在菜肴中的地位较高，就是很普遍的文化特征，似乎在我们汉人社会与文化里多少也有这类倾向。即便列维-斯特劳斯的“烹饪三角”有简化之嫌，难以涵盖所有文化中的不同烹饪模式和全部饮食文化事象，但它毕竟是从不同社会的丰富文化现象或事实中抽象出来的，它对文化深层结构的揭示，对很多不同社会

---

① 〔英〕埃德蒙·利奇：《列维-斯特劳斯》（王庆仁译），生活·读书·新知三联书店，1986年7月，第33—34页。

② 〔英〕埃德蒙·利奇：《文化与交流》（郭凡等译），中山大学出版社，1990年6月，第61—62页。

与文化都有较强的解释力。

正如利奇所说，几乎在绝大多数礼仪的过程中或在其某一阶段，都毫无例外地会涉及吃喝，有关的食物和饮料绝不是任意安排的。活兽肉、死兽肉、生食、熟食等，在几乎每个为仪式所限定的礼物交换系统中，都是重要的组成部分。①在这方面，李亦园先生研究过的汉人祭祀的例子，恰好涉及的便是人们和神灵间的交换关系。

1997 年 1 月，李亦园教授在北京大学举办的第二届社会文化人类学研讨班上，以“宗教、仪式与象征”为题发表了精彩讲演，他特别以南方台湾等地汉人祭祀时所用祭品的分类与象征原则为例证②，指出祭品分类的意义在于人们藉此表达的感情与理念，在于这些感情与理念背后的文化法则。在祭祀中，人们给天公的祭肉是只全猪，通常不经烹煮；对天公以下的神灵，用稍微煮过的一大块半生半熟的肉；祭祀祖先则用小块、煮熟且经调味的肉食；至于祭祀小鬼，则是较为随便的煮熟的菜肴。李亦园认为，这样的祭品分类所反映的内在逻辑，除了以完整和部分表达或寓示神灵世界的高低阶级与尊卑外，还用祭品的“生”、“半生不熟”和“熟”来表示神灵与人类之间生疏与稔熟的不同程度及距离。③

进一步说，这里有两种逻辑分别代表了两种象征法则的表达，前者是接触律，后者以生熟表示远近，是相似律。李

---

① 〔英〕埃德蒙·利奇：《文化与交流》（郭凡等译），第 62 页。

② 李亦园：《宗教、仪式与象征》，载马戎、周星主编：《田野工作与文化自觉》，群言出版社，1998 年 5 月。

③ 李亦园：《文化的图像（上）——文化发展的人类学探讨》，第 184 页。

亦园先生指出，汉人向来有对超自然存在的四分类法（天、神明、祖先、小鬼），而这样的祭品分类，也表达了人们对其概念的定义和态度。对超自然世界的不同对象采取不同态度来对应，就需要把作为礼物的供品和纸钱等物区别开来。尽管祭品的“生”与“熟”，曾经引起不少学者的注意[①]，但却很少人对“熟献”与“生献”之类的问题做过如此深入的追问。

显然，这样的结构分析很有启发性。但是，问题的复杂性还在于祭品之“生”和“熟”的区别，往往只是其很多种区别之一，就像福建省惠东城关的人们祭祀祖先和祭祀孤魂野鬼时的差异那样，除祭品的“生”、“熟”外，在祭典举行的时间、地点和目的等方面，往往也都有所不同。特别是除了结构分析外，还应该看重当地人自己的解释。例如，在惠东城关，据报道人们于年节祭祖时用“熟食”作祭品（如煮熟的鱼、肉和蔬菜等）；而拜“普渡公”（孤魂野鬼）时，则是既有熟，又有生（如米粉、米、面干等，都不煮）。当地人说，熟的东西是让“普渡公”马上吃，生的东西则是让他们带回去慢慢吃。人们考虑得如此周到，是因为祭祀孤魂野鬼的仪式，主要集中在炎热的七月，祭品不宜存放，故有生又有熟，熟的马上吃，生的可带走。这个例子可以说明，除了“无意识模式”，亦即人类学家不能直接观察到的，当

① 曾大愚：《民间祭拜祖先与祭祀孤魂野鬼的差异——以惠安城关居民的祭祀为例》，载台湾省各姓渊源研究学会《台湾源流》，1996年春季号。〔日〕渡边欣雄：《汉族的民俗宗教——社会人类学的研究》（周星译），天津人民出版社，1998年2月，第77—78页。

地人没有意识到的，潜藏于社会文化现象表层下的结构之外，还有所谓“有意识模式”[①]，亦即当地人自己对他们社会文化的认识和解释也很值得引起重视。

第二节 发明“熟食”的文化英雄

“火”的发现和发明，是人类史前史上最普遍和最具有重要性的文化进化的环节之一。这方面不仅有大量的诸如元谋猿人、蓝田猿人、北京猿人“用火”遗痕之类的考古学证据，同时它也在各大文明有关“文化英雄”的神话式记忆中留下了不灭的烙印。就像普罗米修斯为人类盗取“火种”的神话传说之于古希腊文化的意义一样，在中国的“古史传说”中，则有所谓的“燧人氏”时代，燧人氏钻木取火的故事广为人们所传颂。列维－斯特劳斯在其《神话学：生食与熟食》中大量引证了新大陆诸部族有关“火”的起源和“烹饪”的起源之类的神话，均说明“用火”以及由此发明的“烹饪”和“熟食”对于人类脱离蒙昧状态、朝向文明的成长具有何等重要的意义，以及这些意义又是何等深刻地被人类不同的族群以神话的方式所记忆着。

对于先人们的确经历过的发现和掌握“火”以及发明“熟食”的文化创造过程，这段历史即便不能全部复原，但透过考古学的发掘和古文献的梳理，却还是可能再现其梗概的，应该说，发明“用火”的文化进化脉络还是十分清晰的。而

① 王铭铭：《文化格局与人的表述》，天津人民出版社，1997年5月，第28—29页。

新石器时代陶器文化的发达，各种用于蒸煮食物的器皿高度发达，都是证明“火”的使用和“熟食”已被发明出来的确凿证据。根据尚秉和教授的看法，最初的“熟食”似应为“炮食”，“炮”者，裹肉烧之，燎其毛使熟，在“熟食”中为至粗之法[①]。大概到了后来，“黄帝始烹谷为粥”，才进一步发明了“烹煮”的方法。从“炮”到“烹”，大体上也是与考古学揭示的史前史进程相吻合的。总之，“用火”的确是实现“生食/熟食”之转换及其逻辑的基本起点，也是中国文明史上一个至关重要的转折点，它被认为对人类的健康与卫生有绝大的贡献[②]。

即便由于中国古代神话曾经被明显地“历史化”，已经看不到类似列维-斯特劳斯在印第安民族志中采录的那类有关“火”、“烹饪”和“熟食”之起源的完整神话，但在有限的古代神话的片段里面，依然明白无误地给我们讲述着“火”、“烹饪”和“熟食”的故事。这些故事把“火”、“烹饪”和“熟食”归结为某位“文化英雄”的功劳，并与此前“未有火化”的“生食”时代加以对比。

从“生食”到“熟食”的转变，在中国文化史上留下了深刻的印记，人们对于能否“用火”以及是否“熟食”看得非常重要，举凡提到“火”与“熟食”的相关文献，都无一例外地视其为“野蛮”与“文明”的分野。《韩非子·五蠹篇》《白虎通》《风俗通义》《拾遗记》《古史考》等文献均提

---

① 尚秉和：《历代社会风俗事物考》，岳麓书社，1991年6月，第2页。

② 赵璞珊：《中国古代医学》，中华书局，1983年3月，第2—3页。

到上古“燧人氏”（一说系黄帝），他因为发明了钻木取火，以化腥臊，后人得以熟食，故被誉为当之无愧的文化英雄。在中国古代神话中，发明“用火”和“熟食”的燧人氏具有崇高地位，位列“三皇”之一。

《韩非子·五蠹篇》：“上古之世，人民少而禽兽众，人民不胜禽兽虫蛇；有圣人作，构木为巢以避群害，而民悦之，使王天下，号之曰有巢氏。民食果蓏蚌蛤，腥臊恶臭而伤害腹胃，民多疾病。有圣人作，钻燧取火，以化腥臊，而民悦之，使王天下，号之曰燧人氏。”这是说燧人氏得以“王天下”，乃是因为他发明了用火和“熟食”。《白虎通》卷一：“谓之‘燧人’何？钻木燧取火，教民熟食，养人利性，避臭去毒，谓之燧人也。”《三坟》：“燧人氏教人炮食，钻木取火，有传教之台，有结绳之政。”《风俗通义·皇霸》云：“燧人始钻木取火，炮生为熟，令人无复腹疾，有异于禽兽，遂天之意，故曰燧人也。”这是把“熟食”视为人类之不同于禽兽的标志。王嘉《拾遗记》：“燧明国……有火树名燧木，屈盘万顷。有鸟……啄树则粲然火出，圣人感焉，因取其枝以钻火，号燧人。”这是说圣人受到了鸟啄树木的启发，从而发明了钻木生火的方法。谯周《古史考》：“太古之初，人吮露精，食草木实，山居则食鸟兽，衣其羽皮，近水则食鱼鳖蚌蛤，未有火化，腥臊多，害肠胃。于使(是)有圣人出，以火德王，造作钻燧出火，教人熟食，铸金作刃，民人大悦，号曰燧人。”罗泌《路史》：“有圣人者，游于日月之都，至于南垂。有木焉，鸟啄其枝，则灿然火出。圣人感之，于是仰察辰心，取以出火，作钻燧，别五木以改火。……乃教民取火以灼以焫，以熟臊牲，以燔黍捭豚，然后人无腥膻之疾，人民益伙。……号燧人氏。或曰燧人顺而不一，于是穷火之用，而为之政。……成物化物，而火之功用洽矣。”这些古代文献的零碎化的片段，均提到“燧人氏”因为发明了钻木取火，而使人民得以化“腥臊”为“熟食”，遂成为当之无愧的文化英雄[①]。

不过，关于钻木取火，除了“燧人”，在古史传说里又有系“伏羲”、“黄帝”发明的不同说法[②]。“伏羲”、“庖羲”、“炮羲”相通，依据《帝王世纪》和《拾遗记》的解说，都包含着“取牺牲以充庖厨”或“变茹腥之食”的意思，亦即“烹饪”之神。《管子·轻重》：“黄帝作，钻燧生火，以熟荤臊，民食之无兹之病，而天下化之。”这是把用火与发明“熟食”，归功于另一位大名赫赫的英雄——黄帝。

《礼记·礼运》对于“用火”所导致的文明的一系列进化，有着更加明晰和系统的解说：

> 昔者先王未有宫室，冬则居营窟，夏则居营巢。未有火化，食草木之实，鸟兽之肉，饮其血，茹其毛。未有麻丝，衣其羽皮。后圣有作，然后修火之利，范金合土，以为台榭、宫室、牖户；以炮以燔，以亨以炙，以为醴酪；治其麻丝，以为布帛；以养生送死，以事上帝鬼神，

---

① 包括“燧人氏”在内，中国不少民族均有涉及“火”、“火种”、“熟食”之起源的神话传说，参见陶阳、钟秀编：《中国神话（下册）》，商务印书馆，2008年4月，第1111—1141页。

② 袁珂：《中国古代神话》，中华书局，1981年6月，第50—51页。

皆从其朔。

上述文字表述突出地强调了“未有火化”之前和后来“修火之利”之间的巨大变化，“未有火化”之前的“生食”，腥臊恶臭，害肠胃，多疾病，确实与“熟食”使“民人大悦”的情形，形成了鲜明的对照。先民们因此得以从“茹毛饮血”（“生食”）的状态，逐渐发展出了烹调（亦即“熟食”）、宫室、青铜器、礼仪等文化，进而“天下化之”。应该说《礼记·礼运》里的某些思想，和列维–斯特劳斯所提示的“生/熟”对应于“自然/文化”的逻辑，几乎是不谋而合。正是基于《礼记·礼运》的这一言说，后世的古代思想家们，对于能否“用火”以及是否“熟食”，确实是看得比较重要，这隐含着把从“生食”到“熟食”的变革，理解为人类从“自然”朝向“文化”的发展，亦即从“野蛮”朝向“文明”进化的理念。《礼记·王制》后来又进一步把这个逻辑用来评述周边的异族群，例如，常常说某些蛮夷因为“不火食”而尚处于野蛮、未开化的状态等。

用火的发现和发明以及从“生食”到“熟食”的发展，堪称是远古一场伟大的生活革命，无怪乎在古代汉语文献中保留了古代华夏族人对于远古文化史上这一变革的深远而又朦胧的记忆。尚秉和曾对“燧人氏”钻木取火和发明“烹饪”的贡献，有过极为中肯的评价。他指出：“或谓火化而食始于庖羲，故以为号，岂知燧人既发明出火，其智慧岂尚不知炮食？况炮者裹肉而烧之，燎其毛使熟耳。在熟食中，为至粗之法。”“由今追想未有火之先，凡肉皆生食，其有害于人而夭折者，不知凡几，且不知味。及得熟食，肉之腥臊者忽馨香矣，草木实之淡泊寡味者忽甘腴脆美矣，水之冰者可燠饮，居之寒者可取温矣。”①

不仅如此，“火”的利用还是人们进一步掌握和驾驭许多基本而又重大的文明技艺（诸如烹饪、中草药炮制、制陶、农耕种植/刀耕火种、制陶、冶金等）的最大前提。所以，“火”在中国古代一直被视为神圣的元素，它不仅被抽象为“五行”之一，作为构成中国宇宙观的关键性要素之一，还在朝廷及各类民间仪式上扮演着极其重要的角色。例如，《周礼·秋官·司烜氏》所谓“掌以夫遂取明火于日……中春以木铎修火禁于国中”，即周期性的取火和禁火仪式。再考虑到源远流长的寒食节习俗、民间社会诸如分家时的分灶分火仪式、日常生活里各种涉及“生/熟”与“冷/热”的俗信等等，可以说，在中国文化里自古及今，始终存在或传承着“生/熟”之类的文化逻辑或认知结构。

第三节 日常生活中的“生食”与“熟食”

“生食”与“熟食”固然是结构主义人类学的一个重要的学术命题，但同时，它也是几乎所有的社会或文化中人们日常生活经验的一部分。在绝大多数场合下，人们对于“生食”与“熟食”是不需要去认真思考的，因为它们是日常生活最为寻常之事，是不言自明、不言而喻、理所当然的。在中国，

① 尚秉和：《历代社会风俗事物考》，第2页。

若是利用“百度”等搜索引擎检索关键词“生/熟”，可以获知的绝大部分信息都来自日常的疑问和释疑，人们除了纠结于无数具体食材的“生/熟”（诸如“生花生”和“熟花生”、“生枣”和“熟枣”、“生柿子”和“熟柿子”、杏仁的“生”与“熟”、鸡蛋的“生”与“熟”、土豆的“生”与“熟”、西瓜的“生”与“熟”、西红柿的自然成“熟”与人工催“熟”），还普遍存在着对于“生”、“冷”的禁忌以及对“生食”之可能性和“生/熟”之间多种状态的滋养、味道之丰富性的探索。所有这些汉人的生活“常识”，与其说是刻意对“生/熟”问题的执着，不如说是无意识分类逻辑的流露或呈现。

很久以前，笔者曾在一篇论文里提到过类似“烹饪三角”的理论，未必适宜于用来解释所有的饮食民俗事象[①]。当时，我的认识是饮食民俗文化的规则或文法，除“生食/熟食”外，还应有“可食/禁食”、“冷食/热食”、“素食/荤食”[②]、“节食/过食”、“日常饮食/非常（如仪式场合的）饮食”等多方面的内容；而在中国的饮食文化当中，还尤其明显地存在着“熟食偏重”及“食品礼仪化”的倾向，若再加地方性“菜系”的多样性和复杂性等，似乎“生食/熟食”的结构分析是太嫌简单了。现在看来，如果我们首先在结构人类学的脉络里理解该命题，同时考虑到它所志向的普同性目标及其结构分析中所允许的“转换”的各种可能性，似乎就不

---

① 周星：“关于中国民俗学与现代化的思考”，《云南社会科学》1987年第5期。

② 〔法〕列维-斯特劳斯：《结构人类学——巫术·宗教·艺术·神话》（陆晓禾、黄锡光译），文化艺术出版社，1989年12月，第182—183页。

必草率匆忙地拒绝它于中国社会及文化的研究之外。

促使我重新正面地去思考有关“生/熟”问题的契机，除了受到李亦园先生前述研究的启发外之外，1997年夏天，日本爆发了一种名为O-157的传染病，也给我留下了很深的印象。O-157在日本流行时，人心惶惶，中国却安然无恙。卫生部门的专家解释说，O-157之所以难以在中国大陆传播，是因为我们的饮食习惯，中国人在绝大多数场合下总要把食物加热做熟，但在日本人的饮食习惯里，生冷凉菜的比例比我们要多，据信，O-157病毒只要稍微加热即可杀死。可见，即便是不同的文化都倾向于“熟食”，但在“生/熟”之间也还是有很多差异。例如，日本人爱吃生鱼片，很多中国人初到日本时往往适应不了。这使我回想起1991年10月在云南大理白族地区的一段经历。

大理白族地区有一种生吃猪肉（“生皮”）的方法：把猪宰杀后不用滚汤烫毛、刮毛，而用火将毛烧焦、刮洗至猪皮泛黄，再以此种生猪肉切成细丝拌菜，配以辣椒蘸水的佐料，就可直接吃了。当时，同行的白族小伙吃得津津有味，我却很紧张，不敢吃，同行的一位老师采取激将法，说这也算是人类学的异文化田野体验，我才鼓起勇气，闭着眼睛吃了几口。可见，“生食”对我来说确实令人不安。李沛良教授在第三届社会文化人类学高级研讨班的讲演中，提到“忌口”问题，他指出西医不相信忌口，但在汉人的生活智慧或观念中，尤其在中医里，却有很多忌口的规矩，汉人忌口的主要就是生冷，比如冷茶、生水等。所有这些都促使我们需要对自身的饮食文化做一些反观的工作。现在看来，“生食/

熟食”的二元对立，即便不足以分析我们全部的饮食文化事象，它依然是很有意义的，尤其在将其作为一对分类范畴时更是如此。

汉人的饮食文化，其食法、餐制、相关的价值观念及种种饮食习俗，显然要比简单的“生 / 熟”分类复杂和丰富得多，但最基本的还是表现在食物加工过程，亦即烹饪（熟食制作）的多种技艺上，包括煮、熬、炒、炖、烧、涮、烤、蒸、闷、烙等高热加工，其微妙和精致之处在于“火候”及相应的味觉，还有色香味的配合，以及表现在对各种菜肴和食品的命名中赋予的象征意义等等，按照董晓萍教授的说法，中国的饮食文化是极富技术工艺水平和天道人伦色彩的[①]。在汉人的日常生活和民间俗信层面，人们相信必须以各种方式把食物做熟之后才可以吃，这样才有食欲，食物才变得美味可口，才利于消化，肉类也才易于咀嚼和吸收，各种可能的毒素也才能祛除。世界各地华人的共同文化特点之一便是“炒菜”，采用高温热油很快地炒菜；据说在澳洲，华人开饭馆，就有“菜不能炒生，鱼不能清蒸”（为迎合当地人较重的口味）的说法。

尽管我们也像菲律宾的哈努诺人（Hanunoo）一样，只把通过烧煮为人类消费做好了准备的东西看作“真正的”食物；一餐饭必须包含熟食，提到吃饭总要涉及或者说“点火”、“生火”[②]等，但我们对一些原本可以生吃，或“最好生吃”（作

---

① 董晓萍：《民俗学导游》，中国工人出版社，1995 年 10 月，第 111 页。

② 〔法〕克洛德 · 列维 – 斯特劳斯：《神话学：生食和熟食》（周昌忠译），第 435 页。

为“小吃”）的诸如香蕉、苹果之类，甚至也发明了将其做熟的吃法。在汉人的文化里，蒸和煮的方法，通常被认为有利于病弱老者及孩子，给他们的食物甚至要求烂熟，据说这样才好消化。另一方面，就连水亦分“生/熟”（图1－图2），吃生冷食物和喝生水，通常总是一种禁忌，汉人民间俗语有“病从口入”之说，主要就是指对生冷食物和不卫生的生水等要有必要的警惕。例如，在浙江省金华一带地方，当人们路途上口渴不得已喝生水时，俗信应该先吐口水于水中，唾液散开了方才可喝，不散则绝不可喝。又俗信男女房事之后，绝不能喝生水，否则要得“黄胖病”[①]，类似这样的口忌生冷的俗信，在中国各地实在是非常之多。

图1　1950—1960年代的宣传画：“不喝生水喝开水”

① 章寿松主编：《金华地方风俗志》，浙江省金华地区群众艺术馆，铅印本，1984年5月，第58页。

图 2　熟水店：1960—1970 年代中国城镇一种专卖“熟水”的小店

除了日常生活中的智慧、经验与传统俗信方面的依据外，现在，“熟食”更是得到了来自“科学”依据的支持。几乎所有的饮食类生活指导书籍，都反复告诫说，食物只有在烹调后才能吃，“生食”或未经烧熟煮透的食物，则难免带有细菌甚至病毒。人们被告知冰箱里的“生 / 熟”食品要分开存放，免得“生食”污染了“熟食”；对于一些既可生吃也可熟吃的东西如山芋，则劝说最好熟吃，因为生吃不仅是一种“浪费”，还容易引起胃部不适等。我手头有本《家庭饮食必备实用手册 · 危险吃法 230 解》，其中说生蜜、生果仁核、生花生、生豆油、生酱油、生水等，吃起来都很危险，要么容易中毒，要么不卫生。它以“科学”的名义指称一些少数民族吃生肉的习惯，如哈尼族吃“生血”、白族吃“生皮”

等，乃是不好的饮食习惯，应该废止和改变。因为它们均是“生食”或“半熟食”，其烹调加工的方法，并不能彻底杀死肉中的寄生虫虫体。此外，这些指南对于包括涮羊肉、羊肉串、过桥米线、狗肉锅贴等吃“嫩”不吃“老”的“半生不熟”的食品，也是充满了戒心，呼吁加强肉类卫生的检查。不仅如此，对于日本人吃生鸡蛋、吃生鱼的饮食习俗，也是颇多微词。[①]至于生蟹和半生不熟的蟹、生龙虾和生海带等，也认为是不吃为好。甚至还有人说，用生冷的自来水煮饭也不好，若能用烧开的熟水烧饭，维生素 B1 就可免受损失云云。

然而，就像“文化”永不能脱离“自然”一样，无论哪个社会或文化，也无论其饮食文化有怎样“烂熟”的程度或过度烹饪的倾向，它都不能完全彻底地排除天然的食物，亦即“生食”，而无论这样的“生食”是否“科学”，是否“合理”。以“生食”而论，哈尼族吃生血，日本人吃生鱼，法国人生吞活吃牡蛎，据说广东汉人甚至还有生吃猴脑的记录。我们餐桌上的凉拌菜，每每也是生熟相间，常有“生食”存在。山东人爱吃大饼裹生葱，北京烤鸭和韩国烧烤都要卷些生黄瓜条、生葱或生菜叶才有感觉；浙江省兰溪一带的农民吃一种腌青菜，土名称之为“生菜”，广东也有名为“生菜”者，以其与“生财”、“生仔”谐音而倍受欢迎。此外，还有来自广东的“生猛海鲜”，一时间走俏了全国各大中小城市。

---

① 陈英华等编：《家庭饮食必备实用手册·危险吃法 230 解》，华龄出版社，1990 年 6 月，第 2—5、12—13、21—22 页。

除“生 / 熟”相配的吃法和在“名实”称谓上做些文章外，更多地还有“半生不熟”的美食。欧美人的牛排自不待言，新疆烤羊肉串、内蒙古手扒肉、北京涮羊肉和云南过桥米线等，都属于不那么烂熟的食物，尽管专家忠告说这些吃法常有名为“鲜嫩”的夹生问题，人们还是乐此不疲，尤其年轻人为显示男子汉气派，总是倾向于要吃些带血丝的肉食。肉食烹饪中的“嫩 / 老”，实际可理解为又一对堪与“生 / 熟”形成转换关系的饮食民俗的范畴。“半生不熟”的“夹生”状态，每每包含了两个方向与可能性，既是自然，又是文化，既有危险，又显示活力。

有趣的是，“科学”有时候也会站出来为“生食”说几句话，诸如过度的烧煮烹调将造成营养不必要的损失等。1990年代，据说在美国各地兴起了“生食疗法”①，还出了一位生食专家劳拉·安格尔博士，她50岁得了癌症，后采用“生食疗法”，一日三餐都生食水果蔬菜，结果疾病痊愈。她认为，“生食”新鲜蔬菜和水果乃是防止现代“文明病”的最佳方法。现在，美国不少州的医生都将“生食疗法”列入辅助医疗项目，如患高血压、眼底出血，则每日清晨空腹吃鲜番茄1—2个，咽喉肿痛可嚼食青橄榄和青萝卜等等。以“生食”抵御“文明病”，包括其他各类相似的“回归自然”的尝试，其实都未能逃出“自然 / 文化”和“生食 / 熟食”的那组对应关系。

“生 / 熟”分类当然只是很多种可能或实际存在的食物分类中的一组而已，它难以穷尽所有饮食文化事象，因为总

---

① 见1998年7月29日的《北京晚报》。

是会有一些难以分类的食物，例如泡菜、咸菜、干菜、酱菜、酸菜、火腿、腊肉、臭豆腐等，往往较难用“生”或“熟”来界定；此外，还有“生/熟”的中间状态，“半生不熟”或“夹”生等。难怪列维-斯特劳斯揭示说，烹饪运作在神话中可被设想为“一种中介”或“中介活动”，而神话的目的就是为了解释此类“中介项”的起源[①]。

饮食文化固以“生/熟”分类为基础，但其结构却要复杂的多。以汉人为例，除“新鲜/腐败”外，还有“荤/素”、“稀/干（稠）”等的配套组合，民间有谚语说“平时吃稀，忙时吃干”。又有主食偏重问题，如北方人米饭吃不饱，南方人馒头吃不饱；此外，还有味觉的嗜好或趣向等等。最后，我们还应该考虑到“生食”构成了“熟食”的前提、背景和对立面，但大多数可以成为食物而未加烹饪的“生食”，其实都已经是文化选择的结果，例如，大都经历过不同程度的园艺栽培或圈养及放养之类的“驯化”，因而一定程度也都是文化的产物，那么，从“生食”到“熟食”的过程，便是进一步的“文化化”。在这个意义上讲，“生食”也就可能具有“自然”与“文化”的双重属性，它既是此前文化进化的结果，也是进一步“文化化”的基础和起点。

人并非必须每日三餐，食物也不必一定要烹饪成美食，包括人们对于“美食”的评价及味觉、嗜好的趣向等，这一切都是文化使然。一般地讲，食物愈“熟”我们对（饮食）

---

① 〔法〕克洛德·列维-斯特劳斯：《神话学：生食和熟食》（周昌忠译），第89—90页。

文化的依赖也就越深。但有时候，人们还会在“生/熟”及“自然/文化”之间摆动，因为饮食文化不只是为了生存而创设，它还关涉到一些社会范畴，亦即食物范畴经常也有社会性的运用。既然做饭烹饪是把“自然”转化为“文化”的途径，既然从“自然”到“文化”的过程可能成为评判人乃至族群的某种阶梯性尺度，那么，以烹饪的种类及程度来象征一些社会性的差异就是“可能”及“合适”的。第二次世界大战之前，日本人吃生鱼片曾经被美国人认为是野蛮的，现在却认为它是上层精英所应该欣赏的。这个例子说明“生/熟”::“自然/文化”之间反方向互动也是有可能性的。类似的例子还有很多，人们一方面追求文化与文明，时不时却还想或还得回归自然。

第四节 “生药”与“熟药”

中国古代有医食同源之说，先秦典籍曾把医学分为四科，“食医”即为其一。中国文化不仅倾向于发掘各种食物的医用和药用价值，倾向于在日常饮食起居中寻求养生之道，还发展出来“食疗”（膳食疗法）及“药膳”之类的独特传统[①]，并经常基于类同或近似原则对食物、药物进行分类等文化性的建构。理解医药与食物的同源关系，不妨以食疗与药膳中的“药粥”为例。所谓药粥，即米同药煮成稀粥，是包括药酒、药饼、药饭、药茶、药膏、药菜等在内的药膳食

① 孙溥泉等：《常见药用食物》，陕西人民出版社，1979年3月。

疗的一种。药粥见于史载，最早在《史记·扁鹊仓公列传》。长沙马王堆汉墓出土的医学类书中，表明早在春秋战国时就有了药粥。相传汉名医张仲景善用药粥。唐孙思邈在《千金方》《千金翼方》专列“食治”。唐时出现了《食疗本草》[①]的专著。据考证，中国历代医书记载的药粥药方有500多种，既有单方药粥，又有复方药粥；既有植物类药粥，也有动物类药粥；既有治疗疾病的药粥，又有养生保健的药粥。药粥通常多煮得烂熟，要求药入膳中。至今，药粥仍是中国文化的一个传统。

食物和药物在汉文化中都有“冷/热”之类属性的界定，目的正如李亦园教授所说的那样，是为了追求均衡与调和。一般域外水果在输入台湾前都会先被分类，好比榴莲被认为热性较大，进口后常和另一种性冷水果一起放在摊档出售。无独有偶，大陆引进咖啡也不例外，它被定为热性，认为喝咖啡易上火，在商店里，红色包装的咖啡常与绿色包装的茶叶放在一起卖。李亦园指出，对中国人来说，要区分食物和药物并不那么容易，因为它们实际上是一个“续谱”[②]。中药里“生药”和“熟药”的关系，恰如饮食里“生食”与“熟食”的关系。在中国，“生食”与“熟食”的分类逻辑，几乎被原封不动地引申到中医药领域。中药材经各种“加工炮

① （唐）孟诜撰，张鼎增补，谢海训等辑：《食疗本草》，人民卫生出版社，1984年7月。

② 李亦园：“致中和——论传统中国乡民的基本价值取向”，载北京大学社会学人类学研究所编：《东亚社会研究》，北京大学出版社，1993年9月，第95—108页。

制”的功夫，就由“生”变“熟”，而“生药”和“熟药”的药效、服法也是各有不同。所谓中药炮制基本上就是掌握药材的“生”“熟”变化，中药的奥妙之处也往往是在“生”与“熟”之间，诸如“生升熟降”、“生泻熟补”、“生猛熟缓”、“生毒熟减”、“生效熟增”、“生寒熟温”、“生热熟凉”、“生味熟异”等等。

关于药之“生/熟”及其与火、采集、农耕的关联性，古文献有不少说法。《黄帝内经》：“毒药攻邪，五谷为养，五果为助，五畜为益，五菜为充，气味合而服之，以补经益气”，所谓“药以祛之，食以随之”。《帝王世纪》：神农氏“始教天下耕种五谷而食之，以省杀生，尝味草木，宣药疗疾，救夭伤之命”。这些说法的意思，其实就是指“药食同源”；而且农耕的发明使得后世的药用植物园艺栽培成为可能。据说大概在隋朝时，中国就有了药圃园艺，内设药园师、药园生等，专门种植药材。《淮南子·修务训》：“古者民茹草饮水，采树木之食，食蠃蠬之肉，时多疾病毒伤之害，于是神农乃始教民播种五谷，相土地，宜燥湿肥硗高下，尝百草之滋味，水泉之甘苦，令民知所避就。当此之时，一日而遇七十毒。”这是把“生食”视为疾病之根，将神农发现中草药视为是对“生食”之害的对应性发明。遍尝百草、一日遇七十毒的神农氏成为文化英雄。在上古传说中，始创农业和医药的文化英雄，还有黄帝、岐伯、雷公等人。

《本草经》：“神农问于太一曰，凿井出泉，五味煎煮，口别生熟。”这是说药物之分“生/熟”几乎与食物之“生/熟”同步，分辨药物之“生/熟”可如食物一般以口别之。

“火”的发明与“烹饪”技术使得药物的炮炙加工成为可能；中草药的起源之与饮食文化（“熟食”）的深刻关联，很自然地就使得“生/熟”分类的逻辑从“生食/熟食”过渡或延展到了“生药/熟药”。《本草经》：“神农从太一尝药，以救人命。上药一百二十种为君，久服不伤；中药一百二十种为臣，有毒无毒，斟酌其宜，欲遏病补虚羸者本之；下药一百二十种为佐使，不可久服，欲除寒热邪气破积聚愈病者本之。”这是说中药本草的属性之复杂，药之有毒，故可攻邪，唯须与其他要素或方式相配，斟酌其宜，其原理和中国饮食文化可以说是异曲而同工。尚秉和先生认为，药有上中下之别，所谓上药无毒可久服，必五谷之属；中药、下药，即今日药肆所有之药[①]。上述要点几乎能够解释中医药起源及其大部分文化特性。几千年来中药的采集、加工、培植和调治，始终没有脱离食物烹饪和农耕影响之下的轨迹。

旧时曾将药材学称作“生药学”。“生药”是指直接或间接地从植物体或动物体采来，经干燥加工而未精炼的药物。通常所说“生药”多指植物性生药，如甘草、麻黄等。所谓“熟药”，自然与“生药”相对而言，指经过精细加工和专门“炮制”后可以直接服用的药物。中药从“生”到“熟”，须经种种炮制功夫，一如食物由“生”到“熟”，须经种种烹饪方式一样。一般中药制剂手册凡于处方众药物项下未列炮制法者，均指“生药”，个别情况还酌加“生”字，以为标明，如“生石膏”、“生白附子”等。

① 尚秉和：《历代社会风俗事物考》，第8页。

中药炮制是对中药原材加工的一整套工艺技术，古称“炮炙”、“修事”、“修治”等（图3—图4）。“炮”和“炙”代表了中药加工处理技术中两种火处理方法，现在一般叫“炮制”，“炮”代表与火有关的加工技术，“制”代表各种更广泛的加工技术。为使药物便于服用，像处理食材一样，洗涤、打碎、切成小块等，如此简单加工是最初的中药炮制；进一步再用火处理药物，以熟食加工的方法加工和处理药物，据说能得到更好药效。中药炮制历史悠久，花样繁多，堪与中国饮食文化相媲美。中国第一部医书《黄帝内经》里就有“治半夏”、“燔制左角发”之类记载，后者即今天所谓“血余炭”。早自汉代起，中药炮制就有“蒸”、“炒”、“炙”、“煅”、“炮”、“炼”、“煮沸”、“火熬”、“烧”、“㟼折”、“研”、“锉”、“捣膏”、“酒洗”、“酒浸”、“酒煎”、“苦酒煮”、“水浸”、“汤洗”、“刮皮”、“去核”、“去翅足”、“去毛”等多种方法。

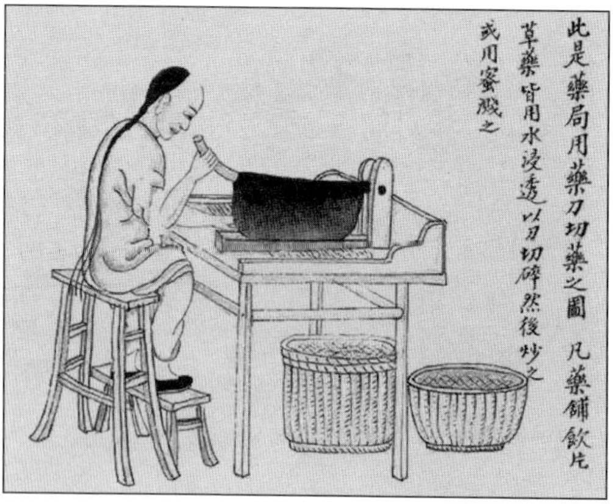

图3　中药炮制：清代的“切药之图”

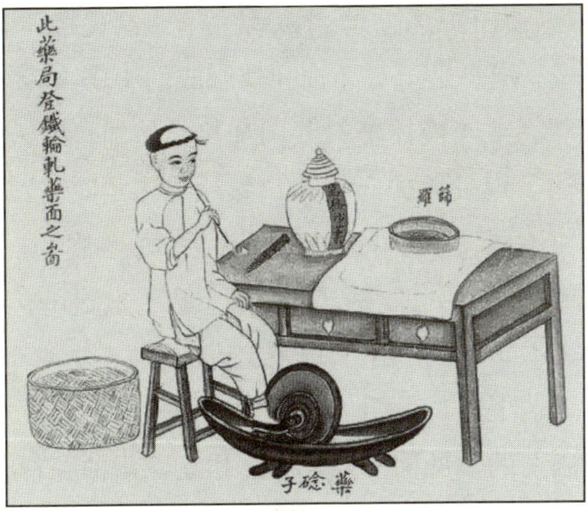

图 4　中药炮制：清代的“轧药面之图”

中药材来源于自然界的动植物与矿物，多数须经加工炮制即“文化”处理后才能使用，亦即药须经炮制合格才能调配，这一过程是理解中医药文化的关键。中药炮制的目的，首先是降低或消除药物的毒副作用，如草乌用甘草、黑豆煮或蒸，可使毒性大降；乌梅生用损伤牙齿，炒后可降低酸性。有些中药如半夏、附子、杏仁等，因有毒非经炮制不可服用。其次是改变或缓和药性，以便在“寒”、“热”、“温”、“凉”不同属性之间有所选择。如麻黄生用，辛散解表作用较强，蜜制后辛散作用缓和，止咳平喘作用加强；蒲黄生用活血破瘀，炒用止血等等。再次，改变或增强药物作用的部位与趋向。药物作用于机体的趋向常以“升”、“降”、“浮”、“沉”表示，中药向来有“生升熟降”之说。复次是提高疗效，如蜜炙款冬花，能增强润肺作用；以羊脂油炙淫羊藿，可增强治疗阳痿的功能等。此外，也为便于调剂和制剂，例如将矿物、介壳类药物，加工成片、丝、段、块等。炮制程序一般分净选、切制和炮炙。炮炙是指对净选和切制成的中药生片加热处理，改变其性味，或与液体辅料共同加热，使辅料炙入药物组织的处理方法。炮炙后的药物称“熟片”或“熟药”。按加热温度和辅料不同，炮炙可进一步分为炒制、煨制、焙烘、煅制、淬制、煮制、蒸制、炙制等。从药理上讲，炮制还有“反制”、“从制”之不同，“反制”如以热制寒，黄连、姜汁相组合；“从制”如苦上加苦，用苦胆汁炮制黄连。

中药制剂的常见词汇“饮片”，指切制后的药材，又叫“生片”，是将药材依据质地软硬和个体大小、厚薄的不同，切制成一定规格的薄片。广义讲，凡属供调配处方之药物均可称饮片。《本草纲目》里很多药物均要求切片。清代吴仪洛《本草从新》柴胡项：“药肆中俱切为饮片。”饮片有薄片、厚片、直片（顺片）、斜片、丝片、块、段（节），几乎雷同于厨艺刀功。饮片“细而不粉”，煎煮时易溶出有效成分，又不致成糊烧焦，过滤时易滤出药液。

中药剂型种类很多，1973 年长沙马王堆三号汉墓发现的《五十二病方》，据考证为公元前 3 世纪战国时的抄本，书中现存医方 283 首，有丸、散等剂型。汤剂古称汤液，相传为伊尹发明。在丸、散、丹、膏、胶、酒、茶、露、锭、汤等中药各种剂型中，以汤剂最为重要，历代医家对汤剂的煎法均很重视。明代药学家缪希雍说：“观夫茶味之美恶，饭味之甘饴，皆系于水火烹饪之得失，即可推矣。”徐灵胎《医学源流论》：“煎药之法，最宜深讲，药之效不效，全在乎此。”《本草纲目》：“先武后文，如法服之，未有不效者。”汤剂是用煎煮或浸泡并去渣取汁的方法，将药物制成液体剂型，可进一步分为煮剂、煎剂、沸水泡药等。为使药物有效成分易于析出，制备汤剂须使用经过切制的饮片或粗末。

药既有“生/熟”之说，必然就与烹调一样，也涉及火候与滋味的关系问题。《吕氏春秋·孝行览》讲到伊尹和成汤对话，伊尹说：“凡味之本，水最为始，五味三才，九沸九变，……时疾时徐，灭腥去臊除膻，必以其胜，无失其理。”古史有“伊尹造汤液”之说，他还是“药酒”和“汤剂”的发明者，这番话颇得其中真谛。

中药炮制的理论与实践自古就看重“生/熟”。号称第一部药书的《神农本草经》序例：“药……有毒无毒，阴干暴干，采造时月，生熟，土地所出，真伪陈新，并各有发”，提出了包括“生熟”范畴在内的炮制理论，记载了不少炮炙经验，如对原本不可食用的金石类药物，多有“炼饵服之”等语。汉张仲景《金匮玉函经》认为，凡药物“均须烧、炼、炮、炙，生熟有定”，或“须皮去肉，去皮须肉”，或“须根去茎，须花去实，……极令净洁”。金元时的李东垣在《用药法象》里讲：（药物）“大凡生升熟降。大黄须煨，恐寒则损胃气，至于川乌、附子，须炮以制毒也”。王好古《汤液本草》：“黄芩、黄连……病在头面及手梢皮肤者，须用酒炒之，借酒力以上腾也；咽之下，脐之上，须酒洗之；在下生用……”明陈嘉谟《本草蒙筌》：“酒制提升，姜制发散，入盐走肾脏仍仗软坚，用醋注肝”，强调炮制辅料的作用原理，犹如烹饪之重调味。他认为：“制药之道，贵在适中，不及则功效难求，太过则气味反失。”清张仲岩《修事指南》：“炙者取中和之性，炒者取芳香之性。”从“生熟有定”到“生升熟降”，再到“贵在适中”、“中和之性”，中药炮制理论和实践的发展脉络清晰可见。中药炮制不只在民间发展，还得到朝廷推动。宋代时，朝廷设立太医院熟药所，后名“和剂局”，专售中成熟药。今人所谓“中成药”，实际就是经炮制加工后可直接服用的“熟药”，一如食品中的点心糕点之类。

谈起中药炮制的理论与实践，不能不提到南北朝刘宋（或有考证认为系唐宋时著作）时的《雷公炮炙论》。它记载了300余种药物的性味、炮炙、熬煮及修事之法，意多古奥。其中涉及“蒸”、“煮”、“炒”、“焙”、“炙”、“炮”、“煅”、“浸”、“飞”等方法；“蒸”又分为“清蒸”、“酒浸蒸”、“药汁蒸”等；“煮”有“盐水煮”、“甘草水煮”、“乌豆汁煮”等；“炙”有“蜜炙”、“酥蜜炙”、“猪脂炙”、“药汁涂炙”等，俨然成就了一个体系。明李中梓《雷公炮制药性解》、缪希雍《炮炙大法》等，都是在《雷公炮炙论》基础上做了进一步发挥。缪希雍将雷公炮炙法归纳为十七种，后来便逐渐形成了世传所谓的“雷公炮炙十七法”。关于炮制、修治之法，分类向来见仁见智，有很大的实践空间。明人陈嘉谟对炮炙的分类是“火制四，有煅、有炮、有炙、有炒之不同。水制三，或渍、或泡、或洗之弗等。水火共制造者，若蒸、若煮，而有二焉。余外制虽多端，总不离此二者”。无论哪种方法，都以不言而喻的“生/熟”分类为基础，“炮炙”之于“生药/熟药”，可等同或类比于“烹饪”之于“生食/熟食”的意义。

地黄在中药里是味常用药，早在《宋史·地理志》里就已经有了对“生熟乾地黄”的记载。地黄的采制与加工可作为“生药/熟药”分类的典型例子。白露时或霜降后采挖的地黄根块，是“鲜生地”；将其焙成八成干，既为“干地黄”；干地黄经蒸制，是为“熟地黄”。地黄经切制成为“生地片”，加酒蒸熟或煮透，即为“熟地片”。熟地片炒至微黄，成为“炒熟地”，炒至炭黑便是“熟地炭”。不同状态的地黄，贮藏方法和药效功能（配合不同剂量）各有不同。鲜生地宜存放阴凉处或埋于沙土中，干地黄宜放在通风干燥处；熟地片须贮藏在密封瓷器中。鲜地黄与干地黄性寒，味甘、苦，可入心、肝、肾、小肠四径。鲜地黄能清热凉血、润燥生津，干地黄除清热凉血，还可滋阴养血。熟地黄性微温，味甘，功能为滋阴补血。干地黄清热力较弱，可治阴虚发热、月经不调、胎动不安等。熟地黄有滋补功效，治血虚、头晕目眩、月经不调、胎产崩漏、阴虚咳喘，乌须发、消渴等。人们熟悉的中成药“六味地黄丸”，正是以熟地黄为主药制成。

中药之“生熟有定”，在古今医师的用药实践中有十分灵活的运用，这很像厨师烹饪时的功夫。《华佗神医秘传》[①]所收方剂，如“华佗治伤寒烦渴神方”、“华佗治伤寒虚羸神方”、“华佗治小儿气痛神方”、“华佗治小儿泄泻神方”、“华佗治目睛击伤神方”、“华佗救酒醉不醒神方”等，几乎都是“饭熟药成”的例子。近人张锡纯用药在生熟方面持辨证观点。他认为，山药宜用生者煮汁饮之，不可炒用；若作丸散，

① 传为华佗撰，唐孙思邈编集，经彭静山点校。

可轧细蒸熟用之。莱菔子生用味微辛性平，炒用气香性温。其力能升能降，生用则升多于降，炒用则降多于升，取其升气化痰宜用生者，取其降气消食宜用炒者。[①]中药炮制的“生熟有定”包含着灵活原则。是否一定炮制成熟，以何种方法做熟，熟到何种程度，往往都依药性、药理及病情、病理和病人体质状况而定。以黄柏为例，前人有“生用降实火，蜜炙则庶不伤中，炒黑止崩带，酒炙后治上，蜜炙治中，盐炙治下”的总结，都为长期的临床经验所验证。

中药“生熟有定”的理念，不仅依据中医药的哲学理论，更是基于汉人民间生活的智慧而成立。我小时候在陕西老家，常听大人们讲萝卜“生克熟补”，生吃有助消化，熟吃滋补身体。类似这样来自民间日常生活的大众智慧，在民间偏方和民间医师的用药实践中比比皆是。如生姜，既可把鲜姜切片生用，也可切片后晒干，成为干姜备用，还可炒成炭块（炮姜）入药。甘草也有“生通熟补”之说。药之生用、熟用，药性每有差异，用药者须于“生/熟”之间留心。

以汉人饮食文化的逻辑来类比，中医药文化突破了“可食/禁食”的规则，扩大了采服范围，却依然遵循“生/熟”的规则。中药除了同时可作食物的药物外，还包括很多原本不能食用（某些矿物、角介质类药物）或由文化定义的不可食用（某些动植物等）的药物，就此而言，中医药文化是有别于饮食文化的另一个知识的传统或体系。但中药遵循的“生/

① 张锡纯：《医学衷中参西录（中册）》，河北科学技术出版社，1985年8月，第111页。

熟”逻辑，又使得我们可将汉人的中医药传统和饮食文化顺理成章地加以类比。在此，我不禁联想到在有的文化中，例如，在尤罗克人（Yurok）那里，耐人寻味地用“烧煮痛苦”的说法来指一切治疗的仪式①。

第五节　“生土／熟土”，“生地／熟地”

我的大学时代，是在西北大学历史学考古专业学习，去考古工地参加发掘实习时，必须具备的技能之一就是要学会辨识“生土”与“熟土”，这是一项起码的要求。所谓“生土”，就是未经人类活动扰乱的土壤、土层，通常情形下，“生土”较为紧密结实，较多板结，因为没有人工的干扰，有机质含量较少，说它是“自然”亦未尝不可。考古发掘遇到“生土层”，就不需要再往前或朝下挖了。所谓“熟土”就是经过人类活动干预，或留有人类活动痕迹的土壤或地层，一般来说，它较多有机质，较为疏松，其中渗透着人工劳作的遗痕；发掘工作中若遇到“熟土”，也就意味着可能会有“文化层”，考古学的田野作业基本上就是要从“熟土”中，找出含有人类文化遗迹或残存的“文化层”。无论是“灰坑”，还是“墓穴”，抑或是房屋的基址，辨别“生土”和“熟土”的分界或边际，在野外考古中乃是一项基础性的技能。事实上，考古队在工地周边乡村雇佣来的民工，在这方面几乎全都非常胜任，因

① 〔法〕克洛德·列维－斯特劳斯：《神话学：生食和熟食（1964）》（周昌忠译），第434页。

为“生/熟”土壤的分别原本就是乡民们的“常识”。

除了后土信仰和土地神信仰，除了有关土地、土壤和耕作的种种实践经验的积累，汉人有关土地之民间认知中最为重要、最为普及，同时也最朴素的乡土知识，大概莫过于“生土/熟土”的分类了。此处所谓“生土”，是指人类未曾开垦和耕耘的土壤与生荒地；所谓“熟土”则是指历经开垦和辛勤耕耘的土壤与耕地。在中国很多地方的民间，“土地”一词，还往往只指可耕地或“熟地”，通常多不包括宅基地和生荒地。对于任何一位农民来讲，“生土”和“熟土”的区别都是其生计知识体系中不需要解释和追问的组成部分。但其实，在“生土”和“熟土”、“生地”和“熟地”的分类中，还应该包括与“生荒地”与“熟荒地”的对应关系。所谓“熟荒”或“熟荒地”，乃是虽然曾经开垦耕种过，后又因某些缘故而撂荒、抛荒，从而使土地返生、丢生，进而荒芜的土地。

中国自古以农本立国，汉民族整体上来看属于典型的农耕民族，因此，在汉人的社会和文化里，有关土地、土壤的民间知识是非常丰富的。其中对土壤也区分“生/熟”，也是这组民俗分类范畴被应用于“烹饪”饮食之外的一个很好的例证。对于土壤、土地之“生/熟”的分类，在中国历史上出现得很早。《庄子·则阳篇》：“深其耕而熟耰之，其禾繁以滋”。王祯《农书》在所绘耖图处解释说：“耖，疏通田泥器也。……耕耙而后用此，泥壤始熟矣”。在《宋史·食货志》里，记载有“生田”、“熟田”等用法；《清史稿·食货志》记载有“生熟地”等等。从“生土”、“生地”到“熟土”、“熟地”，必须经过开垦和耕耘，才可成为现实。例如，宁夏农谚就有“勤耕细作，荒地变熟”的说法，正是这个意思。以精耕细作为传统的生计，使得汉族农民相信“人勤地不懒”，反复的辛勤耕耘，同时也就是在与土壤的板结或返“生”相抗争，并认为土地和土壤是越“熟”越好，这是人们可以通过辛苦的劳动去争取的。反映这类观念的农谚，在中国非常之多。“熟土等于热饭养人，生土等于冷饭噎人”（河北）、“生土倒（搅）熟土，一亩顶几亩”（河南），“生土变活土，一亩顶二亩”（甘肃），“熟泥加生泥，胜过糯米拌芋丝”（浙江），“薄地上熟土，一亩顶二亩”（安徽、浙江、陕西、甘肃），“生土变熟土，一亩顶二亩”（山西、陕西、宁夏、甘肃），“生地好像年轻娃，又能吸水力又大”（陕西武功、山西太原）等等，说的都是农民对于土壤“生/熟”的理解。[①] 此外，还有“惊蛰一犁土，春分地无结”、“惊蛰一犁土，春分地气通”（辽宁）；“勤耕无瘠土”（河南）；“脸不洗就脏，地不犁就荒”、“衣服不洗要脏，种田不犁要荒”（陕西）；“地犁三遍吃干面，犁上六遍吃挂面”，“地犁七遍，睡着吃饭”（甘肃）；“儿要亲生，地要深耕”、“深耕地一寸，等于上车粪”、“犁地讨了巧，后悔就迟了”（甘肃、陕西）；“犁地三要领，犁深犁平不丢生”（河南、山东）等等，说的都是如何促使土壤进一步“熟化”的举措。所有这些农谚不仅反映了农民们的劳作态度，还沁透着他们对土地、土壤之“生/熟”

① 参阅农业出版社编辑部编：《中国农谚（下册）》，农业出版社，1987年4月，第19、24页。

的知识和判断，这一切都来自他们在农耕生活中切身的感受与体验。此种深耕熟耰的知识传统一直延续至今，并保留在中国各地农民们的农耕实践经验之中，例如，在云南，农人们相信，只有把土壤荡的熟透，才有利于秧苗的生长①。正是中国农民千百年来这种不断的实践，才成就了灿烂辉煌乃至于"烂熟"的中国古代农耕文明。

很多年前，笔者在北京大学任教时曾有一篇"工作论文"论及"生/熟"分类范畴在汉人社会及文化里有广泛的适用性，其中涉及以农耕生计为主的汉文化对于土地、土壤的"生/熟"分类②。除了和"生土"、"生地"、"死土"等对应的"熟土"、"熟地"、"活土"外，甚至连有机的农家肥料也有"冷/热"、"生/熟"之说。而在"生地"、"熟地"之间，还有"二生地"、"二荒地"等③。对于土壤来说，"熟化"意味着经深耕、晒垡、施肥、灌溉等措施，使不能耕种的"自然"土壤变成可以耕种的农耕亦即"文化"的土壤。不言而喻，精耕细作、施肥改良土壤之类的努力，便是促使"生地"变为"熟地"、"生土"变为"熟土"的必由程序，同时这也堪称是最具根本性的文化实践。

特别意味深长的是英文单词 culture 的拉丁文词根的本义，原有"耕耘"之意，它后来引申为农耕、开垦、照料庄

---

① 尹绍亭：《云南物质文化·农耕卷（下）》，云南教育出版社，1996 年 11 月，第 303、321 页。

② 周星："'生'与'熟'：汉人社会与文化中一组重要的民俗分类范畴"，北京大学社会学人类学研究所 ISA 工作论文，1999.015 号。

③ 杨堃：《社会学与民俗学》，第 279—280 页。

称等。列维－斯特劳斯在其《神话学：从蜂蜜到烟灰》中，实际上也曾经提及“烹饪”和“耕耘”之于“自然和文化”之中介的意义和彼此的相关性[①]。这意味着“耕耘”之于土地的从“生”到“熟”，和“烹饪”之于食材的从“生”到“熟”具有同构性，并且它们都和“性”的隐喻发生关联，从“秀色可餐”的说法，到以“犁地”、“耕田”来隐喻性行为的用法，确实又都可以和“自然/文化”的根本性范畴形成转换性关系。虽然在汉族的民间社会，的确是存在着大量以“耕耘”（犁地）来隐晦地暗示性交涉的故事或笑话，但“处女地”一词似乎并不是中国传统的民间称谓，根据钟敬文先生的意见，它大概是在翻译外国文学作品的过程中，由一些文人创造，并主要在文人圈使用的。尽管有雅俗之分，但根本上的逻辑仍是彼此如出一辙。

特别令人惊奇的是，无独有偶，近数十年来中国各地城市在开发的过程中，对于房地产等建设用地，也有了“生地”与“熟地”之说。房地产行业所谓的“生地”，主要是指尚未完成拆迁，或未经开发之原有状态的土地，有时还包括那些需要开发的土地，以及需要进行二次开发的建设用地或旧城区土地。至于“熟地”，则主要是指已经做到了“三通一平”（通水、通电、通路、土地平整）或“七通一平”（通水、通电、通路、通邮、通讯、通暖气、通天然气或煤气、土地平整），或具有较好的基础设施、地上废旧建筑物已被拆除、

① 〔法〕克洛德·列维－斯特劳斯：《神话学：从蜂蜜到烟灰（1966）》（周昌忠译），中国人民大学出版社，2007年1月，第304页。

只待新的建设工程的土地。房地产开发的前期工作，从某种意义上，其实就是找来一块有潜力“生地”，花费很大的气力和功夫，最终让它变成为“熟地”。

从农耕时代到工业时代，“生地”、“熟地”的含义有了很大变化，但“生/熟”分类的逻辑却完全相同。当然，也是在这个延长线上，任何一个人若是来到一个新地方，便如俗语所说“人生地不熟”或“人生路不熟”，那里就是“生地方”，这种身处陌生环境的境遇也是多数人希望尽量回避的；而要是到了以前常去的地方，就可称之为“熟地方”。

第六节　传统工艺中的“生/熟”问题

如果我们将“生/熟”这一对范畴从“生食/熟食”的分类中抽象出来，则不难发现其在汉人社会及文化中的应用几乎是无处不在，有很强的生命力和可塑性，它或显露或潜藏于日常生活的多个层面，并因为太过寻常而往往不易为人们所自觉。

例如，茶叶之“生”与“熟”的话题，当以普洱茶的“生/熟”较为典型。早先是由云南一带送来“生茶”，后在广东、香港一带经自行发酵之后，便成为“熟茶”；眼下则是将通过所谓“渥堆技术”使之人工发酵的茶叶称为“熟茶”。所谓人工发酵，正是为了对茶叶快速催熟。简单说来，“熟普”是比“生普”多出了一道渥堆发酵的程序。不过，茶的“生/熟”问题，可能要更为复杂一些，人们对普洱茶之“生/熟”的认知也是见仁见智，多有分歧。有人干脆把“生茶”理解为新茶，认为它较为新鲜，不妨用来收藏，待其升值；而经陈年自然发酵的“生茶”慢慢会变成“熟茶”。另一些人认为，所谓的普洱“生茶”，通常也都经过了诸如杀青、揉捻、日燥、蒸压成型等工艺，普洱“熟茶”则是除上述程序之外，还经过一道发酵程序，或者是人工催熟，或者是缓慢的自然发酵。其实早在清末，思茅“贡茶”就有“生茶芽”和“熟茶芽”之分，当时所谓的“生茶芽”即今日之鲜茶，未经锅炒或炒而未熟者，通常只经过日头“生晒”、揉制、干燥等程序，即通过日晒杀青的“生茶”。这种“生茶”一般系散茶，又叫“生晒茶”，用它压制的茶饼即所谓“生饼”或“青饼”。当时所谓的“熟茶芽”，和现在经人工发酵的“熟茶”有所不同，是指鲜茶经“锅炒致熟”之后，再经揉制、干燥等程序的毛茶，即“炒青毛茶”，有“已被炒熟”之意；用它压制的茶饼即“熟饼”。虽然对茶之“生/熟”的具体看法各有不同，且随时代推移而有变化，但无论如何，“生/熟”乃是分类、判断和认知普洱茶的重要维度。

再以中国各类传统的手工技艺为例，举凡生业、工艺或技艺性的操作，一般都是存在着从“生”到“熟”，进而再因“熟”而生精巧的过程。其实，从“生”到“熟”、“熟能生巧”的说法，并不局限于工匠艺人的技巧和手艺，它往往还被用来描述传统工艺的某些过程。

从事中国民间传统手工艺的调查与研究的李雪艳女士曾来函告知，中国民间传统的造纸业所用竹料的由“生”到“熟”，其间就是要经过“煮料”及使之腐化的过程。她根据自己的田野调查发现，在江西奉新一带，从“生料”到“熟料”，必须要经过入池使之腐化的程序，前后需要差不多一年时间，才能完成这个自然地“由生转熟”的转变，而竹料腐化后的“熟度”不可不及，亦不可过熟，必须有合适的“度”，亦即恰到好处。但在浙江省的富阳一带，人们却是通过“煮料”与腐化这样两道工艺过程，为的是缩短奉新县那样的自然腐化（“熟化”）过程的时间。

著名的无锡惠山泥人制作，对于泥料，也有“生泥”与“熟泥”一说，一般是通过放置或揉泥的方式使之“熟化”，亦即完成由“生”转“熟”的过程。当地有些民间艺人会说，“生泥”火气大，故要放一放、“熟一熟”，才好用。与之颇为类似的还有景德镇陶瓷业中泥料的“熟化”，以及不少地方的砖瓦制作等，也都有类似泥料“熟化”的过程，有的时候，往往就通过人工的脚踏踩练，加速促成从“生泥”向“熟泥”的转换。

关于宣纸的“生”与“熟”，也很值得一提。起源于安徽古宣州的宣纸，有“生宣”、“熟宣”之分。通常所谓“生宣”，特点是吸水性、沁水性、湿染性较强，容易形成丰富多样的墨染变化，故多用于山水国画和书法创作；所谓“熟宣”则是经过了明矾涂染的加工程序，其纸质吸水能较力弱，故比较适宜于用它来描绘工笔画。在中国，有很多传统的工艺行业，通常都是把尚未加工的原材料称为“生”，例如，“生料”、“生漆”、“生丝”、“生胶”；而对于某些人工努力的过程或其结果，则往往称之为“熟”，例如，“熟皮子”、“熟年”和“熟化”。甚至从罂粟的浆汁熬成大烟鸦片再到吗啡、海洛因，也得经过“熟制”才行[①]。此外，还有“生铁（铸铁）/熟铁（锻铁）”、“生石灰/熟石灰”、“生盐/熟盐”等等。

再以把玩古董为例，行内或收藏爱好者之间，有对古玉和古瓷器的“生/熟”认知，虽然它们常有难以言传表述的困扰，往往只是基于把玩者个人的感觉，但也确实是遵循了“生/熟”的文化感觉与逻辑。所谓“生玉”，就是用新料做成的玉，与之相反的即为“熟玉”（如传世老玉）。“熟玉”则是因为经过了人为的加工和长期把玩，故能够变得更加美丽和温润。古玉鉴赏又有“生坑”、“熟坑”之说，所谓“生坑古玉”是指它出土之后，尚未经过清洗、整理，甚或还带着泥土，保持着出土时原貌的古玉器；“熟坑古玉”一般则是指经过清洗、把玩或在居室、展室长时期摆放陈列过的古玉。甚至还有人将“熟坑”玉器，根据所谓“盘熟”的程度再分为一至九成熟，其间自然也就有了所谓“半生”或“半熟”的状态。有的古董行家认为，经过常年把玩的玉器，土气和葬气全无，通身美妙滋润，状若宝石，呈蜜蜡状并带光的，自然就是“熟坑古玉”。在把玩古董类玉石的行家中，有所谓“包浆”一词，据说新搜集来的玉石有一股与“熟”相对的“生惺气”，需要人的把玩才能够使它的“火气”缓和下来[②]。这大概也就是通过主人的把玩，亦即“养玉”而使之逐渐“熟化”的意思。

---

① 有证据表明，中国农村居民最初是将鸦片视为一种药物来接受的，而药又向来有“生/熟”之说。参阅秦和平：《云南鸦片问题和与禁烟运动》，四川民族出版社，1998年6月，第15—16页。

② 赵旭东、孙笑非：“器物之灵：作为文化表达的包浆与意义的再生产”，《民族艺术》2017年第1期。

基于相同的逻辑，古钱币鉴赏也有“生坑”、“熟坑”或“生币”、“熟币”之说。至于古瓷器的“生”与“熟”，其认知逻辑的结构基本一样，有的古瓷被认为有“熟透”之感，相反的，那就是“生”的，亦即赝品。

关于铁和铁器的“生/熟”分类（图5），古代史上有很多记录。《辽史·道宗本纪》：“禁鬻生熟铁于回鹘、阻卜等界”；《宋史·兵志》：“缗钱百万、工匠千人、铁生熟五万斤、牛马皮万张造军器”；《宋史·食货志》：“民始务农创什器，遂权除生熟铁度河之禁”；《金史·百官志》：“镀铁院都监二员，管勾生熟铁钉线”；《元史·刑法志》：“凡私铁农器锅釜刀镰斧杖及破坏生熟铁器，不在禁限。江南铁货及生熟铁器，不得于淮汉以北贩卖，违者以私铁论”。具体到当下的百姓生活，我们很自然就能联想到“生铁锅”与“熟铁锅”。

图5　“熟铁楼”：河北省蔚县夏源村关帝庙壁画百工图之一

综上所述，汉文化的“生/熟”分类，大概是自宋辽金元以来，实际上就逐渐发展成为较为普及和自然的“常识”。“生/熟”分类范畴作为认知框架而存在的意义，意味着汉文化中的人们，在很多场景下，总是倾向于把客体对象以“生/熟”来分类、来理解，进而予以把握的。可以说“生/熟”成为汉人认识、分类和描述所有观察对象的基本逻辑之一，汉人不断地采用这个分类架构来认知新的事物，并借以扩充和增加新的知识。“生/熟”的分类范畴并不是只在物质层面，诸如植物或器物层面有效，像丝绸(《新元史·程钜夫传》有“生熟段匹”的记载)、玉器、瓷器、金银(《续资治通鉴》“皇祐三年”提及“侬智高奉表献驯象及生熟金银”)、石灰、明矾、铝、玻璃、皮革(《元史·百官志》有“生熟斜皮”的记载)、塑料、薏仁、桐油、豆饼、核桃、柿子、栗子、芝麻、蜂蜜、啤酒、西瓜、西红柿等等的“生”与“熟”；它实际上还涉及精神、伦理的层面和社会生活的领域，诸如书法、绘画的“生”与“熟”，人的“生”与“熟”和族群的“生”与“熟”等。这真是应验了《礼记·礼运》所谓“熟治万物”的说法。下表(表1)所列虽不完全，但大体可以表示“生/熟”之民俗分类范畴之在汉人社会及文化中，以及在老百姓日常生活中普遍而又广泛的适用性。[①]

---

① 周星：《本土常识的意味——人类学视野中的民俗研究》，北京大学出版社，2016年2月，第143—155页。

表 1　“生 / 熟”分类在汉人社会及文化中的普适性

项目	生	从生到熟的过程	生熟之间状态及其可能性	熟	备考
饮食	生食	烹调·料理	生熟蛋、夹生、三分生七分熟	熟食	嗜好·味觉
水	生水	加热	生熟汤、阴阳水	熟水	忌饮生水
普洱茶	生茶·生饼	自然发酵、人工催熟、炒青		熟茶·熟饼	生熟各有千秋
啤酒	生啤	高温灭菌		熟啤	
中药	生药·生片	炮炙·修事	生熟有定	熟药·熟片	验方·偏方
中医灸法	生灸		小熟·大熟	熟灸	
农耕文化	生土、生地、生田	开垦·耕耘	二生地·熟荒	熟土·熟地、熟田	精耕·细作
农作物	生苗	田间管理		成熟	
房地产开发	生地	拆迁、三通一平		熟地	
宣纸	生宣	涂明矾、煮捶		熟宣	
铁，铁器	生铁	锻造		熟铁	
古玉	生玉·生坑	清洗·雕琢·把玩		熟玉·熟坑	
盆景	生桩	育桩·种桩·玩桩		熟桩	
书法、绘画	生	临摹、修习	熟中生、熟后生、熟外熟	熟	熟能生巧

第七节　书画艺术中的“生 / 熟”论

谈及中国传统的书画艺术，居然也有以“生 / 熟”分类为依托的理论。在这些对于书法、绘画、篆刻等传统艺术的“生 / 熟”论解说，充满着中国古代文人的辩证思维特点，它们无一不与汉文化之分类认知的思维方式深切相关。

在中国传统的书法理论和实践中，“生 / 熟”是颇为重要的范畴。作为书法术语的“生 / 熟”，既指修习书法的熟练程度，又被用来指称书法的神韵或气质。历代书法艺术的实践者和评论家们，往往用“生”、“熟”指称或描述书法创作中的笔墨技巧。“生”即生疏，一般初学书法者，自然属于生疏状态；书法之笔墨技巧自然要求“熟”，亦即熟练。学习书法须经久习，功夫到家，方可由生疏至熟练。由“生”变“熟”，接着便是“熟能生巧”，达致随心所欲。正如苏轼所说，达到所谓“笔成冢、墨成池”的地步，字自然就“熟”了。亦如欧阳修所说，“作字要熟”，“熟”才能顺心所欲又不失规矩，进而接近王僧虔在《笔意赞》中提及的那种“心忘于笔，手忘于书，心手达情，书不忘想”的境界。总之，这里所谓“熟”，基本上就是指书画创作时笔墨技巧的表现力。

艺术史上评论书法作品，通常正是以“熟”或“精熟”表述其造诣之深浅，认为“熟”的程度反映着书法家的功力。但评论家们，却又认为字若是太“熟”，“烂熟”、“圆熟”，反倒有媚俗、流俗之嫌，或陷于千纸雷同、千字一律的窠臼，使作品了无生气。“熟”如近乎完美，也就没有了新意、生机和创造性。这意味着字的写法和风格一旦达致纯熟，定格不变并为人们所熟知，反容易使人倦怠，感受不到新意，出现类似于“审美疲劳”的印象。熟能生巧，也能生厌。因此，传统书法理论认为，书法若是“熟”而能“生”，作品才显得高雅和有新意境。书法史上，前人曾有“先生后熟，既熟而生”之说，其寓意是说虽然艺术家应追求由“生”变“熟”，在笔墨技巧上精益求精，但在达致纯熟后，还需进一步由“熟”返“生”以返璞归真。明代书法家董其昌指出：“作字须求熟中生”，便是这个道理。和前辈书法家尽力追求“纯熟”不同，董其昌提倡“字可生”，“字须熟后生”，这里的“生”就是创新，不墨守成规，摆脱古人法则的束缚，形成自己书画作品的特色①。董其昌所谓的“生”，其实就是指艺术家的个性。以“生”破“熟”，求“生”避“熟”，均是为了追求创新，但这并非不要“熟”，“熟”依然是书法基本功。书法艺术创作之“熟后生”，是先追求“熟”，然后再避“熟”，“熟”后求变，“熟”中求“生”，以“生”克俗。明汤临初《书指》云：“书必先生而后熟，亦必先熟而后生”，亦无外乎此意。

正是在传统书法“生/熟”理论的丰厚基础之上，今有台湾的书法评论者提出了新的书法美学观②，亦即以列维-

---

① 杨新：“‘字须熟后生’析——评董其昌的主要书法理论”，《新美术》1993年第1期。

② 郑惠美：“书法越界——故宫博物院熟书法VS.TFAM生书法”，载《“国际书法文献展-文字与书写”学术研讨会论文专辑暨会议记录》，第113—118页，（台北）台湾美术馆，2001年12月。

斯特劳斯“生食与熟食”的观点将书法分为“熟书法”和“生书法”，它们分别象征“文化”和“自然”以及“死”与“生”。具体地是在台湾书法界划分出两个倾向：一是把台北故宫博物院的传世作品及其追随者们的作品视为“熟书法”（Cooked Calligraphy），认为其所代表的是中国文化数千年发展的极致与结晶，是成熟、形式完美、古老的、死的一种历史文化，它是神圣的、崇高的、被凝视的空间；二是把以 TFAM（台北市立美术馆）为舞台而活跃的书法创作视为“生书法”（Raw Calligraphy），认为其所代表的是当代的、正在生发的、生鲜的、未定形的、活的、具有开放性的，可以对话的文化想象空间。两者之间是二元对立的结构关系，由于“人”是一切文明、文化的创造者，故书法家可以自觉地由“熟”返“生”，可以越界游离，越界书写，以野性的思维跳脱本位，在书法的造形思维上跨越媒材、工具、观念、技法，摆脱传统文人加工的、精致细巧的书法风格，从而走向自然、原始、生机勃发的书法新生样貌。列维－斯特劳斯曾强调艺术是野性的思维，因此，使“熟书法”蜕变为原生和生机盎然的“生书法”，正是艺术追求的真谛。

中国传统艺术是书画不分，关于传统绘画也有“画到生时是熟时”一说。据说郑板桥晚年曾有一首题画诗：“四十年来画竹枝，日间挥写夜间思。冗繁削尽留消瘦，画到生时是熟时。”这首诗一定程度上体现了文人画所追求的“生熟”论境界。传统绘画理论中的“熟”，固然是指丰富的创作经验和能力、纯熟的技巧、深厚的艺术修养及造诣，“生”则有时指较为缺乏熟练的艺术表现技巧的状态，但有时也被用来指称“大巧若拙”，亦即从“熟”进一步升华而获得创新的境界。

明人董其昌曾以“生/熟”为基轴展开了他的美学思想，他在《画旨》中指出：“画与字各有门庭，字可生，画不可不熟，字须熟后生，画须熟外熟。”这是说绘画当然得追求“熟”，当然也只有在反复临摹、学习和熟知历代绘画作品的前提下，方可熟能生巧。“画须熟外熟”的意思，是指学习和创作文人画不可不熟，达到“熟”的境界后则不可不化，亦即“熟外熟”，这样方可获得作品的个性风格。在传统绘画艺术中，“生/熟”、“巧/拙”之间存在着对立互化的法则。人们对在绘画创作实践中因为“烂熟”而流于俗气的危险同样十分警惕，故反复强调绘画艺术的学习和创作实践不外乎仍是从“生”到“熟”，再从“熟”而“生”的过程。这正是郑板桥“画到生时是熟时”的意境，亦即当画家感到生疏时，或许正是其艺术创作真正升华之时。

类似的看法在当代艺术界并不少见。如画家范曾就认为：“古往今来还没有一位艺术家是仅靠熟练而成功的。绘画和书法本质上不是表演艺术，创作时不需要旁边的赞叹和掌声，它们需要宁寂而空旷的心灵。熟练之后没有新的追求，那便会熟而甜、熟而腻、熟而腐烂，便会成为“死之徒”。由生而熟，不容易；由熟而生则更难。”[①]

有人从事篆刻艺术创作，也信奉“刻到生时是熟时”，也是先求熟练，不熟练则说明字法、刀法、章法还没有达到

① 范曾：“生和熟”，《当代人》2009年第5期。

随心所欲的程度；但光是技巧熟，熟到极点就成积习，故要熟后求生，才有生意。生即要求在字法、刀法、章法上，每方印都要有新的思考，都要与以往所刻之印有所不同。[①]据说在诗歌界，也讲究在“生”与“熟”之间把握好“度”，因为诗若太“熟”了，就缺乏新鲜感；太“生”了则会被认为缺乏专业的底蕴。

民众欣赏传统艺术时，还有“生书熟戏”一说，意思是听评书要听“生书”，亦即从前没有听过的，由于不了解故事内容，自然会被悬念吸引有兴趣听下去；但看戏却要看剧情熟悉的戏，主要的看点在于欣赏名角儿们对于大家均很熟悉的戏究竟会有哪些新（“生”）的表现与处理。

无论是文人的吟诗作画，还是主妇在厨房劳作，抑或中医悬壶济世，甚至警察侦查破案[②]，“生/熟”都是寻常而又重要的认知框架。就连打麻将，亦有“生张”、“熟张”。“生张”是指尚没人打过的牌，“熟张”是指已有别人打出过的牌；对待“生张”、“熟张”的诀窍是“上熟下不熟”，意思是虽然上家打过了，但不要以为下家也不要。再比如，中国宗教人类学家对于不同宗教的“生/熟”分类[③]，把民间信仰理解为“熟的宗教”，把基督教等舶来宗教称为“生的宗教”，进而再把新兴宗教称之为“半生不熟的宗教”等，这确实也

---

① 陈道林：“刻到生时是熟时”，《书法之友》1999年第9期。

② 韦立华、朱德林：“从误划生熟谈侦查思维的模糊性”，《广西公安管理干部学院学报》2001年1期。

③ 陈进国：“走近宗教现场”，金泽、陈进国主编：《宗教人类学》（第一辑），民族出版社，2009年11月，第1—6页。

不失为是颇有新意的思路。

值得指出的是，在“生/熟”这一认知框架当中，显然是既有对不同或对立（极端）状态的界说，也有对转化和中间状态或其过程之可能性的涵盖。就此而论，传统书法、绘画理论中对“熟中生”、“熟外熟”的探讨，和饮食文化、医药文化中对“生食”、“生药”之积极价值以及“生/熟”之中间状态的食物（“三分生、七分熟”之类）或药物（“生熟有定”）之可能性的探索，委实都是有异曲同工之妙。

讨论：“生熟有度”与“生/熟”之间

列维-斯特劳斯曾经指出：“在法语中，以及无疑也在其他语言中，对词语 cru（生）的形象化应用，……直率地表达了两组对立——自然和文化、生食和熟食——之间的隐含的等价关系。”[1] 从汉语来说，又何尝不是如此？因此，本书将“生/熟”作为汉人社会及文化中一组基本的民俗分类范畴加以抽象，发现它在汉人的社会及文化中有着非常丰富和典型的表象，它起源于并溢出了饮食烹饪的领域，进入到药物实践、土地耕耘、工艺流程等很多其他文化领域，甚至还扩及社会人际关系、族群认知等社会生活的主题领域。我在本书中尝试以“生/熟”范畴统摄或贯穿汉人社会及文化的诸多不同层面，旨在接近甚或揭示汉人社会与文化之内在

---

① 〔法〕克洛德·列维-斯特劳斯：《神话学：生食和熟食》（周昌忠译），第 437 页。

逻辑的某些一致性；我相信，透过这样一对分类范畴，我们或许能够获得一枚深入汉人社会及文化之深层奥意的门钥。

“生/熟”的民俗分类在汉人复杂的社会与文化中，虽然只不过是分类范畴的一种而已，但它依然有深刻而广泛的重要性。如语言一样，一个社会的烹饪方法经过分析，可还原为一些组成要素，根据对立和相关的某些结构原则能把这些要素组织起来。在社会及文化的不同层面相互之间存在着对比或对应的关系，显然是有结构性的规律可循：“那些支配一般食物烹饪的规则，那些可能组合在一起的食品类型和在各种不同场合可以吃的食品种类，结果都成为一组组复杂的、编成代码的关系，这些关系对于每一种个别的文化都是相对的，但作为主要的调解因素在文化和与其对立的自然之间起着重要的作用，它们显然在其他类型的社会关系之间维系着格式固定的一套类比。”① 表1所展示的类比关系说明，我们是把一系列结构性的差异或对立强加给我们周围的世界，我们文化的成员都默认这些差异或对立，然后，所有这些对立都可通过类比方法彼此联系，它们之间的差异是类似的。只要对“冷/热”、“生/熟”之类对立的类比关系稍作分析，就能了解文化之特定“现实”的本质②。上述从“生”到“熟”的各个过程，一定意义上都可转换为“自然/文化”的关系；尽管存在着“生米煮成熟饭”之类俗语所表现的那种明确的趋向性，亦即由“生”到“熟”，经过“生/熟”

① 〔英〕特伦斯·霍克斯:《结构主义和符号学》(瞿铁鹏译)，上海译文出版社，1987年2月，第50页。

② 同上书，第49页。

之间的文化过程，最终形成嗜好和特殊的味觉等等。

但我们不应该只满足于揭示或解释文化整体性的内在逻辑的一致性甚至此逻辑一致性的跨文化存在，因为不同文化之间的差异性事实并未因此得到说明。在“生”与“熟”的命题中，同样也包含着这方面的困难。即便说几乎所有的文化都以某种或某些方式烹调他们的食物，使之“熟”可进食，这并没有解释何以不同民族的饮食文化传统会有如此巨大的差异。同样是由“生”到“熟”，但在“生/熟”之间却形成了各自特别的嗜好趋向和文化性的味觉，亦即各自饮食文化的个性。同为“熟食”，例如，中国各地的不同菜系追求的味觉感受就不同，当然还有水土、环境、资源及历史的不同，于是，便形成了不同的菜系。味觉实际也是一种文化的感受，对田野工作者来说，一定意义上是否适应当地的味觉，也就是对当地文化是否适应的一个相对客观的标准。

显而易见，深层结构、逻辑一致性和分类范畴的讨论，并不能完全解释发生在“生/熟”之间的全部过程，尤其是导致出现文化个性的过程。从这个意义上说，文化的奥秘不只意味着“生/熟”逻辑的一致性及其转换，文化的奥秘还存在于“生/熟”之间的社会及文化实践和具体的历史进程。这就需要在“生/熟”之间，引进诸如“火候”、“分寸”、“拿捏”、“斟酌”、“谋略”及“运作”之类的变量或概念。在这个过程中，“生/熟”之类的社会与文化规则或许并不那么复杂，但它在各个领域里表现出来的现象却并不那么简单。在我看来，复杂性正是产生于“生/熟”之间、生熟有“度”。“生/熟”之间的中间状态，“生”的程度或者“熟”的程度等，都具有不可忽视的重要性。人们在社会文化中的实践活动多在于“生/熟”之间，实践的不同结果便是“生/熟”有“度”。因此，要探索“生/熟”之间的文化奥秘，除引进历史、生态和实践的变量以及展开具体的描述之外，似乎也没有其他更好的方法可供遵循。

除了本章第三节提到的那些“生食”与“熟食”的中间状态之外，在此不妨再以“生熟汤”（又叫做“阴阳水”、“生熟水”）和“生熟蛋”为例，延伸思考以下“生/熟”之间的奥义。早在《明史·方伎列传》里，就记载有“生熟水”。民间把它又称作“生熟汤”，它一般是指用新汲的“生水”和开水（“熟水”）混合地匀在一起，俗信饮之可调中消食。据说若有吐泻类腹疾，便可取盐少许投入“生熟汤”之中，饮1—2升，便愈；或曰若因霍乱和呕吐不能进药、病情危急的，先饮数口即可使人安定。“生熟蛋”或曰“半生熟蛋”，顾名思义，就是把鸡蛋加工成半生不熟的状态，有些人相信“半熟”的鸡蛋营养价值更高，犹如有些人相信“夹生”（最好带点血丝）的肉能够给人带来更多能量一样。诸如“生熟汤”和“生熟蛋”之类，其实是较难纳入到单纯的“生/熟”分类之中，而是需要继续深化对于“生/熟”的中间状态以及“生熟有度”的斟酌与思考[①]。

中国饮食文化在几千年发展过程中，发明了无数的烹饪技术和加工料理方法，就此而言，可以说是达致“烂熟”的

① 周星：《乡土生活的逻辑——人类学视野中的民俗研究》，北京大学出版社，2011年4月，第20—24页。

文化。但在沿着列维－斯特劳斯开辟的思路通过食物去进行思考时，尤其是探索社会及文化透过食物所要表达的意义时，就会感到“生/熟”与“自然/文化”的问题其实要更为复杂。尽管“熟食”是相对于“生食”的进步或文化化，但近年来世界范围兴起的回归自然运动和“吃生”（包括几分生）风潮既不无关联，又另有深意：它或许是现代人类对饱经人工烹饪技术过度处置、过度料理之食物的一种矫枉过正吧。

第二章　汉文化中人的“生涩”、“夹生”与“成熟”

第一节　人迈向“成熟”的不同层次

在中国传统社会的日常生活中，除了有对庄稼作物、果木蔬菜、家禽家畜的发育乃至于某些事情的条件“成熟”与否之类的判断之外，是否“成熟”还经常被引申到对于男人和女人的判断和评价。

人随着年龄增长，很自然地就会在身体（生理）、心理和社会认知、人际关系等方面均发生一系列转变或曰成长。发展心理学专门研究作为对象的自然人的发育与成长；社会学与人类学则非常重视其作为社会人或社区人的成长过程。从幼儿、幼女到少年、少女，再到男女青年，人不断地从“青涩”经过“夹生 / 半熟”走向“成熟”，这个过程充满着喜悦和烦恼，也面临诸多困扰和张力。尤其是当人的“身体成熟”和社会性的“成熟”难以同步或出现时间错位，往往就有可能导致严重的危机。法国民俗学家阿诺尔德·范热内普很早就关注到这一点，他指出，“在罗马，社会成熟期在生理成熟期之前；在巴黎，社会成熟期在生理成熟期之后”[①]，两者往往不能同步，以至于任何成人仪式都很难对这个极其复杂的过程应对自如。

汉人社会及文化里对人有一个“成熟”的预期，一般来说，人的“早熟”基本上受到鼓励，而“晚熟”则要遭到揶揄或指责，说他“不成熟”、“幼稚”，或者“书生气”、“不开窍”等。人们用“生齿”指称幼儿的乳齿，用“学生”、“生员”、“生徒”指称那些需要接受教育和训练的人，用“书生气”描述不那么“成熟”的青年“后生”等等，而他（她）们的成长便是逐步迈向“成熟”的过程。“生”和“熟”是任何男女个人的成长过程都可能经验到的不同状态或阶段，任何人的成长亦即在从“生”到“熟”的过程中，往往都会需要经验若干次人生通过仪式。这样一个成长过程，既有身体的、生理的、肉体的从“生”到“熟”，也有社会化、文化化的从“生”到“熟”，亦即通过接受教育或经历锻炼而逐渐成长为符合家族、社会（社区）、民族或国家的期许。

若仔细分析，可知在汉人社会及文化中，男人和女人的“成熟”都有几个彼此关联却又不尽相同的三个基本层次。

首先，是人的能力。例如，汉语会说某人对某项技术是“新手”、“生手”或“老手”、“熟手”；说某些工种（或称“熟练工种”）需要由“熟练工”去从事；说青年学“生”尚不够成熟，或者说某人有“书生气”；和“先生”相对的有“后

① 〔法〕阿诺尔德·范热内普：《过渡礼仪》（张举文译），商务印书馆，2010年11月，第52页。

生”等等。这种场合下的“生 / 熟”，通常是对人的某种能力及其工作状态的分类式评价。通常，经由培训、学习、反复的实践和个人努力，人的能力完全可以由“生”变“熟”，这中间自然也会有“生 / 熟”程度不等的状态。如果长期不事实践，已经获取的能力也可能变得“手生”。国内的企业招聘员工时，往往要求有“从业经验”（包括社会阅历、与人相处之道等），经常以没有工作经验为由将应届毕业生拒之门外。这反映了急功近利的心态和短视的眼光，因为他们总是希望新人能很快驾轻就“熟”，马上为企业带来效益。相反，许多在华的跨国公司则较多倾向于从大学应届毕业生中大量招人，他们认为年轻人一张白纸，有“生气”，有激情，也有创意冲动，若加以培训，就能为企业大展身手。显然，这其中存在着对于“生 / 熟”之人类能力的不同期许。

其次，是男性和女性的身体成熟以及性经验。在汉人社会中，涉及人成长的“生 / 熟”状态时，除了社会生活等方面的经验之外，非常重要的一点便是当事人的异性经验。中国社会及汉文化中对于“性”的话题有很多禁忌，并且有尽量使之伦理化的倾向，每当话题涉及“性”的时候，就会分外敏感而又暧昧①。但无论如何，这是人之为“人”，成为“成

① 据报道，成都暑袜北街某单位大院，寒假里小学生们发明了一种叫做“红烧美女”的游戏：先是几个男生猜拳，最后胜出的两位男生率先获得“烹饪权”，被“红烧”的女生则是女生猜拳的失败者。她老大不乐意地骑上由两个男生双手交叉架起的“锅”，然后就带着她在事先划定的范围内追赶其他女生，抓住后便结束一次“红烧”。据说“红烧美女”游戏的玩法还有很多种，正在低年级盛行，孩子们乐此不疲。有些家长表示不希望孩子玩这种不太好的游戏。参阅婉莹、王白羽：“学生假期玩出新花样——红烧美女”，《天府早报》2001 年 1 月 12 日。

年人”和“成熟”的人所必不可少的层次。由于“性”相对难以启齿，于是，汉人社会就倾向于把结婚（包括性在内）仪式视为这方面最终达致“成熟”的显在和终极性的标志。

汉人社会对于“成熟”的男人和“成熟”的女人共享着某些常识性的评判标准；同时对人的成长与“成熟”过程及其节奏，似乎也有一些共同的认知或理解。如果某个孩子过于老练，他或她就会被认为“早熟”（这个评价颇为微妙，往往是褒贬兼有），而如果他或她过于木讷，则又可能被说成“晚熟”。人的这个发育、进化和成熟的过程，往往会有一些变异，并因此发生各种困扰和问题。男孩如到一定年龄，依然没有异性经验，就会抬不起头；女性到了一定的年龄，若是没有男孩来追求，也会非常尴尬。如果一位男性青年没结婚就因故去世，那他就很值得怜悯，因为这意味着他没有“成人”（生），旧时甚至有可能给他安排“冥婚”；如果一位女性终身未婚，无论她自己多么感觉良好，周围的社会性评论仍会认为她很不幸，把她视为同情怜悯的对象。

大概是受到日语的影响，台湾社会较多使用“熟女”一词，通常它是指成熟的女性，涵义包括（年龄和心态）成熟、性感、有女人味儿；但有时也潜含有性经验丰富之意。中国的互联网上有一种说法，想要知道“女生”与对方“熟不熟”，只需了解她和他聊天时所用语言的猥亵程度，就可以了然于胸。这大概可以算作是对“熟女”一词的一点注解。与此对应的又有“涩女郎”一词（“生”、“涩”相通），所谓“涩女郎”，大体上是指有点叛逆、特立独行，异性不易接近或不容易“搞定”的女性。“涩女”或“涩女郎”，或许正是当代社会常见的那些处于“半生不熟”状态的女性。对“涩女郎”的看法有两个极端，一种是认为她们忽冷忽热、半生不熟，令人讨厌，相信她们是女性在成长、进化中途出现阻碍或发生问题而形成的“次品”，是没能或无法进化为“熟女”状态的女性。如同煮成“夹生”的米饭一般，她们悬置半空，高不成，低不就（如“剩女”），境地颇为尴尬。另一种意见则认为，“涩女郎”有不同的性别意识，有个性，潇洒并引人注目，有吸引力。对“涩女郎”的两种评价，恰好反映了“生/熟”之间难以被整合分类所穷尽的那种中间状态的危险性与可能性。至于男性如果没有主见，凡事向父母请示，或宅在家里，有社交恐惧症，就会被认为没长大或“不成熟”；对于这一类“半生不熟”的男人，有“妈宝男”一词作为讽刺，其背后的话语逻辑大致相同。

再次，便是人的社会性成熟，亦即社会学意义上的“社会化”。在中国社会和汉文化中，无论男人还是女人，举凡“社会化”过程比较顺利的人，就被认为是正常的人、“成熟”的人；人的社会性“成熟”与否，主要体现在社会人际关系中。社交能力较强，有很多朋友和“熟人”，不仅能够应付家族、宗族、姻亲以及作为“熟人社会”的社区近邻等复杂的社会人际关系，保持良好而又圆滑的状态，而且，在“陌生人社会”中也能够保持警惕、自我保护，同时还能不断地把“生人”通过交往而纳入自己的朋友圈，使之成为“熟人”，那他或她就算是很“成熟”了，否则，就是“不够成熟”，或者干脆就是“半生不熟”、“夹生”的人。

陕西关中一带农村，有“生生娃”、“生生货”、“冷娃”、

“啀冷活”等俗语，用来指称年轻后生气盛火旺，做事易冲动[①]。当说某人是“生生”时，也就意味着他“未熟”、“不成熟”，不懂事理，大概就相当于“半生不熟”的状态；当说某人“二百五”时，那就是指他蛮干、胡扑、莽撞、傻气，做事不计后果，和“生生”差不多。此外，还有“二杆子”（莽撞）、“二气”（痴呆）、“二彪子”（胆太大）、“愣头青”（不知天高地厚）、“瓷马二愣”（不机灵、反应迟钝）等很多用于描述不怎么“成熟”的人和事的词汇。在我的老家丹凤一带，乡民批评年轻人没有分寸、不知轻重、不机灵、不会办事、没有礼貌的言行为“生怂”，“生娃”、“冷娃”，大致也相当于“二百五”。甘肃省武威方言里，有“五二鬼”（不务正业、好逸恶劳）、“二流子”（不务正业、不爱劳动）等对某些人的贬称；另外又有“冷棒”一词，和陕西的“冷娃”意思相同或类似。可以说，这些乡土俗语讲的大都是社会性或文化性“不成熟”的状态。值得注意的是，“生”和“冷”、“冷”和“愣”原本也是可以通约、通转的词语，它们都和乡民饮食中忌讳“生”、“冷”的习惯有着逻辑上的一致性[②]。

虽然人的“成熟”可以细分出上述不同层次，但具体到个人，它们很可能是相互叠合而很难区分得那么清楚，很可能实现人的综合性“成熟”；而且，在上述不同的层次之间，其实也是有密切的互动关系。例如，善于社交的人，有很多“熟

① 戴生岐：“生蹭愣倔：关中人性格特色之家乡民俗学探讨”，《民俗研究》2007年第2期。

② 周星：《乡土生活的逻辑——人类学视野中的民俗研究》，第22—23页。

人”和朋友，通常也比较容易获得异性经验；通过各种训练或学习，通过“熟能生巧”的路径，具备了较高能力和技巧的人，同样也相对容易获得异性的青睐。

第二节　成长仪式和成人仪式

汉人社会及文化也不例外，为了缓解人从“生涩”到“成熟”过程中的诸多困扰和担忧，也设置了一系列人生过渡仪式，以期孩子们健康成长和顺利地实现社会化。通过这些仪式，社区和家庭，尤其是家长寄托了让孩子逐渐长大、成人、出息有成就的心愿。几乎是从生命降临时起，就有一系列仪式设计。例如，婴孩出生之后的“洗三”、“满月”、“剃头”、“周岁（抓周）”等，就寄托了父母和亲邻对孩子未来的期待，而社会性别通常是这些期待中最为关键的内涵。接下来，便是一系列的“成长仪式”，除了每年的生日（并非每个地方均认真对待生日），汉人社会里儿童的“成长仪式”，还有“寄养”、“命名”、“渡关”以及“开笔启蒙礼”等许多名堂，但大都是对少儿、少女健康成长的祈福，包括对各种真实或想象之“难关”的仪式性转化或超越。

中国历史悠久，汉文化源远流长，汉民族又人口巨多、地域性文化特点也非常突出，我们在此无法也不需要对汉文化的人生过渡仪式进行系统性的描述。这里只需指出至今在一些地方，仍然可以看到有专门为孩子们设计的“成长仪式”即可。例如，湖南省石门县一带儿童的“渡花树关”/“渡小关”，就非常具有典型性[1]。男孩女孩在3岁、6岁、9岁时，要延请巫师为其举行“渡小关”（相对于12岁的成年礼而言）仪式。在由巫师主持的法事上，过“关”的孩子需要走过一座搭在两个椅子上的小竹桥，桥上要插一棵花树，故亦称“花树关”。孩子们的平安成长，被认为不得不经过许多“关煞”，亦即现实或想象中孩子可能遇到的各种风险，如“断桥关”、“水火关”、“短命关”、“鬼门关”等等，整个仪式就是由巫师招请傩神保佑孩子们平安过关。为了准备这个仪式，事先要由在当地有影响的“正派”的成年人带着孩子去讨“百家米”，并用收自百家的碎布头做成“百家衣”，再用讨自百家的钱打造“百家锁”，这都是为了借助社区众人的生命力来为孩子加持。亲友们会在这一天为孩子“送情”，一般是送上一些衣物和食品作为祝福，而孩子自3岁“渡小关”这天戴上百家锁之后，要一直到12岁的成人仪式时，才可以摘取下来。在陕西省宁强县的山区，人们通常也是要给不满12岁的孩子穿“百家衣”，这有众人抬举、担保此孩之意。

再接着，就是“成年仪式”。诸如各地的“过十三岁”、“过十六岁”、“冠礼”和“笄礼”等等，这些都是促使当事人意识到自己长大成年，进入成人世界，可以和异性交往，并需要承担对于家庭、宗族或社区之责任和义务的重要契机。最终，男女还需要通过婚礼而正式、“成熟”地为人夫妻、为人父母。

---

① 杜平、贾国辉：“湖南省石门县儿童‘渡关’风俗调查”，张紫晨主编：《民俗调查与研究》，河北人民出版社，1988年10月，第60—68页。

中国自先秦时代起，就有了“冠礼”和“笄礼”，它们分别是男子和女子的成人式。“冠礼”大约在男子20岁时举行，根据《仪礼》《礼记》等古典文献的记载，“冠礼”的程序颇为复杂，包括筮日、筮宾、冠日陈服、礼加、再加、三加、宾字等一系列仪式，但大体上无非是要通过发式、冠服的改变来体现当事人成年身份的获得，同时使之受到一次隆重严肃的纲常伦理的礼仪教育[①]。“笄礼”一般是在女子15—20岁之间举行，大体上也是通过改变发式和装束使之意识到自己的成年，同时也让社区的人们知道她已经到了可以婚嫁的年龄。此类“冠礼”和“笄礼”，早期大概只行于上层贵族社会，后来由于非常复杂的历史进程，并没有完全普及到民间，虽然也曾有过宋明理学家或其他贤哲们致力于改革或恢复的实践，但由于清朝时在高压政策下，人民的发式被迫发生了改变，“冠礼”也就无所依托，此外，由于古代婚龄较早，慢慢地就出现了将“冠礼”、“笄礼”合并于婚礼之中的倾向。于是，古代典籍里记载的那类“冠礼”和“笄礼”，确实是在汉人社会及文化里彻底地衰落了。然而，“礼失而求诸野”，在中国各地的民间社会却也形成了一些地方性的成人礼俗[②]。

例如，在江苏省吴县的胜浦前戴村，女孩子常常是在虚岁13那一年的农历七夕，举行当地俗称“留头发”的成年

① 萧放：《传统节日与非物质文化遗产》，学苑出版社，2011年4月，第266—281页。

② 钟敬文主编：《中国民俗史（明清卷）》，人民出版社，2008年2月，第242—247页。

仪式[1]。当天午饭后，要举行“斋星官”、供奉王母娘娘的仪式，女孩子则第一次梳成和女青年一样的发型，并包扎头巾，显示她已经成年。从此，她的服饰和妆饰就由“少女型”变为“青年妇女型”，服饰上的装饰图案也由女孩的“囡囡花”之类，改变为比较复杂的“蝶穿梅菊”之类，在后一类图案里，其实是内涵有男女交会的寓意。

在湖南省石门县一带，当地在为孩子举办过“渡小关”之类的“成长仪式”之后，在12岁时还要举行叫做“渡童子关”的“成人仪式”[2]。这种只为少年举行的“成人仪式”，又叫作“打童关醮”，一般是要延请巫师做三天法事。准备环节包括由少年本人亲自去讨“百家米”和“百家布”（现在一般只去12户人家讨来即可）；用讨来的布头缝制“百家衣”，在仪式当日穿着；设置供桌，供奉诸位傩神；用门板搭桥，并在桥尾“置关煞”（用一个饭甑置于桥尾的桌上）。仪式的第一天，主要是由巫师降神；第二天（一般为少年12岁生日），少年穿着白色的“和尚衣（百家衣）”，脚穿旧鞋，身背包袱（里面是新的衣服和鞋袜），由巫师牵引过桥，并钻过关煞，由父母接着。然后，给他理发，并留出“马桶盖”的头型，再换上新衣裤和新鞋袜，表示成为一个新人。经过此仪式之后，他便具有了男子汉的权利，包括参加宗族祠堂活动、继承宗族财产，父亲不在时，有当家权，可以结婚，

① 魏采苹、屠思华、朱庆贵：“江苏吴县胜浦前戴村妇女服饰调查”，张紫晨主编：《民俗调查与研究》，河北人民出版社，1988年10月，第31—59页。

② 杜平、贾国辉：“湖南省石门县儿童‘渡关’风俗调查”，张紫晨主编：《民俗调查与研究》，第60—68页。

可以结拜兄弟，可以和来宾同桌用餐，可以参加他人婚礼上的“陪十兄弟”活动等。换言之，他将作为一个成年男子而为社区所承认。第三天，则是还傩愿亦即酬神演戏，其中必有《孟姜女下池》的曲目，内容大意涉及两性的相识、交往和成婚，有时也包括一些性内容，旨在使新成年的男子意识到性和结婚对于家族的意义①。最后，鸣放鞭炮，由法师诵读“钩愿文”而结束仪式。据说类似这样的成人仪式，还见于湖北鄂西、四川川东等地②。

在广东省的潮汕地区，至今仍有所谓的“出花园”仪式。当地一般以15岁为男女成年，此前的孩子们被认为是“花仔”，受床神保护在“花园”里。15岁时要举行拜别“床神”的仪式，这天祭拜“床神”时，孩子要穿全身的新衣服，让其吃寓意“聪明”和“换肠换肚（具备成年人的心智）”的猪肝炒葱等，然后，母亲来到孩子身边，给他或她念诀：“阿奴（孩子）坐北朝南，阿奴已经成人。”③旧时有些人家，担心小孩难以养活，遂请神到家里供养，等孩子15岁时，邀请道士以纸为园，陈设“花盆”，令该子坐在其中，道士则扮“花公”、“花母”，为孩子诵经；等仪式结束后，孩子便可以出来，再将纸质的花园焚烧了之。目前，传统的“出花园”仪式依然存续着，但也开始发生着变迁（图6—图7）。另在台湾

---

① 周星：《境界与象征：桥和民俗》，上海文艺出版社，1998年10月，第72页。

② 巫瑞书：“傩戏《姜女下池》的民俗学价值”，载张紫晨主编：《民俗调查与研究》，第326—337页。

③ 郭湘銮：“潮汕地区床神崇拜研究”，《民俗学刊》第五辑，澳门出版社，2003年11月，第146—153页。

台南一带，则有“做十六岁”的成年仪式[1]。类似这些仪式，在民俗学的观点看来，应该就是少男少女进入成人社会逐渐迈向“成熟的标志”[2]。

图 6　广东潮州大街上“出花园”仪式的广告

图 7　在广东省的揭东万竹园，每年都举办“出花园”传统民俗活动（钟杰、洪晓婉提供）

① 苏素卿：“‘做十六岁’的成人礼——以台湾台南市开隆宫的活动为例”，《民俗研究》1998 年第 1 期。

② 钟敬文主编：《民俗学概论》，上海文艺出版社，1998 年 12 月，第 170 页。

包括“成长仪式”和“成人仪式”，以及后文即将论及的婚礼等，所有这些人生仪式均有明确的目的，按照文化人类学的解释，这些仪式都具有预示作用和方向性，它们对于人与事物的因果程序具有控制和转化的能力[①]。曾经引起文化人类学家们广泛关注的赞比亚本巴人（Bemba）的“祈颂姑”（chisungu，又译齐松古）仪式，其实就是本巴人女孩的成人仪式，其目的就是要使女孩“长大”，让她们成为女人，亦即把一个不成熟的女孩变成一个成熟的女人，一个准备结婚，并且能够在性交和月经的污染之后，承担起净化丈夫和自己的危险任务的女人。举行这个仪式，需要该社会里的年长妇女作为监督，对于这些监督者而言，没有经历过此仪式的女孩仍然属于“废物”，是一口没点火的锅；或是一个“没烧过的泥罐”（制陶是当地妇女唯一的手工艺）。[②]换言之，她还不是一个完整的女人。那些年长的妇女和司仪通过仪式，在女孩子身上制造出变化，将其由令人担忧的不成熟状态转化为能够孕育生命的女人。仪式让女孩子脱胎换骨，将未成熟女人纳入成熟女人之列。仪式上，女孩要披上毯子，倒退着爬进仪式小屋，象征着摈弃旧的生活，随后还要忍受年长妇女的取笑，她们被奚落仍属于未成熟的范畴，她们则通过哭喊以表明接受这种分类及其内涵的虚弱，同时也表明愿意接受新的分类，亦即成熟女人的范畴。通过取笑与哭泣之类

---

① 〔美〕麦克尔·赫兹菲尔德：《什么是人类常识——社会和文化领域中的人类学理论实践》（刘珩等译），第 290—294 页。

② 〔英〕奥德丽·理查兹：《祈颂姑——赞比亚本巴女孩的一次成人仪式》（张举文译），商务印书馆，2017 年 12 月，第 116 页。

的折磨，仪式把她们带入成人社会，使她们实实在在地长大。赞比亚恩登布人（Ndembu）的伊索马（Isoma）仪式，也是旨在将一个不完整的人（无生育能力的妇女）改变成为一个完整的人（有生育力的女人）。

美国人类学家玛格丽特·米德（Margaret Mead）在其著作《萨摩亚人的成年》里，描述了她于20世纪20年代在萨摩亚岛屿世界"发现"的所谓无忧无虑、轻松愉快、平和且拥有性社交自由的青春期，并由此和西方社会里通常充满着紧张冲突和情感矛盾的青春期形成了鲜明的对照。由于青春期是人达致成熟期的身体生物学变化和人的社会化、文化化相互纠葛的复杂过程，因此，米德的研究引起了西方社会的广泛关注。但德里克·弗里曼（Derek Freeman）基于他于1940年代的田野调查，却发现了米德著作中许多严重的失误，1984年（其时，米德已经去世），他出版了《米德与萨摩亚人的青春期》一书，全面地批评了米德的研究，指出萨摩亚人的青春期也有其烦恼、困扰和矛盾冲突，甚至经常还会发生"摩苏"状态，亦即对成人社会权威或家长的执拗、抵触和叛逆，极端时甚至还包括忧郁、狂躁、忿恨之类的情感或精神反应，以至于还可能发展到自杀，而绝非如米德所描述的那样和平、舒缓[1]。德里克·弗里曼进一步还指出，萨摩亚社会非常看重处女的纯洁，甚至于童真验证也成为婚礼的一部分。

---

① 〔澳〕德里克·弗里曼：《米德与萨摩亚人的青春期》（李传家、蔡曙光译），光明日报出版社，1990年10月，第205—207页。

几乎在所有的社会中，都有关于青年男女之青春期的文化设计，就人的生理层面而言，青春期的男女常被描述为性的“成熟”，但青春期往往同时被看作不大稳定的“过渡期”，其间每每出现“生/熟”之间的混乱，尤其是出现生理上的“成熟”和社会经验方面“不成熟”之间的冲突。汉人社会及文化里的“成长仪式”和“成人仪式”，同样具有明确的方向性，同样具有促使人从“生涩”状态朝向“成熟”状态转化的功能。在经验了如此的成人仪式之后，“他的身上被寄予了一定的期望值：他所做出的表现应当与某些习俗规范、道德标准相一致”[①]。

但是，汉人社会里的家长们并不认为孩子在经历过“成人仪式”之后，就真正“成人”了，实际上，那只是迈向真正“成人”的一个门槛。无数证据表明，传统汉人社会是把结婚视为成年人的标志，因此，婚礼就是确认男女当事人进入真正的“成熟”，亦即成人、成家状态的仪式，其转化的方向性非常明确。或许正是由于当代中国社会尚未确立统一的“成人礼”文化，汉人社会及文化中原本就有的一种观念，亦即归根结底是把子女完婚的结婚视为他或她们最终“成人”的标志[②]，就进一步得到了强化和普及。实际上，在各地民间，婚礼兼具“成人礼”之意义的情形，原本就不是很罕见。不仅如此，结婚对于汉人而言，还意味着父母亲使命的完成。为子女完婚，才算尽到为人父母的责任；它同时也是子女的

① 〔英〕维克多·特纳：《仪式过程：结构与反结构》（黄剑波、柳博赟译），中国人民大学出版社，2006年4月，第95页。

② 张继焦：“洛村汉族儿童的社会化过程”，《民族研究》1998年第1期。

人性、社会性和性关系能力全面成熟的重要时刻，是男女最终成人、独立于父母的标志。它如此重要，以至于男女青年如果未婚而亡，家人甚至还会为他们安排“冥婚”。

在中国很多地方的农村，青年男子的人生思想，可以被简要归纳为“房子”、“娘子”和“儿子”[①]，这种理想的大面积存在，至少部分地导致了20世纪80年代全国范围的农村“建房热”。纠结在“房子”、“娘子”和“儿子”之间，便是以“结婚”为标志的“成人”。事实上，如今中国各大中城市已经导致泡沫频生的房地产过度开发，以及经常被怪罪的中国式“丈母娘”对于房子的疯狂态度，恰好说明农村那个“房子”、“娘子”和“儿子”的人生理想的逻辑，在城市里也大同小异。

值得注意的是，在全国各地的婚礼等仪式上，除了巫师或法师之类神职人员的灵力之外，成年社会里那些“正派”的成年人、“好命人”、有福气的人(全福人)等等，都是对即将成年、成人、成家者的引导、暗示、期许和示范，也是为了促使他们或她们顺利地实现“社会化”的目标。在台湾、广东、福建、山东、湖南、四川、陕西等地，人们所谓的“好命”、“有福”或“全人”，大都是指他们或她们拥有好的人生，这其中包括：完成了自身的婚姻，子孙满堂，尤其是拥有传承父系的男嗣；扶养子女长大并为他们完婚；同时还能尽孝、奉养父母；年老时又能有子女赡养，以及最后要有子孙为自己养老送终。这些父母健在、儿女双全，同时又在社区里具有威信的成年男女出现在“成

① 周星：“房子、娘子、儿子”，《淮海论坛》1995年第8期。

长仪式”、“成人仪式”以及婚礼上，其用意自然是想使有关的人生价值内化于仪式当事人，使其模仿这些令人羡慕和尊重的人[①]。由此看来，在所谓“成人”的过程中，其实还包含“做人”，进而“造人”（生儿育女）的努力。

近代以来，在中国作为国民国家致力于国民文化建设的过程中，“成年礼”作为一个尚待解决的课题，一直延续至今。一方面，国家颁布的法定成人年龄为 18 岁，另一方面，学校教育的普及使得入学式、毕业典礼以及少年先锋队的入队式、共青团的入团宣誓仪式、官办的国际儿童节和五四青年节等等，逐渐发挥了人生通过仪式的某些功能。与此同时，不少濒临解体的乡土社区依然坚持着本地独有的“成长仪式”和“成人仪式”；更为广泛的包括市民、干部和职工阶层在内的汉人社会及文化，对于男孩女孩的成长、成人过程依然保持着一些默契共享的期许。国家在建构举国一致的“成人礼”上犹豫不决，也由于过往的实践过于意识形态化，并和“五四”青年节纠葛不清，故一直未能成功。然而，很多有心人士鉴于日本等邻国的经验而极力主张，甚至亲自实践“成人礼”的尝试，始终不绝如缕。进入 21 世纪以来，此种建构“成人礼”的努力（图 8），尤其在汉服复兴运动中有突出的表现[②]。

---

① ZHOU Xing: A Person's Being "Raw," "Half-cooked" and "Cooked" in Chinese Culture", Han Min, Kawai Hironao and Wong Heung Wah(ed): *Family, Ethnicity and State in Chinese Culture Under the Impact of Globalization*, Bridge 21 Publications,LLC.2017. pp.105-121.

② 周星：“新唐装、汉服和汉服运动”，《开放时代》2008 年第 3 期。

图 8　汉服笄礼（江苏省盐城师范学院文学院，
2015 年 12 月冬至前一天）

第三节　旨在“预热”的“跨火”仪式

汉人的婚礼除了具有使男女当事人完成身份转换，让女子成长为妻子，男子成长为丈夫，使一个新生的家庭诞生的意义之外，还要对家庭内和睦的性关系以及由此而来的生殖、繁衍下一代有所关照。由于在传统的汉人家庭内部一向忌讳谈论“性”，也由于传统中男女结婚的基础往往不是基于自由恋爱，而是基于父母之命、媒妁之言才得以成立的，婚前性关系曾经是严格的禁忌等等，家长们潜意识里，其实是非常担心子女的“洞房”能不能顺利。

旧时在天津杨柳青一带，每年春节前会把一些“春画”当做年画来销售，这便是著名的“女儿春”，又称“嫁妆画”、“箱底画”、“压箱底”[①]。它一般是在女儿出嫁时，由父母夹带在嫁妆里带到夫家的，被用来启发新婚二人的性生活。民国年间，除了天津杨柳青，山东潍坊、苏州桃花坞等年画里亦有此类品种，反映了强劲的民间需求。至于婚礼上那许多对于性关系的暗喻和明示，更是自不待言。可以说，在各地汉人的婚礼上，设计了许多使得男女当事人双方能够尽快“成熟”、不再让人担心的环节。

若是从人的从“生涩”经“半熟/夹生”到“成熟”这一成长过程的隐喻性、象征性来观察，我觉得对中国传统婚礼中某些环节就有可能做出新的解释。具体而言，可以把新娘须经过“跨火盆”方可进入男家的习俗，解释为是一种仪式性的“预热”；而把新娘进入男家之后，孤立无援地面对“闹洞房”的尴尬处境，解释为是一种“催熟”。这里的“预热”和“催熟”，既是心理性的，也是身体性的，还是社会性的，均是对即将发生的合法的性关系过程的隐喻性表象，而这些隐喻又往往与烹饪、料理有关。正如汉语把男女的性前戏称为“亲热”一样，结婚及随后的“洞房”必须是热烈、热火、热闹，而绝不能是冷淡、冷清、冷静。

---

① 刘达临：《纵横华夏性史——古代性文明搜奇（下）》，台湾性林文化事业股份有限公司，1995年11月，第266—267页。

婚礼上有让新娘在进入男方家时必须经过的门槛处“跨火盆”、“跨火把”、“跨火堆”、“跨火烟”之类的仪式，各地的民俗称谓不尽相同，总体上可将其归纳为“跨火”仪式。大约在几十年前，韩国的婚礼仪式一般是在上午举行，新郎要先到新娘家门口，跨过一个“火盆”，据说这意味着驱走妖怪魔鬼；然后，才能接到新娘；等新娘来到新郎家门口时，同样也要跨过“火盆”。接着，身着民族服装的新人再向男方父母磕头，公婆会把桌子上的大枣扔到新娘的裙子里，祝福新娘吃枣之后早生贵子。这是男女均要跨火盆“预热”的例子，其中的“性”含义亦若隐若现。法国民俗学家阿诺尔德·范热内普曾将“过门槛”之类的礼仪理解为“边缘礼仪”，认为它应该是为此后的“融合”准备之礼仪[①]；在中国，通常对“跨火”一类仪式的解释是把它视为一种过渡，或把它解释为“辟邪”，或将其寓意解释为是对婚后红火生活的追求等。其实“辟邪”诸说和笔者在此提出的解释未必有多大的矛盾，因为在广大汉族地区，向来是把妇女难以怀孕称为“病”、“厄”、“难”或“邪”的，所以，在旧历正月十五，各地的“走桥”祈嗣习俗，又叫做“走百病”，“度厄”[②]。因此，“跨火”辟邪其实就是对新娘子的生育能力的祝福。

在广州，举办传统婚礼时，有些固守传统的家庭会在新

---

① 〔法〕阿诺尔德·范热内普：《过渡礼仪》（张举文译），第17页。

② 周星：《境界与象征：桥和民俗》，第80页。赵世瑜：“明清以来妇女的宗教活动、闲暇生活与女性亚文化”，载郑振满、陈春声主编：《民间信仰与社会空间》，福建人民出版社，2003年8月，第148—182页。

娘子进门之际，特意设置“跨火盆”仪式，具体做法是让新娘进入堂屋大厅后，跨过设在堂屋门槛前的“火盆”，接着再踩碎一些瓦片，俗称“过火”与“破煞”。对此风俗的解释，一种说法认为踩碎瓦片的寓意是把过去视为瓦片，踩碎它表示要开始新的生活；还有一种说法认为，这是古代验证新人是否为处子之身的一种象征性方法，新娘如果是完璧之身，就不用担心，就能准确地把瓦片踩碎；否则，就会有些害怕，往往会踩歪或不一定踩破，这种说法有点“神判”的意味。这些说明在多大程度上可以被接受，文化人类学家一般认为，当然是应该尊重当事人的主位性解释，例如，现在，人们往往是将此类仪式视为希望婚后生活能够“红火”、“兴旺”。虽然上述解释未必不对，但如果是从当事人婚礼之后即将发生的合法、为社区公众所知晓，且大家均饶有趣味地予以关注的性关系，还有这种关系对于人的身体与心理之从“生”到“熟”的变化来看，我们的确可以给它以另外的解释：跨火盆就是对女性身体的“预热”、“加热”，这是一个寓意为“性前准备”的仪式；至于踩碎瓦片，其寓意当为新娘处女之身将破，因为古时曾将女孩出生视为“弄瓦之喜”①，故踩碎瓦片寓意如此，实在不难理解。在福建省泉州一带，旧时婚礼去接新娘子的轿子，前面必须有人抬着烘炉火炭，并生旺火，其上覆盖两块瓦片②。在这里，瓦片与生炭组合的寓意，应该就是破处之性与多生孩子。

① 《诗经·小雅·斯干》：“乃生男子，载寝之床，载衣之裳，载弄之璋。……乃生女子，载寝之地，载衣之裼，载弄之瓦。”

② 陈垂成主编：《泉州习俗》，福建人民出版社，2007 年 6 月，第 206 页。

“跨火”仪式在广东全省颇为普遍。在佛山一带，婚礼上新娘子的轿子一到，伴娘（大襟姐）便要背着新娘子，跨过事先堆好并点燃的火堆，然后，再将新娘子背入新屋[①]。在潮州，彩轿来到时，新郎要拔下新娘头上的银钗，在新娘额头“狠狠”扎一下，据说这表示下马威；洞房时，新娘则要使劲踩新郎一脚，以示“反抗”。新娘进门时，要由伴娘搀扶着，跨过门槛底下一堆燃烧的草团即“火烟”，俗称“骑金马”；如果新娘来潮，则要在火烟之上加放一只稻草扎的马，俗称“骑竹马”。[②]“金马”和“竹马”的区别，暗示着女性生理的状况和当晚性事的可能性。这不由得使我们联想到，在本巴人的文化中，经期女人是处于“冷的状态”或“怕火”，故在经期期间不能有性交；当女孩初潮到来，她就要告知年长的女人，她们马上会带她去炉台，或给她展示火，因为她的状态让她“冷”[③]。

新娘在“跨火烟”时，长辈要说吉祥寓意的“四句”，内容无非是“跨火烟，生男孙”、“良辰吉日跨火烟，金童玉女来结婚”之类；潮州的“结婚歌”里也有“新娘举步踏火烟，早得麒麟是男儿”之类歌词，这是把跨火仪式和生育直接联系在了一起[④]。在梅县的畲江，新娘子一到，男方家

① 刘志文主编：《广东民俗大观（上）》，广东旅游出版社，1993 年 12 月，第 272 页。

② 同上书，第 276—277 页。

③ 〔英〕奥德丽·理查兹：《祈颂姑——赞比亚本巴女孩的一次成人仪式》（张举文译），第 53—54 页。

④ 方纪生编著：《民俗学概论》，北京师范大学史学研究所资料室，铅印本，1980 年 8 月，第 84 页。

就点燃火堆让她跨过，这个火堆一般是由杉树枝、稻草等堆成的。饶平一带也叫“跨火烟”，它一般用稻草堆成，点燃之后特意让其多出浓烟，届时人们说的吉祥话也是“跨火烟，千子万孙”之类。在广东省的客家地区，所跨的火堆是用稻草、苏茅草点燃的篝火，然后，要由“福好”、“命好”的长辈提携着新娘跨过。在开平、恩平等地，婚礼时让新娘子跨过茅草火堆，俗称“跨禾竹”。

在南海县的朗边乡，新婚夫妇一起“跨火烟”，甚至族人在外乡完婚回到故乡之时，夫妇也要跨过“火烟”，才可进入新房[①]。此外，在福建省闽南的北山村，婚礼上除了要由“好命人”牵引新娘跨过位于正门、象征着兴旺和平安吉祥的早稻草火堆之外，进洞房前还要跨过一个火盆，如果新娘有孕在身，则可绕过，以免冲犯胎神，这火盆烧得越旺越好，表示兴旺[②]。

从上述这些例子，可以归纳一些要点。一是意识到新人尤其是新娘的身体及生理状态。二是有对吉祥祝福的追求，其大意均是生儿育女、传宗接代，也间接、隐讳地涉及性的交涉。实际上，在各地婚礼上反复演绎的生育主题[③]，其背后隐含的自然就是性。三是通过“有福”、“命好”者的参与，宣示男女主人公理当得到的人生期许。正如英国人类

① 刘志文主编：《广东民俗大观（上）》，第 282、289、322、327—328、332 页。

② 杨晋涛、余光弘主编：《闽南北山人的社会与文化》，厦门大学出版社，2012 年 5 月，第 264—294 页。

③ 尚会鹏：“中原地区的生育婚俗及其社会文化功能”，《民俗研究》1997 年第 2 期。

学家维克多·特纳（Victor Turner）对仪式之“中介状态”的研究揭示的那样，中介状态的内涵异常丰富，既有洁净、性、治疗等身体性的意义，也有指导、服从、改变等社会性的意义[①]。在婚礼上必须经验跨火和闹洞房的新婚男女，恰好正处于如此的中介状态。在这里，我们不妨提及一个可以参照的案例，亦即赞比亚本巴人为女孩举行的“祈颂姑”仪式，在该仪式的设计中，既有加热女孩“婚姻罐”的细节，也有仪式性地点燃女孩的“火”，也就是为她点燃“新火”的环节：女孩年长的姑姑在跳过一阵舞之后，便躺在地上，女司仪手拿一根取火棍，在她的大腿间转动，参加仪式的女孩也被要求如此做；然后，人们把房间里的火熄灭，再重新生火。这个过程伴随着“求火”、“求狮子”（新郎）等歌唱，或一边在炉边研磨取火棍，一边询问生了几个孩子。这段仪式的意义，据说是在“祈求当父母”。在本巴人母系社会的传统里，姑姑能够影响女孩的生殖力，所以，取火棍是必须在姑姑的后背上蹭一蹭的，据说这样女孩子才能早生孩子。[②]

类似的“跨火”仪式在全国很多地方都有记录（图9）。在青海省民和一带地方，新娘子在婆家门口下马或下轿后，“接亲奶奶”要点燃五种树枝，让新娘子从火烟上跨过。[③]宁

---

① 〔美〕维克多·特纳：《戏剧、场景及隐喻：人类社会的象征行为》（刘珩、石毅译），民族出版社，2007年5月，第50—51、233—234页。

② 〔英〕奥德丽·理查兹：《祈颂姑——赞比亚本巴女孩的一次成人仪式》（张举文译），第74—75页。

③ 谢国先：《走出伊甸园——性与民俗学》，四川人民出版社，2002年1月，第52页。

图 9　传统婚礼上的跨火盆（柳州市西鹅乡西鹅村桃花屯）

夏地区旧时的满族婚礼，男女当事人喝过交杯酒，在入洞房之前，要从洞房门口的"火盆"上跳过去，象征以后日子兴旺、热火。在当地，这种火盆一般用铜或铁制成，使用灵武瓷窑堡一带的香碴煤块，燃烧极旺，甚至用火柴也能轻易点燃。[①] 在河南省的周口一带，新娘下轿之后，也要迈过一个熊熊燃烧的火盆，以为辟邪；或者跨马鞍和"盛子"（织布机上的经轴），当地俗称"骑马过盛"。[②] 旧时河北省定县农村的婚礼，新娘子下轿、进洞房之前，要在大门两旁焚烧两束谷草，表示新娘子进门后的日子会"红火"，像火一样"旺"。[③]

---

① 杨继国、马青主编：《宁夏民俗》，甘肃人民出版社，2004 年 5 月，第 159 页。

② 刘永立编著：《河南民俗》，甘肃人民出版社，2004 年 11 月，第 321 页。

③ 李景汉编著：《定县社会概况调查》，上海人民出版社，2005 年 5 月，第 387、369 页。

在山东一些地方，有“燎轿”、“燎车”（图10）之俗，新娘的轿子或车子一到，由两个小男孩或女孩手持麻秆做成的火把，围绕轿子或车子燎一燎；有的地方在新娘下轿子之前，要用熨斗盛火炭烤一烤她的脚；进了大门后，在二门口放置火盆，让新娘跨过，表示生活红火。① 在陕西省的韩城农村，花轿进门之时，婆婆赶紧要去洞房点燃灯烛，并在炕上放个墩子或抱一下枕头，表示即将抱上孙子了；接着去给灶神上香，并在灶膛点一撮干草，拉两下风箱，意思是“烧火抱墩子，明年添孙子”。② 正如汉语表述中用“火居道士”、“火宅僧”等词汇指称拥有家室的道士及和尚一样 ③，婚礼上反复出现的“火”，显然也可以被理解为性欲、性事的象征。

图10　婚车到家，像旧时“燎轿”一样“燎车”
（山东平阴县俄庄村，图片来自东方IC）

---

① 山曼等著：《山东民俗》，山东友谊书社，1988年3月，第193—194页。
② 杨景震主编：《陕西民俗》，甘肃人民出版社，2003年5月，第245页。
③ 刘瑞明著：《性文化词语汇释》，百花洲文艺出版社，2013年1月，第96页。

在陕西省的富平、潼关和蒲城一带，民间有“烘房”与“燎媳妇”之说。新婚前夜，要由新郎同辈的男青年在新房里嬉闹一夜，称为“烘房”；次日，花轿去接新娘时，要用火把将花轿里外烘烤一遍；新娘乘轿子来到婆家时，先用石灰撒在轿子周围，再用火把、烧红的犁铧、鞭炮绕花轿一周；接着在大门内设置火堆，让新娘从其上跨过，方可进入洞房。[①] 在河南省沁阳一带，当迎接新娘的花轿回到新郎家门前时，要鸣放鞭炮，这时，会从门内跑出二人，一般多为厨师或新郎的兄长，他们一人手持谷草火把，另一人左手用钳子夹住一个烧红的犁铧，右手端一碗醋或水。他们绕轿子三圈，一边跑，一边向犁铧上面浇淋醋液，同时口唱一些吉祥与驱魔之语。这是使用特殊的气味以辟邪冲煞，俗称“打醋坛”。[②] 这个仪式在河南省豫东的西村，则叫作“打醋担”：新娘进门面临的“考验”之一，便是下轿前有这种仪式，一人拉着一个烧红的犁铧，另一人向上面浇醋，环绕花轿一周，据说这是为了去掉新娘身上的邪气。[③] 在山东省的济南，新娘须跨马鞍及火盆后，方可进入夫家，等相互交拜之时，要用火酒数瓯浇于火上，以取将来家业兴旺如火之意。[④] 在荣城地区，民间婚礼上有“烤拖拖”的仪式设计。花轿到达之后，男家人要将一盆燃烧着的耕地犁铧（当地称“拖拖”），放在轿

① 张建忠主编：《陕西民俗采风（关中）》，西安地图出版社，2000 年 4 月，第 240 页。

② 刘永立编著：《河南民俗》，第 318—319 页。

③ 尚会鹏：《闹洞房》，中央民族大学出版社，2000 年 4 月，第 29 页。

④ 胡朴安：《中华全国风俗志（下编）》，河北人民出版社，1988 年 2 月，第 96 页。

门前，用来烘烤新娘，俗称为“烤性”。当地的意思是“劝性子”，熬磨新娘性情，以免她日后脾气暴烈。[①] 在安徽省的六安一带，新人拜堂后，要由“全福妇女”陪伴新娘进入新房，这时，房内已经预备好火炉，燃烧木炭，但故意使其黑烟四出，然后，让新娘子围炉转圈，“系磨折新娘之性情”[②]。烧旺或冒烟（即将燃烧）的火炉以及坚硬而又火烫的铁犁或犁铧，在此均有丰富的象征性，其中犁铧作为耕具的象征性，与“耕地”这一行为本身在农村往往就是一个对性活动的比喻密切相关。虽然上述习俗的本地说明或为“辟邪”，或为“熬性”，但它们总是强烈暗示着新娘的身体。

各地的“燎新娘”、“燎轿”（燎车）、“烘房”、“暖轿”、“暖床”以及此处的“烘烤”新娘之举，很容易使我们联想到列维－斯特劳斯著作中提及的那个著名的法国风俗：当某位姑娘结婚时，她的未婚的姐姐就将被迫卷入一个仪式，即在婚礼的某个时刻，无论她是否同意，都要被人托起来放在炉子上烘热，因为她对爱情太冷漠了[③]。列维－斯特劳斯举出的这个例子，也应了一句中国俗语：“姐姐不嫁，耽搁了妹妹”[④]。在广东雷州一带，民间很忌讳弟妹先于兄姐成婚，认为如此就会使兄姐不兴旺，若迫不得已如此，届时兄姐就要去“争

① 尚会鹏：《闹洞房》，第 91 页。

② 胡朴安：《中华全国风俗志（下编）》，第 270 页。

③ 〔法〕克洛德·列维－斯特劳斯：《神话学：生食和熟食》（周昌忠译），第 432 页。

④ 曲彦斌主编：《中国民俗语言学》，上海文艺出版社，1996 年 4 月，第 156 页。

高”，亦即爬到村后高山上或上树登高，以为禳解。[①]列维-斯特劳斯认为，如果不是分别解释这些风俗，“而是把它们加以比较和对比，它们似乎全都明显程度或大或小地取决于熟食（火炉）和生食间的对立或自然与文化间的对立，而这两个对立在语言上往往是混淆的”[②]。这种“象征性的表示，旨在使一个未婚而保持束缚于自然和生的状态的、也许甚至注定要腐败的人成为中介”[③]。他进一步将这个未婚姐妹被烧烤的风俗同东南亚的及印第安人的类似习俗联系起来，这也促使我们重新思考诸如新娘要在婚礼上跨越火炉之类的汉人习俗。

第四节 旨在“催熟”的“闹洞房”

美籍华裔民俗学家张举文教授曾应用阿诺尔德·范热内普的“过渡礼仪”模式理论来分析中国的婚礼，从而把“跨火”、“闹洞房”、“揭盖头”等环节，以“过渡礼仪”模式中的边缘礼仪或阈限礼仪来解释，也就是说，它们都是为了实现后续的“聚合礼仪”而必需的边缘过渡进程[④]。在此，若允许笔者追加一句，“闹洞房”结束同时意味着边缘礼仪

---

① 刘志文主编：《广东民俗大观（下）》，广东旅游出版社，1993年12月，第585页。

② 〔法〕克洛德·列维-斯特劳斯：《神话学：生食和熟食》（周昌忠译），第433页。

③ 同上书，第437页。

④ 张举文：“重认‘过渡礼仪’模式中的‘边缘礼仪’”，《民间文化论坛》2006年第3期。

的结束，那么，随之而来的“圆房”便是性的“聚合礼仪”。此仪式一经完成，新娘就成为新郎和新郎家的人。

婚礼上的“跨火”之俗对于“性”的表象，有时候还较为隐晦，以至于人们往往会把性的热乎、红火解释为婚后生活的红火（其实，这两种解释并不一定矛盾），把对新娘子处女与否、来潮与否以及是否具有性能力、性知识的异常关注，有意无意地“曲解”为辟邪、除祟，突出“跨火”（跨火盆、跨火烟、跨火堆等）作为过渡仪式的意义。相比之下，很多地方婚礼中的“闹洞房”，则对“性”毫不含糊，是明目张胆地特意要将“性”彰显出来。

“闹洞房”在各地的民俗称谓也有很多：“闹房”、“暖房”、“听房”、“耍新媳妇”、“戏妇”、“虐郎”、“暖房”、“吵新”、“黄（旺）新孺人”等等，但意思大体上相同。尚会鹏教授曾对这一习俗的“显性结构”和“隐性结构”进行了深入的研究[①]，他提供了丰富的资料，对本书的分析颇具参考价值。

“闹洞房”的起源很早，据说在汉魏时代。唐魏徵《群书治要》引东汉仲长统《倡言》就提道：“今嫁娶之会，捶杖以督之戏谑，酒醴以趋之情欲，宣淫佚以广众之中，显阴私于新族之间，污风诡俗，生淫长奸，莫此之甚，不可不断者也。”晋代时，民间有戏弄新妇之法，葛洪在《抱朴子·疾谬篇》里也提到刁难新娘的习俗：“于稠众之中，亲属之前，问以丑言，责以慢对，其为鄙黩，不可忍论。”由此可知“闹

① 尚会鹏：《闹洞房》，第 15 页。

洞房”自古就深受士人们的责难[①]。唐代时，敦煌一带“闹洞房”的特点是先在女方家闹，再就是于婚礼的“催妆”环节之前闹。[②]可知“闹洞房”的习俗还是有不少变迁及地方性差异。但无论如何，这个在民间异常固执、异常俗套、异常不雅，同时也令众人异常兴奋的习俗，数千年来虽饱受诟病甚或官府的禁止，它却依然故我地延续至今，即便是在互联网时代，依旧行之有效，所以，其内在深刻的文化逻辑很值得深究（图 11）。

图 11　王沂东作品：洞房之二——吉祥烟（2007 年 6 月）

“闹洞房”曾被有些人解释为远古野蛮时代“初夜权”的遗留[③]，但其实，它是传统社会里“性教育”的一种。无论“文闹”，还是“武闹”，大致都围绕着性展开。俗话

① 钟敬文主编:《中国民俗史（汉魏卷）》，人民出版社，2008 年 2 月，第 357 页。
② 高国藩：《敦煌民俗学》，上海文艺出版社，1989 年 11 月，第 195—196 页。
③ 黄华节：“闹新房”，载高洪兴、徐锦钧、张强编：《妇女风俗考》，上海文艺出版社，1991 年 10 月，第 154—173 页。

说："新媳妇三天无大小"或"新婚三日无大小"[①]，这既是说新媳妇初来乍到，不识男方家亲属大小，也是说一旦入了洞房，男方家的村邻，不论男女长幼均可以入房来"看新媳妇"，并逗逗新娘；尤为重要的是，"闹洞房"时，众人们要让新人说出或做出各种亲密的、隐讳的，但同时也是性指向非常明确的言行动作，一定要把新娘和新郎的陌生感、羞涩感彻底打消，帮助他们为那激动人心的时刻做好铺垫。这几乎就是众人共同参与的性前戏。"闹洞房"就是一种速成的绝不暧昧的性教育：事情就是这么回事，情形就是这个样子，一切都要接纳和顺畅无阻。"闹洞房"的一切作为，都是要使原本羞羞答答的黄花闺女，尽快变成落落大方的泼辣媳妇[②]。通过"闹洞房"，男方家要让新娘在她尚不熟悉的社会里尽快学习适应新的角色，考验她待人接物、应对客人的能力，同时也不断地提示、催促她对于性和生育的责任[③]。江西萍乡一带旧时"闹新房"，往往还会扩大到"反（玩）大衿（伴娘、喜娘）"，在这种情形下，颇有应对心得和经验的"大衿"，某种意义上就是在给新娘做示范。

古时候汉人的婚姻，大都是由父母包办，也多为早婚。男女在结婚前，一般是没有任何接触，甚至连面都没有见过，更谈不上相互的了解与熟悉了。经过婚礼一下子成为夫妻，

---

① 曲彦斌主编：《中国民俗语言学》，第156页。

② ZHOU Xing: A Person's Being "Raw," "Half-cooked" and "Cooked" in Chinese Culture", Han Min, Kawai Hironao and Wong Heung Wah (ed)：*Family, Ethnicity and State in Chinese Culture Under the Impact of Globalization*, Bridge 21 Publications,LLC.2017. pp.105-121.

③ 尚会鹏：《闹洞房》，第43—44页。

相互之间的陌生感必须尽快克服，两位当事人之间必须尽快熟悉起来、尽快热络起来，所以，便在婚礼上设计了“闹洞房”的环节，期待由此可以改变或预防两人之间的任何冷漠、茫然、“隔涩”、不顺畅的气氛，促使新人之间尽快减少“生涩”之感，尽快进入“亲热”状态。在河南省豫东的西村，村民们的解释是说，以前结婚时，当事人还没有见过面，彼此很“生分”，闹闹房就熟悉了；至于闹洞房习俗近年逐渐衰落的原因之一，则正是因自由恋爱所导致，婚前已经对新娘子较为熟悉，没有了新鲜之感[①]。

“闹洞房”亦有“暖房”之说，这个“民俗用语”委实意味深长。在河南省一些地方，举行婚礼的前一夜，装饰一新的洞房不能空着，应由新郎住宿其内，并需要有弟侄之辈陪伴“压床”，民间俗称“暖房”[②]。前述陕西富平、潼关和蒲城一带的“烘房”，应与此大同小异。在陕北的黄龙一带，“闹洞房”时的节目，时不时还会有“熏房”之举，通常是由调皮的后生事先准备好辣椒、花椒、烟叶等呛味十足的东西，点燃后从烟囱或炕洞塞进去，再堵住洞口，让洞房充满呛味，以为捉弄[③]。而在广东省的东江，旧时“闹新房”，最后要由一些“送房客”朝新房里抛入鞭炮，以闹出火爆的效果[④]。

① 尚会鹏：《闹洞房》，第 85、114 页。

② 刘永立编著：《河南民俗》，第 314—315 页。

③ 张建忠主编：《陕西民俗采风（陕南・陕北）》，西安地图出版社，2000 年 4 月，第 205—206 页。

④ 黄华节：“闹新房”，载高洪兴、徐锦钧、张强编：《妇女风俗考》，上海文艺出版社，1991 年 10 月，第 154—173 页。

“闹洞房”的“催熟”绝不只是让两位当事人相互熟悉，或只是让新娘子尽早熟悉婆家的亲邻四舍，它更为直接的主题或深意，涉及男女主人公当晚的性活动以及进而由此实现身体的从“生涩”到“成熟”。“闹洞房”是为即将发生的性关系过程助兴、“加温”，创造“火热”的氛围。在陕西省的关中，“闹洞房”的节目花样繁多，充满性挑逗，其中的“焐红薯”正是从“生”到“熟”之性过程明白无误的引导[①]。在广东省的揭西县农村，婚礼当天晚上，有一个“烧虾须”的仪式环节，亦即由老祖母或多子多孙的老太太，左手拿着虾公笼，右手持火，她来到新婚夫妇二人的婚床前，把火伸入笼中，象征性地烧去虾须，虾公从此可以自由进出，并暗示今晚若同床，明年生贵子。“烧虾须”仪式完毕后，大家便离开洞房，留下新婚二人。[②]最为贴切和形象地表现“闹洞房”之意义及功能的，有广东俗谚曰：“头夜唔烧北（相识），二夜干到眠床角，三夜干到肚叻叻。”大意是说，旧时婚姻多为父母之命、媒妁之言，当事人相互之间不了解，新婚第一晚，彼此尚不熟识，没有感情基础，能否顺利圆房，乃家长担心之事。但到第二夜、第三夜，两人就会如鱼得水、如漆如胶，很快女方就会怀孕，亦即“肚叻叻”。鉴于婚礼当晚“闹洞房”仪式的涵义是如此重要，以至于在阳江农村，旧时较早结婚的男子，婚后到30岁仍没有生育的话，就要再举行一次婚礼入洞房仪式，这被叫做“闹老房”，以和“闹

① 魏正乾：“关中婚期‘房事’民俗初探”，西安关中民俗艺术博物馆编：《关中民俗艺术论集（一）》，三秦出版社，2003年6月，第220—226页。

② 刘志文主编：《广东民俗大观（上）》，第310—311页。

新房”相互区别[①]。“闹老房”的意思是想重新唤起夫妻的生殖力，可以说是一种象征性的生殖力再生仪式。

婚礼上以各种形式演义的性隐喻，往往还与从“生”到“熟”的烹饪过程密切相关。在北京门头沟斋堂镇一带，婚礼上有吃“缘分饼”的仪式。“缘分饼”是一张放了很多盐（“盐分”谐音“缘分）的半熟白面烙饼，新娘下轿后，要喝一口盐（“缘”）水，吃一口“缘分饼”，人们这时就要问她“生不生？”，她则一定要回答“生！”由此祝福未来的生产顺利。[②]在天津，新婚之夜要吃“子孙扁食”。这种特意煮成半生不熟的“子孙扁食”，需要用“子孙筷子”从“子孙碗”里夹出来，喂给新娘子[③]，而做这一切为的只是求她说一声“生”，以取义婚姻、洞房的本义，亦即生子、生殖。有趣的是在河北省邯郸市的矿区一带，婚礼上新人夫妇进洞房后吃饺子时，回答则有两个：新郎要回答“熟”，为他端上饺子的嫂子们这时便要戏谑地说“原来，你们早就熟了？”新娘子则要回答“生”，嫂子们则说：“那你就要生了。”新郎、新娘和嫂子们围绕“熟”与“生”的问答，暗示着当事人之间性关系的存在及其令人期待的结果[④]，亦即随后不久新娘子的“生”。令人深感兴趣的还有接下来的“种饺子”情节，所谓“种饺子”，亦即把饺子分别摆放在洞房的门口、

① 刘志文主编：《广东民俗大观（上）》，第408页。

② 刘铁梁主编：《中国民俗文化志 北京·门头沟卷》，中央编译出版社，2006年11月，第290—291页。

③ 尚洁主编：《天津民俗》，甘肃人民出版社，2004年7月，第219页。

④ 周星：“饺子：民俗食品、礼仪食品与‘国民食品’”，《民间文化论坛》，2007年第11期。

窗台、炕头、灶膛等，以取“热气腾腾”的吉利[①]。这里的“种”亦即种植，是一种明确无误的性行为隐喻。实际上，各地婚礼上的“撒帐”，其播种祈嗣的含义亦非常明朗，有趣的是在有些地方，还要把它们事先炒熟。若对伴随着婚礼的“撒帐歌”、“喜歌”、“闹洞房歌”等做一番文本分析，可知撒的是五谷干果，收获的却是婴孩。

对于“闹洞房”，各地民间至今流传着“越闹越喜”、“越吵越好”、“越闹越发，不闹不发”或“不闹不安宁”（辟邪），“不闹不亲爱”（去掉新人的生涩），“不闹不热闹”之类的说辞[②]。伴随着婚礼洞房过程的完成，当事人双方，尤其是新媳妇的身体变化，往往也是乡俗较多在意的。例如，旧时妇女的“绞脸”习俗，过去一般是在新婚前夜或当日早上举行“开脸”仪式[③]。此外，还有发型的变化、戒指位置的变化、服装的变化、称谓的变化等等，所有这些除了用来表象新婚当事人的身份完成过渡之外，也说明其身体的任何变化，均始终为当事人周围的社区和家庭所深切关注而无所遁形。

婚礼对“性”的执著关注，还以旧时珠江三角洲一带民间婚礼的“烧猪”习俗较为典型。当地非常看重新娘子的贞节，男女洞房之后的“三朝”，新媳妇更衣回娘家时，男方家则须准备一些“烧猪”送去女家，以证明妻子为白璧处女。于是，回娘家时有无“烧猪”，便成为一种判断的依据。清人俞溥

---

① 杜学德主编：《河北民俗》，甘肃人民出版社，2004 年 8 月，第 183 页。

② 谢国先：《走出伊甸园——性与民俗学》，四川人民出版社，2002 年 1 月，第 53—55 页。

③ 王秉愚编著：《老北京风俗词典》，中国青年出版社，2009 年 11 月，第 30 页。

臣在其著述中曾提及广州婚礼，于成礼后三日，返父母家，毕以烧猪随行，其猪数之多寡，视夫家之丰瘠，若无之，则妇女为不贞。他还作岭南杂咏诗，其一绝云：“闾巷谁教臂印红，洞房花影总朦胧，何人为定青庐礼，三日烧猪代守宫。”新娘子若被人说“唔食得烧猪”，就是指她曾经偷过汉子，那就将面临极大的困扰。[①] 在韶关，旧俗是新娘子若为处女，则为“烧全猪”，猪头上挂红彩，送到女家；如非处女，则“烧猪肉”送去，但这样做比较危险，容易导致新娘子寻短见。所以，也有把全猪肢解开之后，再凑成“全猪”之状，既不为外人所知，保全了新娘子的名誉，却也让娘家人心知肚明。[②] 这种风俗是直接用“烧”来形容已经发生的男女生理过程。列维－斯特劳斯曾经指出，“世界各处的人们似乎在性交和饮食之间发现的极其深刻的类比的某些特例”[③]，广东的“烧猪”验贞堪称是又一个这样的特例。

“闹洞房”的参加者和新郎的关系大都属于一种调侃关系、玩笑关系[④]。在汉人社会里，玩笑关系和禁忌关系形成了鲜明的对比，各地老百姓对此类知识当然是谙熟于心，例如，在陕西省的澄城县，就有“兄长不进弟媳门，公公不进儿媳门，男人不进月婆门”之说；在北京西郊门头沟一带，乡民则有“荤叔公，素大伯子”的说法[⑤]。和新郎处于玩笑

① 刘志文主编：《广东民俗大观（上）》，第 287 页。

② 同上书，第 353 页。

③ 〔法〕列维－斯特劳斯：《野性的思维》（李幼蒸译），第 120—121 页。

④ 尚会鹏：《闹洞房》，第 41 页。

⑤ 刘铁梁主编：《中国民俗文化志　北京·门头沟卷》，第 293 页。

关系的年轻人彼此之间的污言秽语，那些涉及性的口头表述，非常类似于语言中的“社交咒骂”[1]。事实上，涉及性的玩笑或故事，在中国各地农村乃是日常生活的一部分[2]，但通常它是在众人皆知的场合，这些众人相互之间多属于玩笑关系而非禁忌关系。就以“闹洞房”而言，在绝大多数场合下，新娘家一方通常不会参加，新郎一方的长辈一般也不会参加，这是因为汉人社会结构中有“辈分”原理，乱辈几乎就接近于乱伦。

但由于“闹洞房”是结婚喜事的一部分，不只是当事人，对于新郎父母而言，它也是大喜事，于是，“抹喜灰”——通过捉弄新郎父母，给他们脸上抹以灶灰或锅底烟黑，以为志庆、以为贺喜的习俗，在全国不少地方也颇为普遍[3]。我们把“抹喜灰”的环节视为婚礼喜庆狂欢的一部分，也可以把它视为是“闹洞房”习俗的“外溢”或扩大化。在上海郊区的横沙岛，婚礼上的闹客，会当着新娘子和众人的面，给公公强行戴上一顶红帽子，并在其身后插上一支“扒灰棍”，然后百般调笑和戏谑他，使公公当众出丑，直至婆婆出面，当众训斥他，命他改邪归正。[4] 山西省一些地方则有“哄公公”“哄婆婆”之俗，在临县一带，甚至要往公公身上撒炒面，

① 露丝·韦津利：《脏话文化史》（颜韵译），文汇出版社，2008 年 8 月，第 58—59 页。

② 阎云翔：《私人生活的变革：一个中国村庄里的爱情、家庭与亲密关系》（龚小夏译），上海书店出版社，2009 年 1 月，第 77—78 页。

③ 尚会鹏：《闹洞房》，第 62 页。

④ 刘克宗、孙仪主编：《江南风俗》，江苏人民出版社，1991 年 6 月，第 194 页。

暗讽他是“炒面神”。[①] 在四川一些地方，婚礼上除了有“熏新媳妇儿”，亦即用“火笼儿”生烟，再放些辣椒面，呛熏刚进门的新娘子的风俗之外，还有“逗老新郎官儿、逗老新媳妇儿”，亦即让公公婆婆并排坐在院子里，然后提来两个“火笼儿”烘烤他们，或者趁其不备，用烟锅灰给他们打“摩登儿粉”，以为戏弄。[②] 我在陕西省韩城市党家村进行民俗调查时，也曾观察过村民婚礼上给新郎父母脸上抹锅底灰的场景。考虑到各地民间又较为普遍地存在关于公公“爬灰”之类情节的“荤故事”[③]，似乎就可以将“抹喜灰”理解为是对“荤故事”所宣示的乱伦禁忌的一种戏剧性和喜剧性的公开展演。这是一场诙谐却寓意深刻的闹剧。根据中国民俗学家谢国先教授的解释，涉及翁媳关系或岳母与女婿的关系等乱伦禁忌的荤故事，其功能正在于它是以故事中对禁忌的违犯来强化现实中对禁忌的遵守。这些“荤故事”可以缓解人们对于乱伦禁忌的顾虑、担忧、恐惧以及因为共处于乡土近距离熟人社会而产生的精神压力，它通过将丑事公开化的方式强调此种禁忌的合理性和必要性，强化人们服从禁忌的自觉意识[④]。我认为，根据这一解释，我们再去思考婚礼上的“抹喜灰”之类的习俗，它也就不再是难以理解的了。

---

① 张余、曹振武编著：《山西民俗》，甘肃人民出版社，2003 年 11 月，第 249 页。

② 黄尚军：《四川方言与民俗（增订本）》，四川人民出版社，2002 年 1 月，第 38—41 页。

③ 谢煜主编：《民间荤故事大观》，中国民间文艺出版社，1992 年 9 月，第 14—18、12、19—21、64—65 页。

④ 谢国先：《农民生活中的虚拟世界——都柳湾故事的性质与功能研究》，中国书籍出版社，2009 年 11 月，第 63—65 页。

这类戏谑的“闹”、“耍”、“逗”，在有些地方，往往还会延伸到“洞房”之后，例如，在新婚夫妻初次“回门”时，新娘子娘家左邻右舍的妇孺们结队成群，向新郎投掷石块泥巴，使之狼狈不堪（图 12）。这种象征性攻击的意味，可能是出于对自家女子在刚刚过去的“洞房”之夜受到新郎“欺负”的报复，反言之，也可以说是对那个既成事实之事后的追认或祝福。

图 12　娇客受欺（吴友如绘）：新婚夫妻“回门”时，遭到岳父母家近邻妇孺的象征性攻击

在陕西省关中的渭北和咸阳茂陵一带，某人家里若生了孩子尤其是男孩，村民们就会“烧腾贺喜”或“烧火吃喜”。一般是在孩子出生后 20 天或满月时，村邻们在其家门口堆起麦草或玉米秆，点燃后大喊：“快报柴，烧旺点！”等主人（通常就是新生婴儿的爷爷奶奶）出来，拿烟酒糖果招待大家，贺客们则趁其不备，给他们脸上抹以锅底的灰墨，以

为贺喜[①]。应该说，“烧腾贺喜”习俗中的“抹灰”举动，也能在上述解释的文脉中得到很好的说明。在泾阳、淳化等地，新媳妇生头胎是一件大喜事，村邻们除了要为新生婴儿的爷爷奶奶“抹彩”，祝福孙子孙女出生外，“烧火吃喜”甚至要举行多次，在孩子满月之前至少要有三次。[②]

第五节　涉及性的俗语、隐语及其他

中国各地涉及性的民间俗语、隐语以及几乎所有体裁的口碑文学，无论是种类还是数量，都是无法穷尽地丰富，但由于知识界人士的偏见，即便是民俗学家和民间文学家们对它的相关搜集和研究工作也一直没有多大的起色。一个世纪之前，周作人曾经在北京大学的歌谣运动中提倡过要重视猥亵歌谣的学术价值[③]，但至今中国民俗学依然面临的这一问题，和近一个世纪之前并没有明显的变化。尽管资料缺乏，但我们从仅有的线索，仍然可以获知在很多涉及性的俗语、隐语及口碑文学的世界中，往往就有一类是以“生”、“半熟 / 夹生”、“熟”的分类来做隐喻，并把性交涉的过程比拟为料理从“生”到“熟”的人为烹饪或加工的过程。把性、性关系和性过程比拟或对应于烹饪、料理和饮食的过程，固然可以说是汉语言文化的一大特色，但英国学者杰克 · 古迪

① 张建忠主编：《陕西民俗采风（关中）》，第 34 页。

② 杨景震主编：《陕西民俗》，第 231 页。

③ 周作人：“猥亵的歌谣”，载吴平、邱明一编：《周作人民俗学论集》，1999 年 1 月，第 115—121 页。

通过对欧亚诸多社会的烹饪和菜肴进行的颇为广泛的比较研究，也发现“食物和性、生产和繁殖之间的紧密而长久的联系（频繁地成为广泛的隐喻的主题）”[①]。

早从《诗经》时代起，就有用“饱”、“饥”作为“性隐语”的例子[②]。此后，无论是唐诗、宋词那样古雅文训的表述，还是如今餐桌及互联网上无处不在的“荤段子”，一般民众对于涉及性的表述，有着无限的创造力和想象力。在以汉语文为媒介的汉文化中，自古就有“食色，性也”（《孟子·告子上》）的理念，它们原本都是所谓“饮食男女”、“人间烟火”的题中应有之义。难怪汉语用“秀色可餐”形容女子之美和男子的垂涎，用“老牛啃嫩草”形容年纪大的男性和年轻女子的性关系，类似的用例不胜枚举。在台湾本岛，人们常用“惹火”一词形容性感的女性；在江西上饶一带，“伙计公婆”一词，是专指男女情人，其中“伙”就是伙食，在此亦指性交[③]。旧时在山西省一些地方，人们把已婚妇女称为“灰子”、“妃子”，这里的“灰”、“妃”均谐音“烩”，包含有“食”及性事经验之意。

事实上，对于性和火以及由火带来的“热”、“烧”等状态之间有着密切关联的俗信，并非只见于中国的汉人之中。例如，在英国人类学家奥德丽·理查兹曾经调查过的赞比亚本巴人中间，性成熟的人被认为处于“热”或可能会“热”的

① 〔英〕杰克·古迪：《烹饪、菜肴与阶级》（王荣欣、沈南山译），浙江大学出版社，2010年10月，第267页。

② 曲彦斌主编：《中国民俗语言学》，第178—179页。

③ 刘瑞明著：《性文化词语汇释》，百花洲文艺出版社，2013年1月，第40页。

状态。在他们的意识形态中，酋长制、火、性和影响土地及人的繁殖的力量之间存在着相互的作用①。故在其订婚仪式上，奉行母系制的本巴人会向新郎仪式性地献上“熟食”；在接纳女婿的盛宴过后，新娘的家人还会对新郎的母亲说：“我们已经给女婿展示‘火’了，他现在可以和我们一起吃饭了。”在接下来的“祈颂姑”仪式（亦即女孩的成人仪式）上，新娘要由礼物引导进入新郎的房间，举行涉及第一次性交的特定仪式：作为婚姻完满的标志，新郎要从房间向外面等待的亲戚们扔出一根燃烧的木头，这被认为是他的性能力的证明。

在中国台湾的地方俚语中，“炒饭”一词有“性交”、“做爱”之意。也有人认为，用“炒饭”暗指做爱的说法，起源于台湾电视节目中由台湾某艺人讲的荤笑话。其实，这是一个在民间有颇多用例的说法，如旧时在南京，就把妓女和鸨母等依靠色情业为生的人，叫做“吃油炒饭的”，这里的“油”亦即“酉”，可通假为“鸡”、“妓”。对于这种说法的解释之一是认为它容易使人联想到“翻云覆雨”，其意象是把男人想象为炒饭的铲子，女人则被想象为饭锅。铲子在锅里“炒”来“炒”去，故“炒饭”可被视为“做爱”的另一种说法。“锅”确实在很多情形下，可以成为女性器官的比喻，例如，在晋南，已婚妇女被称作“光（广）锅”；旧时东北的江湖艺人称已婚妇女为“果（锅）张”；重庆方言里的“涮锅”、“揭锅盖”、“大锅菜”以及香港方言的“开镬（锅）”等等，

① 〔英〕奥德丽·理查兹：《祈颂姑——赞比亚本巴女孩的一次成人仪式》（张举文译），第33—34页。

均是这方面的用例。[1] 在陕西省长武县的农村，新媳妇在生第一胎时，丈母娘要在一个约定的时间到女儿家，她进门不说话，径直到女儿房间的窗户前，把手中的红布揉成团从窗口塞进去，询问女儿："锅打了没有"，婆婆则在屋内应声："锅打了"。这一问一答的寓意是，"锅底"被打破后，产妇就会顺产。

或以为"炒饭"这一性隐喻来自"生米煮成熟饭"这句俗语。正如"生米煮成熟饭"是一个不可逆的烹饪过程一样，男女之间的性关系也是一个从"生"到"熟"的不可逆的过程。从"生米"到"熟饭"是第一次发生的过程，"炒饭"则意味着把"熟饭"再次炒过，亦即"熟"上加"熟"。汉语"熟肚"一词，被用来指称曾经怀过孕或生育过的女性。因此，"炒饭"一词在其延伸的意义上，可被用来指称反复、重复的性关系。该词进一步延伸，就是"炒剩饭"或"翻炒"等等。类似的还有"烧饼"（上海旧时称妓女）、"煲老耦"（香港地区指称怀着不良目的和富婆结婚者）等。台湾艺人小S曾在2013年某电视节目的性话题中，自我比拟如紧闭的"热炒蛤蜊"，此话一出，现场笑翻。所有这些都是汉语言文字及文学中，以烹饪关系、料理关系、食物关系隐喻两性关系的典型表现。

江苏如皋话中有一个"炜"字，本义是指长时间用文火、亦即小火煮食物（不同于"烩"，烩是指用文火煲羹），但

① 刘瑞明著：《性文化词语汇释》，百花洲文艺出版社，2013年1月，第73—75、189页。

逐渐地，“炜”与“逸”结合为“炜逸”一词。“炜”可被用来骂詈，相当于“泡妞”的“泡”。“炜”你，就是长时间地慢慢地烧（搔）你、泡你、搞你、弄你、慢慢享受你的过程和结果。这个结果就是“逸”的感受：安逸、快乐、舒服。把“炜逸”一词用为动词时，意思是搞的快乐、舒服；它早先为骂人话，但现在则不再是了。①

再以广东省潮州一带的俗语为例，往往亦多用“烧”这一烹饪用语来隐喻性交。“双目乌溜溜，烧甫紧过报父仇”，大意是说眼珠子较黑，且明眸闪亮的女人，性欲一般较强。“老人烧甫，哉呀哉呀”，大意是说老年人的性能力下降，房事往往力不从心，这句俗语常常被用来表达凡事应量力而行之意。“人生短短，烧甫最好”，大意是说人生苦短，不妨及时行乐。“烧甫大王”，是指性能力很强的猛男。以“烧”这一烹饪用语作为性行为的隐喻，其实在中国民间文化中比比皆是。如在西北的“花儿”民谣里，就有“干柴湿柴架一盆火，火离了干柴是不着。尕妹是肝花者阿哥是心，心离了肝花是不活”的表述。通常，人们是把前两句解释为“比兴”，但“干柴烈火”以及是否烧得着，同时也就是民间最普遍的性隐喻之一。

根据谢国先教授的估计，在民间故事家讲述的故事中，大约三分之一为“荤故事”。这些荤故事也经常用“烧”来表现性交的关系和动作。例如，把性关系称为“烧火”，把

① 孙汝建：《汉语的性别歧视与性别差异》，华中科技大学出版社，2010年4月，第109页。

公公和儿媳妇的私情叫作“公老烧火”、“烧火棍”、“烧火头”、“吃窝头”，把翁媳乱伦称作“扒灰”或“爬灰”。[1]在陕西汉中的方言里，人们因忌讳而故意将“烧火”说成“架火”、“传火”等；此外还忌讳说“吃锅巴”、“铲锅巴”，因为这两个词暗示弟嫂之间有暧昧关系。在陕北的吴堡，当地人把和媳妇暧昧的公公称为“炒面神”，女人作风不正被叫做“活炒”，男子调戏女性被称作“烧把头”，这些都和烹饪过程的用语存在关联。值得一提的是，各地还都有一些主题为“傻女婿”或“傻媳妇”的荤故事，这些故事的艺术性恕难恭维，但它们在乡土社会里却有一个重要的功能，亦即性教育。那些愚蠢之极、不谙房事的傻男傻女，可以说就是性的“半熟 / 夹生”者，他们或她们恰好从反面凸现出性对于“做人”的极端重要性。

陕西南部商洛山区的方言里，乡民提起性交媾时所用的词汇，常有“烧”或“烧窑”，当人们骂某人轻佻时，男人叫做“烧包”，女人叫做“烧 ×”。“烧窑”一词显然是双关隐喻。窑是用来烧制陶瓷器、烧木炭和烧砖瓦的设施，大概制陶烧窑之从“生坯”到“熟器”的过程（炉火烧制），与人的从“生”到“熟“（例如，身体从青春期到成人的过程、女性从“涩女”到“熟女”的过程等），被联想为是具有某种结构的相似性，所以，烧窑经历的过程，经常就可被比拟为人的身体以及性的过程。北平旧时把妓院叫做“窑子”，

---

① 谢煜主编：《民间荤故事大观》，第 8、12、19—21、38、40、50、63 页。刘瑞明著：《性文化词语汇释》，第 227—228 页。

把妓女叫做“窑姐”，把逛妓院嫖娼叫做“逛窑子”，把性交叫做“烧窑”，这是把女性器官比拟为“窑”。至于暗语有“芍药”一词，其实正是“烧窑”、“烧约”的谐音，亦被用来指性交、约会[①]。此外，旧时东北的土匪黑话里指暗娼为“苦（窟）窑”，北京的流氓用语有“卖窑（淫）”，四川旧称妓院为“牡丹窑子”，忻州旧称妓女为“窑婆”。有些地方，还把只生女孩的妇女戏称为“瓦窑”。可见“窑”这一性隐喻在全国各地，确实是有一定的普遍性。

此外，又有以“灶”作为性隐喻的例子，如以“冷灶”来形容不怎么走红的妓女。《金瓶梅》第七十五回里，潘金莲曾要求西门庆“冷灶着一把儿，热灶着一把儿”，亦即对妻妾均应有性事方面的关照。显而易见，以“灶”为性隐喻，其实是和以“吃”、“食”、“烧”、“烤”、“煲”、“炜”、“烩”、“锅”、“鼎”、“窑”、“爬灰”等属于同一个系列的词汇，当然也是基于同一个文化的逻辑。

汉语文中有一类“骂詈词”，每每涉及性、性器官、性活动和性关系[②]。有趣的是，在儿童的世界，骂人和说脏话始终是被家长和学校禁止的，成人社会则相反，即便认为不雅，骂詈现象依然在成人社会里普遍存在。成人世界之污言秽语的泛滥以及社会对骂詈行为的宽容和孩子们的世界相对较为干净的现状，反倒意味着骂人等于“成熟”这一看起来颇为奇怪的等式。因为年纪不够大，所以，还不能咒骂[③]，

① 刘瑞明著：《性文化词语汇释》，第 30 页。
② 文孟君：《骂詈语》，新华出版社，1998 年 2 月，第 52—55 页。
③ 露丝·韦津利：《脏话文化史》（颜韵译），文汇出版社，2008 年 8 月，第 52 页。

这可能是在很多文化里均有的现象，故度过青春期的孩子开口骂人，反倒感觉自己“成熟”了，于是，骂娘、“我操”的粗口往往成为“男子汉气十足”或硬汉形象的语言表征[①]。汉文化里的骂詈其实也是有一套逻辑的：人因为性而由“生”变“熟”，所以，满口粗话有时就是“成熟”、“烂熟”的标志。由此，当说某人“幼稚”，就相当于说他不成熟，像小孩一样，在汉语里有“竖儒”、“竖子”、“小子”、“黄口小儿”、“乳臭未干”、“黄毛丫头”等词被用来贬抑成人[②]。范增骂项羽不成熟，说他“竖子不足与谋”；鲁迅小说里的阿Q式骂人：“儿子打老子”，都意味着对方为小辈、不成熟。在陕西省的商洛方言里，骂人时常说“碎娃”、“碎怂”，意思也是说对方尚是小孩，不懂事，不成熟。依据“萨丕尔－沃尔夫假说”，汉语言中的年龄、辈分和性别歧视对于国人的思维是有影响的，或者反言之，这些骂詈词深刻地反映了汉文化的某些价值观和日常生活逻辑。涉性的骂詈词经过语境的转换，也能变成不是骂人的意思，但却延伸为和被骂者之间特别“熟”的关系状态。

人的从“生”到“熟”，既是一个过程，也是一组分类。在大量使用汉字的日语里也有“生娘”（きむすめ）一词，它是指尚未和男性有过性经验的姑娘，亦即处女，相当于汉语的“黄花闺女；而“生息子”（きむすこ）一词，则是指尚未和女性有过性经验的男子，亦即处男。与“生娘”对应

① 文孟君：《骂詈语》，第44页。

② 同上书，第72—73页。

的，自然就是“熟女”，例如，所谓“熟女 AV”，就是指那些在色情影像作品里表演性活动的演艺人士。然而，并非和“成熟”对应的“生涩”、“青涩”或“半熟”都是负面的，它们往往同时还意味着童真、童贞、纯洁、清醇、生机勃勃和很多未来的可能性。日本古时候曾有用处女（“贵生女”）的唾液作为发酵之酒曲的传统，中国至今仍以“黄花闺女”为贞洁、为珍贵。相反地，就像在武汉方言中，当“老菜苔薹”一词被用来形容已经不那么年轻的女性时，往往就带有一点戏谑或贬低、歧视之意，因为当地人对于作为蔬菜的菜苔，通常是吃嫩不吃老，“老菜薹”被认为不够好吃、嚼之乏味。

类似这样，通过仪式或语言表现的“烧煮”或“生熟”，往往涉及深深卷入某个生理过程的一些个人。例如，汉语“小鲜肉”表达了女性对青年男子身体的近乎“食欲”的欲望；日语中“熟年”一词，则特指人生已有很多经验（包括性经验）积累的中老年阶段；“熟女”一词甚至还隐含着性经验丰富的意思。诚如列维－斯特劳斯所说过的那样，“社会集团的一个成员同自然的结合，必须以烧煮用火的介入作为中介，而这火的正常功能是充当生的产物和人类消费者的中介，因而它的造作产生这样的结果：一个自然物同时也是熟的和社会化的”[①]。

---

① 〔法〕克洛德·列维－斯特劳斯：《神话学：生食和熟食》（周昌忠译），第 435 页。

第六节　各地方言对人的“半熟 / 夹生”状态的描述

人的成长过程，在汉人社会及文化里，既可以被表象为某种作物、动物之从“幼稚”、“青涩”到“成熟”或“瓜熟蒂落”的自然发育过程，也可以被说成是一个从“生”到“熟”的料理烹饪过程。若是依据列维 – 斯特劳斯的说法，在食物的“生”、“熟”、“半生不熟（夹生）”的分类和人的“生”、“熟”和“半生不熟”的分类之间，存在着譬喻性的而非因果性的关系[①]。但是，并非所有人均能够顺利地完成包括性的成熟在内的人的全部“社会化”过程，于是，社会中自然地就有一些“半熟 / 夹生”的人。举凡不能明确地予以归类，处于游移、暧昧、边缘或中间状态的人，就会成为汉人社会特别予以关注和质疑的对象，诸如“不生不熟”的人、“不阴不阳”的人、“不男不女”的人，大概就会处于如此的境遇。

荤故事里的傻男傻女（现在网络用语的骂人话“SB”，大约与之相当），可被视为对性行为“外行”[②]、无知，亦即性的不成熟者的表象。就乡土社会里的性而言，和女性作为稀缺“资源”较少高龄单身的情形形成鲜明对照的是，高龄单身男性的较大面积存在。因此，各地方言对他们多有负

---

① 〔法〕列维 – 斯特劳斯：《野性的思维》（李幼蒸译），第 121 页。

② 钟敬文：“呆女婿故事试说”，《钟敬文民间文学论集（下）》，上海文艺出版社，1985 年 6 月。

面表述，例如，东北方言把未成家的成年人叫做“鞭杆儿”，山西平遥把年纪大而未婚者称为“脚子旱”，厦门把中年以上的单身汉称为“十一叔”[①]，以及全国通用的“光棍”等等，这些用语大都内涵着性饥渴之意。不久前兴起的双十一“光棍节”和网络用语“屌丝”之类，都不过是对单身且渴望“脱单”的自嘲。

当然，更为常见的还是对社会性的“半熟/夹生”状态的描述。中国各地的方言不同，有的方言之间甚至连通话都有问题，但几乎在每一种方言当中，都有或多或少的语汇对于人的“半熟/夹生”状态予以关注并特殊表述之。在所有这些方言语汇当中，既有能够超越某方言区而具有全国普遍性的，例如，“嘴上无毛，办事不牢”，“夹生”、“二百五”等等，也有主要只在某方言区域之内所使用的情形。然而，只要稍加解析，我们便不难发现，各地方言中对于人的“半生不熟”状态的描述，又有许多雷同或相似之处，如果要说它们之间的共同性，那就是均或多或少地带有一些贬损、讽刺、嘲笑或揶揄之意。

在湖北省的武汉、孝感等地，方言有“半吊子”一词。当说某人“真是个半吊子”时，几乎就等于骂人。“半吊子”的本意是说某人不开窍、不清楚、不合分寸、不合时宜、不懂事、说话容易得罪人、不通情达理等等。“半吊子”的“半”也就是一种不完全、不完整、有缺陷、不靠谱的中间或暧昧状态。关于这个民俗词语的由来，民间有各种说法。有一则

---

① 刘瑞明著：《性文化词语汇释》，第 82 页。

民间故事说，某人在外地做生意，被一个、名叫钱厚的商人嘲笑，遂用“半吊钱”打了一个哑谜：他把一吊钱分成三份，半吊钱放在肩上，再在胸前挂上二百五十个零钱，剩下的二百五十个挂在背后，由此暗指“前后（钱厚）”都是“二百五”（亦即“半吊钱”）。据说古时候曾以一千文为一吊（贯），五百便是半吊子。如果某人的思维不够全面即所谓“满贯”，那就是“半吊子”，而“半吊子”的一半便是“二百五”，这两个词均是贬义，是指做人、做事不够圆满、周到。这个故事似嫌牵强，但它确实解释了编故事的人想要表达的意思。“半吊子”的同义词“二百五”的用法，在中国各地比比皆是，也有很多口碑故事试图解说它的由来，在此不再赘述。关于“半吊子”，另一个说法则是把“半吊子”的“吊子”，看作是一种陶罐器皿“铫（吊）子”，旧时，当地乡民常喜欢在灶门口挂上一个“铫子”烧水，由于灶门口的火势小，一整铫子水难以烧开，往往就只打半铫子水，使其很快沸腾。当半吊子水开时，声音特别大。于是，乡民便用此来比喻某人浮躁、浅薄，是指“满桶（瓶）不响，半桶（瓶）晃荡”之意。在陕南山区也有类似说法：“满罐子不响，半罐子扑腾”，意思是说有学问的人往往很谦虚，一知半解的人却喜欢咋咋呼呼。

与“半吊子”、“二百五”类似，或可以置换的孝感方言词汇，还有“二杆子”、“嘎巴子”、“夹生苕”、“夹生”、“差火”等。“二杆子”及“二百五”的“二”，意思就是指那种不靠谱、愚笨、不开窍的状态。“嘎巴子”是指头脑不清楚，夹生半吊之人。“夹生”一词，不言而喻是指做饭或烹饪、料理，由于做得半生不熟，故多被用来批评人际关系不好，难于交往，办事不好说话等，例如，说“夹生个么事沙？”就是说某人“真是个夹生货”。“夹生苕”一词，也非常接近“半吊子”，亦即做人做事“半生不熟”的状态。“苕”在孝感当地，经常被用来形容某人蠢笨，所以，“夹生苕”也是贬损人的话。当地有民间歌谣：“生苕甜，熟苕粉，夹生苕，冇得整。”当地民间认为，苕生熟皆好，唯有半生不熟的没法吃，让人倒胃口。用“夹生苕”来比喻人，一般是指其和正常人不同，有一点不正常。“差火”一词，是指人“欠火候”，也就是不够成熟。由上述可知，在这些民俗词语中，有不少与烹饪相关，显示了乡土社会对于人的分类和评价常会使用的一些手法。

在江苏省的南京及江淮一带的方言里，也有“夹生”一词，说某人“夹生得不得了”，就是指他或她难以打交道，难处关系，不好说话。这个表述一般而言是引自“夹生饭”一词，表示半生不熟，或表面熟了，里面却还是生的。至于“二五”、“二五郎当”、“二胡”等等，大都是指脑子不好使，神经质或欠缺点什么，不正常、爱胡闹。另有“二姨子”、“二形子”、“二尾子”等，一般是指男人的“娘娘腔”，或不男不女的状态，这应该也是在人的分类上有点问题，故成为被责备或揶揄的对象。上海方言有“十三点”一词，其使用频率相当高，据说是来自“痴”字的笔画为十三，故沪人以“十三点”隐指痴呆、痴情或者蠢笨、愚昧无知等。

东北各地方言里，也有“夹生”、“二百五”等词汇。说某人是“夹生人”，一般是指他喜欢抬杠、犟嘴、钻牛角尖、尖刻、挑剔、认死理。此外，“二虎八叽”是指傻乎乎、少根“筋”的人；“二椅（姨）子”指不男不女的人；“二串子”一般是指杂交混血、非正宗的意思；“隔啦八生”、“隔了隔生”，一般是指饭做得不烂，吃了胃不好受，进一步引申为人际关系不很协调，不顺畅。如说某人和某人的关系有些“隔生”，就是有别扭的意思。“半拉子”一般指尚未成年的劳动力，说他只能顶半个成年人。吉林方言有“隔涩”一词，说某人真“隔涩”，那就意味着他和大家不太一样，不随和。相似的还有“隔生”，指不合群、不随和。如果说某件事“办夹生了”，则表示事情不顺利、没办好。说某个孩子越长越“夹生儿”了，大意是说他的长相与实际年龄不符、不太相称，太老面或太嫩面。有时候，说某人尤其是年轻人“真生蒿”，就是说他不讲理、不懂事。在吉林乡下，成年妇女有时会称“未经人事”的小青年为“青蛋子”。长春方言里除了会说某人是“愣头青”，以表示他做人“生分”、不够圆熟之外，还有“缺”（缺心眼、缺根筋）、“二”、“虎”等用例，一般是指办事、做人不老练，或有点和平常人不太一样之处。

上述方言中的“青蛋子”、“愣头青”之“青”、“隔涩”之“涩”，当然也都是可以和“生”的状态相通约。四川方言有“瓜娃子”、“闷墩儿”，也都是指办事不够妥当、为人处事有点傻乎乎的人或人的状态。在这里，“闷”和“笨”相通，“墩儿”和“呆儿”、“蛋儿”相通。有人认为，“闷墩儿”乃是“牧犊儿”、“木犊儿”的误写，在陕西、四川的方言词汇里，“木犊儿”是对婴幼儿的爱称，如果用它来指称此年龄段以外的人，当然就有讽刺、贬损的语义。北京方言有“生瓜蛋儿”、“雏儿”，大概也都是用来描述年轻人的“不成熟”。在河南方言里，如果说某人“半熟”、“生瓜蛋”，就几乎等于是在骂人，或用于朋友之间开玩笑时贬低或取消对方。这两个词的意思相通，都可以理解为不够聪明，头脑不好使。此外，河南方言里还有说某人“八成”或“五成”的，意思也是智力不全，缺心眼，做事不经大脑。

在山东省的一些农村，人们把“不懂事”、不遵从社区规范的人，称作“半熟”或“半吊子”，都是指其社会化的程度尚不足够的状态①。例如，在济宁等地，“半熟”一词就颇为常用，一般是指人做傻事而不自知。滕州人有“半浮”的说法，一般是指做事不经大脑或调戏同龄异性等言行，但此处的“半浮”应为“半熟”，因为滕州人把 shu 发音为 fu。此外，“半熟”的用法还见于商丘、徐州、亳州等很多地方。

但各地方言所描述的人的“半熟 / 夹生”，亦即“半生不熟”的状态，实际上是有若干不同的情形，往往因语境而异。一是人在从“生涩”到“成熟”的过程中，一般而言，多少均会出现的“书生气”或不够成熟的某种“半熟 / 夹生”状态，伴随着进一步的成长和学习，此状态可以逐渐地由于人的成长而改变，“半熟 / 夹生”的状态最终会被超越。二是社会化过程不只是不顺畅，而是被认为失败的例子，亦即

① 张百庆：“为人”与“懂事”——从乡村的民俗概念看中国法治之“本土资源”，载周星主编《国家与民俗》，中国社会科学出版社，2011 年 4 月，第 368—390 页。

做人、办事、说话等，始终处于“半熟/夹生”状态。上述方言的分类与描述若是针对第一种情形，则除了讽刺之外，还会包含一些善意，人们通过这样的分类、评判或揶揄，有意促使他或她早日脱离成长过程中的中间状态。但如果是针对第二种情形，则主要就是贬损和责骂了。看来，一切均应该在各自被使用的具体场景和语境下去理解。无论如何，各地汉语方言对人的“半熟/夹生”状态的揶揄、讽刺甚或责骂，反过来正是为了维系那个被认为人和事均“应该”有的秩序状态。应该说，汉语对此种“半熟/夹生”的分类与描述，也是符合涂尔干和莫斯所说的使人或事物各有归属，“并确定它们的包含关系或排斥关系”[①]。

第七节　“剩女”与“剩男”歧视的根源

汉人社会及文化里人从“生涩”经“半熟/夹生”到“成熟”的过程，其间既有成人社会的设计和母体文化的期许，也有当事人的进取实践或消极抵触；也因此，既有顺利乃至于“圆熟”、“烂熟”的成功者，也有“半生不熟”、滞留在“半熟/夹生”状态，甚或拒绝成长的脱轨者或被边缘化的人。社会对于他们或她们是各有归类和评判，文化对于他们或她们是既有宽容，也有责难。

例如，汉人社会里一向有“男大当婚，女大当嫁”、“女

① 〔法〕爱弥尔·涂尔干、马塞尔·莫斯：《原始分类》（汲喆译），上海人民出版社，2000年9月，第4页。

大不中留，留来留去留成仇”、“恨嫁”等很多俗语及表述，反映汉人社会对于人生的“时序”普遍地持有一些既定的观念：人到了某个年龄段，无论男人还是女人，就需要做那个年龄段的人应该做的事，这些事也是家长、长辈、亲友、教师和社会一般人士均假定或期待那个年龄段的人应该去做的事情，这类假定与期许一定程度上也是汉文化中人的“社会化”的动力机制之一。如果违背了这些期许或社会公众一般的认知，就会得到负面的关注或数落。旧时，广东省番禺俗谓弟妹嫁娶先于兄姐为“跨头”，兄姐不能嫁娶致误弟妹之婚期者为“阻头”，“阻头”被认为不便，“跨头”被认为不祥，故十二三岁即要订婚[①]。女孩如不出嫁，就要自梳或冒贞（去男青年夭折者家里），方可躲过责难。再比如，在甘肃地区，男青年去找女青年的“求偶”行为，被叫做“做后生”[②]，意思是说这种行为本来就应该是“后生”所为。如果青年人整天“宅”在家里，不去“做后生”，反倒会让家长担忧。再进一步，就是有违“天时”、有悖“时序”。人民婚姻的“失时”，在中国常被视为是很严重的问题。古代皇帝要操心的大事之一，便是不能使人民婚姻“失时”，因为婚姻及其人口的繁衍乃是社会发展和存续的基础。汉人社会历来对婚姻“失时”的情况非常敏感，经常为此感到不安。王震将军当年曾为新疆生产建设兵团的将士们物色配偶的故事，就被认为是一种“仁政”和“德举”。历来多位国家领

---

① 胡朴安编：《中华全国风俗志（下编）》，第 386 页。

② 邢植朝、王静主编：《甘肃民俗》，甘肃人民出版社，2004 年 5 月，第 136 页。

导人关心“大龄青年”的故事，也绝非只是装装样子。对于“大龄青年”的个人婚姻问题，忧心忡忡的不仅是家长，还有亲友、邻居和社区的大妈大婶，都会以各种形式表示关注和担心，热衷于给“大龄青年”介绍异性朋友的大妈们，绝不是因为她们闲得无聊。

目前，据说全国约有单身的“白、骨、精”（白领、骨干、精英）近600万人，事实上，这些被揶揄为“剩男”和“剩女”的人们常处于各种焦虑状态，他们或她们中有些人积极进取，致力于类似日本社会里大龄男女的“婚活”，即以结婚为目的参与各种社交活动；也有很多人坚守自己的底线，不为周围异样的目光所动。他们或她们有可能面临所谓“逼婚”或迫不得已的“相亲”，以至于出现了过年回家前临时“租赁”女友或男友的“生意”。更夸张的是，近些年来，在北京、上海、广州、西安等全国几乎所有的大、中城市，均不约而同地兴起了“白发相亲”的社会现象①。“可怜天下父母心”的家长们基于子女尚未完婚，自己就责任仍在的认知，对大都是独生子女的儿女们的婚姻大事尚未解决感到寝食不安。于是，老爸老妈比本人更着急，遂亲自出马，代替子女频繁地前往相亲。显然这在其他国家或文化的人们看来有些过分、甚至匪夷所思的“父母相亲”现象（图13），意味着汉文化有关“婚时”的传统文化逻辑依然鲜活、有效地发挥着作用。

---

① 关于“白发相亲”，可参阅孙沛东:《谁来娶我的女儿》，中国社会科学出版社，2012年12月。

图 13　中国的“父母相亲”现象（2015 年 8 月 2 日，太原迎泽公园“相亲角”，李兆民摄）

当代中国以互联网为主的各种公共媒体，对于日益增长、蔓延的“剩男”（年过四十而未婚？）、“剩女”（年过三十而未婚？）现象，表现出过分重视、过度关注以及调侃、讽刺、同情、怜悯、厌恶、焦虑，甚或恶意攻击等多种复杂的反应，这应该也是基于上述的文化逻辑[①]。一般来说，相比起“剩男”来，“剩女”们面临的压力和困扰更多，这主要是因为汉人社会里的“社会性别”观念对男子的“适婚年龄”更为宽容，而女子在“适婚年龄”之外，更有一个生育最佳适龄期的制约。这些主要来自父母和长辈亲友以及社区的压力，对于男女当事人而言，甚至也能促成类似于人类

① ZHOU Xing: A Person's Being "Raw," "Half-cooked" and "Cooked" in Chinese Culture", Han Min, Kawai Hironao and Wong Heung Wah(ed): *Family, Ethnicity and State in Chinese Culture Under the Impact of Globalization*, Bridge 21 Publications,LLC.2017. pp.105–121.

学家德里克·弗里曼曾经在萨摩亚人的青春期里发现的那种“摩苏”状态：执拗、反对、不情愿、精神上的紊乱或沉默地对峙等[①]。汉人社会尤其是家长亲友们给“剩男”、“剩女”施加影响和压力的理由，是因为汉文化基本上还是希望后代子女能够不违“婚时”地谈婚论嫁、生儿育女。事实上，很多“剩男”、“剩女”自身始终对婚姻汲汲以求、心怀向往，甚至一些人也并不缺少性活动的伴侣，但“剩男”、“剩女”问题之所以刺痛媒体和公众的神经，主要是由于他们或她们的行为或状态，对于传统的汉文化关于人的分类以及建立在这种分类基础之上的社会秩序有所颠覆。

美国社会学家洪理达（Lota Hong Fincher）在其 2014 年出版的著作《剩女：性别不平等在中国死灰复燃》[②]一书中指出，若就 2010 年第六次全国人口普查所获男女两性比例的数据而言，中国并不存在所谓“剩女”，但中国媒体从 2007 年起，非常频繁地报道所谓“剩女”问题，从而掩盖了中国社会男女两性人口比例失衡亦即男性较多的基本事实，由此形成的舆论环境，引发了莫名其妙的“剩女”焦虑。我基本上认同洪理达博士对中国媒体的批评，也相信对于“剩女”问题的夸大，很容易导致对于更为严峻的两性人口比例失衡之类深刻危机的忽视。不仅如此，我也非常支持她对于“剩女”问题所内涵的社会偏见和性别歧视的批判。但是，

---

① 德里克·弗里曼：《米德与萨摩亚人的青春期》（李传家、蔡曙光译），光明日报出版社，1990 年 10 月，第 200—205 页。

② Lota Hong Fincher: *Leftover Women: The Resurgence of Gender Inequality in China*, Zed Books，2014.

在高度尊重她所做研究的社会学价值的同时，对于她将这一切归结为中国的性别不平等及其“回潮”，我却有一些不同的看法。虽然人口数据并不支持“剩女”一说，但“剩女”一词在进入21世纪之后的中国社会日益流行，并最终成为一个确定的汉语新词汇，不得不说它是有着无法被人口统计数据所能提供的简单说明更为深刻的社会背景和文化意涵。

“剩女”一词，更经常地被汉语媒体用以描述那些接近或超过30岁却还单身、自身条件又比较不错的女性，这也就意味着所谓“剩”，其实只是一个局部性和暂时性的，例如，都市社会（或某些社会基层）中到达某年龄段的未婚女性可能面临被揶揄的一种状态而已。的确，女性在爱情和婚姻抉择方面的自由化和多元化趋向，在任何社会包括中国社会均应被视为是一种进步，但“剩女”、“剩男”之类用语所描述的现象，往往是需要和“父母相亲”这一类甚至是更为扎眼的现象联系起来进行思考，因为其间的相关性明显反映了当事者本人和她（他）们的父母亲一辈，在爱情、婚姻、家庭和人生观、幸福观等很多方面，存在着堪称是“代沟”的认知差异。虽然女性绝对有权利做出任何关于自身爱情及婚姻的选择，但她却无法不同时面临来自家庭的期许和来自社会的评论。其实香港、台湾和日本社会对于类似的“中女”、“败犬”等现象，或许没有像中国大陆对“剩女”现象的反应更为强烈，但焦虑以及相关的负面评论仍如影随形，并早已内涵在那些称谓之中。正如媒体无法煽动让父母们都去（为子女）“相亲”一样，媒体对于“剩女”之类话题虽说是有过度炒作的嫌疑，却也很难说“剩女”现象本身是媒体凭空制造出来的。

从文化人类学和民俗学角度出发，我们可以为中国的“剩女”、“剩男”问题以及她们或他们所面临的歧视提供一个新的解释，亦即社会及文化对于人从“生”到“熟”的成长，或人之“为人”原本是有一些基本的设计和期许的。这些通常并不是被明文记载下来，但却以“常识”存在的“理所当然”的期许，无论因哪种原因，包括年轻女性追求自我的极具正当性的原因，一旦难以被满足，很自然地就会引起社会及文化包括“焦虑”在内的各种反应。我认为，“父母相亲”现象的出现和扩大，正是中国社会及文化对于“剩女”、“剩男”们脱离那些期许所体现出的焦虑性反应所致。或许这样的期许和相关的“焦虑”具有一定的普遍性，例如，在日本，女性个人追求的自由已经确立，但焦虑并不因此而减少，无论是父母的焦虑，还是全社会对“少子化”和人口减少导致国力衰退的焦虑，都显而易见，只是它没有发展到“父母相亲”的程度或不以这种形式表现出来而已。

如此看来，我们就可以将中国的“父母相亲”视为是家长们基于对子女的未婚、不婚或失婚状态之深切焦虑的合理反映了①。青年男女到达某年龄段，这在汉人的社会及文化里意味着身体自然性的“成熟”，但这种“成熟”如果不能同时和其社会性的“成熟”（其标准为拥有婚姻、家庭、孩

① ZHOU Xing: A Person's Being "Raw,""Half-cooked" and "Cooked" in Chinese Culture", Han Min, Kawai Hironao and Wong Heung Wah(ed): *Family, Ethnicity and State in Chinese Culture Under the Impact of Globalization*, Bridge21 Publications,LLC. pp.105-121.

子、可靠的职业和良好的社会关系等）相匹配、相同步，就有可能被视为“半熟”或“夹生”，亦即不完善、有缺失等，这正是父母们急切焦虑的起源，也是现代中国社会中“剩女”与“剩男”歧视的起源。

其实，和“剩男”、“剩女”之类多少不乏贬义的新词语相类似的，还有“宅男”、“宅女”，“半熟男”、“轻熟女”（或相反，“轻熟男”、“半熟女”），“奇葩男”、“奇葩女”，“玻璃男”、“伪娘”（“女装子”）、“同人女”（和“腐女”一样，来自日语[①]），“男娘子”（在台湾叫做“半男娘”）、“女汉子”[②]，以及“女博士”、“女强人”、“涩女郎”等等。虽然上述词汇未必全是贬义（例如，“轻熟女”通常是指年轻却成熟的女子），但却潜藏着类似于男人、女人、“女博士”或男人、女人、“男娘子”之类的玩笑式分类系列，进而把“女博士”、“男娘子”突显为特殊的另类，甚或把他们或她们“妖魔化”及“污名化”，使之成为当代中国社

① “腐女”或“腐女子”的表述，很容易令人联想到列维－斯特劳斯提示的“烹饪三角”以及他的论断：“烧煮使生食发生文化转换，正如腐败是它的自然转换”。参阅〔法〕克洛德·列维－斯特劳斯：《神话学：生食和熟食》（周昌忠译），第 192 页。对于“烹饪三角”的理解，可参阅〔英〕杰克·古迪：《烹饪、菜肴与阶级》（王荣欣、沈南山译），浙江大学出版社，2010 年 10 月，第 27—28 页。

② 《史记·淮阴侯列传》里有“儿女子”一词，意思和今天的“女汉子”颇为相通。今在司马迁的故乡陕西韩城及合阳一带，仍有“儿女子”的说法，意思是对所谓恶女子或行为不合礼法、无所顾忌、厉害泼辣的女子的贬称。陕北也用“儿女子”指称坏的、淘气的、不听话的女孩子。参阅党怀兴：“‘儿女子’辩”，邢向东编：《西北方言与民俗研究论丛》，中国社会科学出版社，2004 年 5 月，第 219—222 页。又，王克明：《听见古代：陕北话里的文化遗产》，中华书局，2007 年 1 月，第 9 页。

会里一部分根深蒂固的歧视所由依托的“根据”。应该说，这类表述至少部分地和各地的民间禁忌有一定的关联，例如，在广东潮汕一带，民间婚配很忌讳选“猫声”（女声）、“姿娘腔”者为婿，选媳妇也是“一怕乌，二怕粗，三怕行走似摆柳，四怕雷声（男声），五怕妈爹（男人妈）”[①]，亦即对性倒错者有较为强烈的排斥性意向。

和日本社会基于“萌”和“可爱”之类的审美意识[②]，对于女性的“幼稚”言行更为宽容相比较，汉人社会似乎要更为严厉一些。中国的媒体和公众往往倾向于对“装嗲”、“卖萌”等和其年龄不相称的“装嫩”行为持批评的姿态。这也意味着社会对于不同年龄段的人确实是有一些先入为主的刻板印象。但究竟到了哪个年龄段，人才算成熟呢？这其实因文化而异。在日本，据说是以男子42岁，女子33岁时的“厄年”（本命年）作为“熟年”，故有熟年祝贺之礼[③]。在中国，这类判断的依据并不那么鲜明，但所谓“知性熟女”和“知性熟男”一般是比较容易获得正面的好评。曾有一位作者著文尖锐批评“夹生”女人。作者自诩敬重“成熟的女性”，因为她们经历了性的洗礼，是母爱的载体。“夹生的女人”则令他毛骨悚然。“夹生的女人”有哪些特点呢？她们在生理上已走过少女时光，行为举止却是“一张说生不生说熟不熟的脸”，时刻作少女状（乖巧、娇憨、天真烂漫）。她们

① 刘志文主编：《广东民俗大观（下）》，第613—614页。

② 周星：“‘萌’作为一种美”，《内蒙古大学艺术学院学报》2014年第1期。

③ 林光江：“从民俗学角度看日本传统的儿童观及教育观”，《东北亚学刊》总第13期，2003年1月。

本该静惠贤淑、稳重端庄，老老实实地告别少女时代，向新生活迈进，可偏偏沉溺于少女时光，年龄老大了，却把自己弄得像“妖精”一样。“夹生的女人”伴随着某种愚蠢和脆弱。[①]眼下，“夹生”竟成风尚，无数人竞相“夹生”作年轻状，甚至有少女作儿童状。必须声明的是，本书作者并不赞同上述评论，但认为它代表了汉人社会及文化里颇为常见的一些认知。“剩男”、“剩女”或“半熟/夹生”者之所以受到如此关注和负面的评价，只是因为他们或她们的言行多少脱离了汉人社会及文化中理想人生设计和期许的“常轨”而已。实际上，汉人社会及文化中的“社会性别”建构，又常将女性形象等同于儿童，诸多针对女人的“幼化”用语（小心肝、宝贝、小可爱）之类，原本就含有女人不成熟（幼稚和纯洁）的意味，同时也有怜爱之义[②]。因此，简单地指责现代社会里女性的“夹生”、“逆成长”（例如，以此指演员刘晓庆）等，并不能真正理解此类社会事实与现象。

2013年在第六届台北“艺穗节”上，上演了由林慧祺导演/编剧的《生存以上生活以下》，其关键词即为“半熟”、“矛盾”。“半熟族”工作了一段时间，职位不上不下，恋爱了一段时间，还结不了婚。有梦不知怎么追，或不知梦想为何物，没饿着自己，物质上也偶能享受，一天天却总觉得差强人意。于是，就“生存之上生活之下”地赖着，眼看人生分水岭的30岁大关即将到来，他们该如何自处？应该说，这样的解说

---

① 毒艳：“夹生的女人”，《婚姻与家庭》1994年第四期。

② 孙汝建：《汉语的性别歧视与性别差异》，华中科技大学出版社，2010年4月，第28页。

词反映了现代社会里男女青年颇为普遍的困扰。在和平年代的富足社会，晚婚、晚育、少子化，甚至选择不育的“丁克”现象，几乎已经是世界各个国家和地区普遍性潮流。最近在中国大陆，自诩“半熟”的男女青年似乎在迅速增加，他们不想长大，不羡慕成熟，不怕别人批评“装嫩”或特意有选择地“成熟”①。于是，“半熟 / 夹生”甚至可以成为一种具有正面价值的选择，例如，“半熟 / 夹生”既可以是对青春的礼赞或流连，也可以是对崇尚“圆熟”的社会规则（或“潜规则”）的拒绝。由刘鼎业导演的电影《半熟少女》讲述的是少女们美好青春的故事；由刘孝伟导演的电影《旺角半熟少女》则讲述了“半熟”的问题少女们悲凉的故事。在网络用语中，“半熟女”一词也有可能被认为是童稚和诱惑的结合体，具有“正面”的价值。至于有人将“熟悉的陌生人”（familiar stranger）翻译成“夹生人”，也应该是没有多少贬义。所以，“半熟 / 夹生”完全有可能成为一种有尊严感的分类或称谓，一切皆取决于它们被讲述时的文脉和语境。即便是上述被人尖锐批评的那一类“夹生的女人”，在我看来，她们也只不过是在现代社会日常生活的延长线上徘徊、烦恼或自得其乐的一群女性而已。

类似这样将一部分人视为“另类”的分类，尤其在涉及同性恋或性倒错之类的现象或人的状态时会更为普遍，例如，各地方言非常普遍地有对“不男不女”者的“二姨子”、“娘

---

① 黄冲、陈彦青：“破坏成人世界社交规矩　56.6% 青年感觉自己‘半熟’”，《中国青年报》2009 年 5 月 21 日。

娘腔”等称谓，其实这和网络上特意把李宇春称作“春哥”或韩寒将郭敬明视为“小女子”之类情形的逻辑如出一辙，它们均可以从社会对人的分类上予以阐释。由于同性恋的性取向完全脱轨或背离了汉文化里为人夫妻、为人父母的人生轨迹，所以才被重点关注。对于社会上具有“两义性”的各种人或其群体，依据结构主义人类学的观点和玛丽·道格拉斯有关“污秽就是分类的剩余和残留”的著名论断[①]，他们因为分类困难（或被分类体系排斥、边缘化）而经常会处于“禁忌”、“危险”、“异常”、“暧昧”乃至于“污秽”的境地。显然，在社会价值日趋多元化的当今时代，此类分类依然健在并横行无阻这一基本事实，非常值得深思。

应该指出的是，社会对于那些在人的分类中的“另类”，如果不能将其同化，就会将其异化。因为分类而成为“异类”的人们，总是容易受到其社会中粗糙而又根深蒂固的歧视和偏见的伤害。但与此同时，那些被认为脱离“常轨”的人或事物，又总是在迫使社会及文化里支持主流价值观的分类体系对其予以重新的安置，因此，他们往往也能够成为促使社会变革与文化再创造的驱动力。由于对人的分类所建构的“常识”具有非时间性的特质而倾向于维系现存的结构，所以，“另类”就往往容易成为“正面”道德价值或既定秩序的反面教材。对此，人类学立足于反对一切歧视的立场，应该致力于揭示导致歧视的社会及文化根源，并大力呼吁全社会对那些被视为“另类”的人们秉持更加宽容和理解的姿态。

---

① 〔英〕玛丽·道格拉斯：《洁净与危险》（黄剑波等译），第45页。

讨论：成为“全人”的幸福观

汉人社会及文化的价值取向是特别强调“做人”，并往往通过对人的分类而表象出人所应当的那种理想状态。在汉人的社会文化结构里，有非常丰富的对于人的多种分类性描述或规范，原本潜在或显在地对人的“生涩”与“成熟”这两种不同状态的归纳及其彼此之间的过渡关系，尤其是对“生涩”与“成熟”的中间状态，亦即“半生不熟”或“夹生/半熟”状态的人，确实存在着颇为介意的倾向。我认为，对于“生”、“熟”之中间状态的关注，实际上正是指向于形塑合格的“社会人”或“文化人”以及人之为“人”所应该呈现的那种理想状态。

在中国的互联网上，有为数众多的帖子热烈地讨论着有关人或男人、女人的“成熟”、“半熟”、“不成熟（生涩）”，还有人分别列出了“成熟男人”（女性通常认为比较靠谱、可以寄托终生者）和“成熟女人”（男性想象或期待的理想女性形象，包括性的成熟和作为女人的社会性成熟）的性格特征清单，似乎可以说明尽管也有很多人谦虚地自称自己还不够“成熟”，但对“成熟”亦即近乎完美的男人或女人始终是有较高的评价。简单地说，汉人社会及文化所追求的是“全人”，亦即拥有圆满人生的人，而只有“成熟”的人才能够接近于圆满。基于此种幸福观的人生目标，当然是要在“过日子”的实践当中去努力的。人从“生”到“熟”的成长，难以避免或需要经历“半熟/夹生”的阶段，但社会及文化的机制总是在致力于敦促人尽快顺利地渡过这个不稳定、不确定、不完整、不完全的状态。依照汉人非常世俗的幸福观，如果失婚、不育、缺少良好的人际关系、没有稳定工作等，都很难说是圆满的人生，而只有在上述各方面均能够搞得定，才算得上是“全人”。

和“全人”相对的便是“半”，这方面我们可以用一个来自少数民族社会的例子予以说明。在云南省西双版纳地区的哈尼族支系僾尼人的社会及文化里，“半”是一个非常重要的概念，它的本意是指事物“半生半熟”的状态，也指“半人半神”的精灵，还可以指一个人所处在的既非 A 也非 B 的中间状态。这是一种不够完善、尚未达成（完善）的暧昧状态，颇为类似于阿诺尔德·范热内普所谓的“通过仪式”中的“过渡”阶段和特纳所谓的“阈限”[①]。例如，饭半生半熟，就是“半”；母亲生下儿女，儿子是“半”，姑娘也是“半”，因为他或她的未来，都需要另一半。按照僾尼人的说法，举凡是吃得吃不得、认得认不得的（暧昧、不确定状态），只要是“半”（中间状态），就都是“半”。显然，大人是（全）人，小孩就不是（全）人，因为他或她只是“半”（人）。等姑娘、小伙子长大了，就不再是“半”了，因为其社会的理想是男女将会“磨盘双合”[②]。更进一步，“半”这种中间状态，不仅可以被用来指称人生礼仪，诸如出生、成年、嫁娶、死亡等重要的过程，它还可以被延伸到其传统文化对于个人行

---

① 颜宁：《磨盘双合的日子——西双版纳僾尼人的社会性别研究》，社会科学文献出版社，2016 年 12 月，第 66—69 页。

② 同上书，第 69—75 页。

为规范的社会性要求。例如，到了婚龄却不结婚、不恋爱，就是“半”，婚后不育的也是“半”，甚至只生女不生男，或者相反，只生男不生女，也是“半”。各种不尽如人意的“半”的状态，阻碍了人生理想状态的顺利实现，所以，往往也就需要以各种方式或仪式，促使“半”发生转换或者过渡，例如，在成年礼仪中，通过染齿、换装等环节，来推动“半人”转化为“成人”或“全人”。

显而易见，汉人社会及文化中也非常明确地存在着“全”的理念，虽然它和傻尼人的“半”的理念稍异其趣，但其价值导向和幸福观、人生观却也异曲同工、殊途同归。宋人苏轼脍炙人口的名句“人有悲欢离合，月有阴晴圆缺，此事古难全”，倒可以反证文人雅士们其实也和俗民一样，也有对于圆满和“全福”的价值追求。在中国，甚至为桥梁剪彩初渡的仪式，也需要有父母健在、儿女双全、夫妇和睦的有福之人，由他或她首先过桥，仪式才算圆满。这些人生的赢家或“成功”人士在各类仪式上发挥的作用或功能，无非就是示范、感染和推动当时在场的人、事、物等均朝向完成、圆满的方向实现良性的转变。由此可知，所谓“全人”，包括陕西人所说的“浑全人”，以及全国各地乡俗在“成长仪式”、“成人仪式”和结婚仪式上屡屡出现的“齐全人”、“全福人”等等，他们或她们在各种人生通过仪式上登场的意义，就在于他或她们乃是世俗人生的“成功者”，是为人们羡慕和向往的圆满人生的具现者；人们试图通过仪式的力量，促使他们或她们的“全”也能感染到尚处于“半”（夹生 / 半熟）的状态之中的仪式当事人，而这正是仪式举行的终极目的，当然也是仪式确定无疑的方向性。

如果按照上述那样的社会逻辑和本土文化机制去理解，所谓的“剩女”、“剩男”歧视和“父母相亲”之类的现象，其实都是汉人社会及文化推动那些相关的人们在从“半”（不幸）朝向“全”（幸福）的方向发生转换时所产生的焦虑、压力和实践的反映，虽然歧视是不正确的，越俎代庖的父母们也未必能够如愿，但在中国社会当下的具体情境下，它们都是值得我们去深思和深究的。就此而言，洪理达博士所理解的那种男女不平等的“回潮”其实并不存在，因为中国社会有关“社会性别”的理念以及它和人生幸福观相互纠结的机制，从来就没有消失过。无论子女在事业、学业上有多么成功，他或她只要是处于“半”的状态，就难说是完好的人生；甚至子女们“半”的状态还会实质性地影响到父母们晚年的幸福感，使得老人们也处于“半”的不幸之中。中国父母们此类执著的信念来自中国社会及文化对于人之为人的潜在但却也不乏深刻性的界定。

第三章　“生人”、“熟人”与人际关系实践

第一节　“生人”与“熟人”

文化人类学已经揭示出“分类”乃是人们认知周围事物（包括自然和社会人事环境）的基本路径，而任何社会及文化里都有对于人的多种分类。除了一些基于性别、年龄、长相、身材等身体自然特征的划分，诸如老人、年轻人、男人、女人、大人、美人等等之外，也有涉及社会地位、财富和社会属性的分类，诸如官与民、富人和穷人、贵人和贱人、上等人和下（等）人等，还有涉及价值观、伦理判断、人格、印象、政治理念或意识形态的分类，诸如恶人、善人、好人、坏人、君子、小人、左派、右派等等。虽然所有这些分类所由依据的逻辑或标准，大概都有一些片面性和随意性，它们受到复杂的多重多种因素的影响，都是流动性的，但又都会程度不等地间接或者直接地影响到人们的社会交往和人际关系实践。若是将所有这些分类叠合或拼接在一起，大致就可以窥见汉人社会及文化中“人观”的基本而又复杂的形貌，因为不言而喻的是，这些分类总是或多或少地反映着为汉人

社会及文化所默认的某些价值尺度或“做人”的标准。遗憾的是，这些分类截至目前大都没有被人类学家认真地研究过，这确实是汉人社会及文化之人类学研究领域的一个缺点。

文化人类学的研究还表明，很多文化里都有从食物分类能够联想、引申、类比或转换到其他不同的社会场景，从而使人们的社会身份、性别、等级以及其他角色，往往亦可通过模拟食物分类来表现的情形。汉人社会与文化也是如此，亦即在食物分类和社会（或人的）分类之间，存在着深刻的隐喻性关联和颇为整齐对应的同构关系。就是说，在与此相关的民俗分类里，程度不等地渗透着文化的界说和社会结构的规范。在最为寻常、基本和简单的层面上，汉人社会里“生食 / 熟食”的分类与“生人 / 熟人”的分类之间就有明确的对应性。“生”和“熟”这一组“民俗语汇”或一对“民俗分类”概念，在汉人社会的组织原理及文化内涵寓意中普泛存在且根深蒂固，它几乎是自然而然地被用于人的分类（表 2）。

表 2　人的“生 / 熟”描述与分类

分项	生	从生到熟的过程	中间状态	熟	目标 / 方向
人的成长	生员·学生，后生	发育·成人式·社会化	书生气·半生不熟 / 夹生	熟女·熟男，先生	圆满的人生
人的能力	生手 – 学徒	学习 – 操作实践	经验有待积累	熟练工	熟能生巧，成功
人际关系	生人	社交·网络	半生不熟 / “二”	熟人	扩张关系资源
族群认知	生苗·生蕃	同化·分治	半熟	熟苗·熟蕃	优越感·统治

从人的能力、技艺之从“生疏”到“熟练”，从人自身的成长（包括身体的发育、性的经验和社会性的获得）之从“生涩”到“成熟”，从人际关系的社交不断地将“生人”发展成“熟人”，以及针对“我群”之外的“他者”也依据“生/熟”原理将其予以分类，进而形成独到的族群认知，由这些彼此关联且可以相互转换的对应关系中，我们可以抽象出“生/熟”（而不只是“生食/熟食”）的范畴，将其作为理解汉人社会及文化的关键词之一。它最初产生于汉人的饮食文化生活之中，一旦成为汉人社会及文化中既定和常用的分类与分析架构，人们就会不断地用它整理、分类、认知和解释其他许多重要和具体的自然、社会及文化事象，从而不断形成新的知识，或使得未知的新的经验事实与现象，通过这种既定的分类和分析架构的处理而变得可以被理解、被掌握，就像把自己社会里的人们分为“熟人”和“生人”，进而再把周围的异族群分为“生番”与“熟番”那样。这样的分类和分析架构，其形成尽管也有发生学或文化史上的渊源，但它早已潜在于汉人文化的底层，通常并不为人们所觉察或意识到。

易中天教授在论及中国人聚餐和请客吃饭时，对人们一起吃饭、吃同一种饭的意义有着深刻、独到的见解。他说：“所谓兄弟，不就是在一起吃、吃同一种东西吗？……只要在一起吃了饭，就有了同一生命来源，也就是‘哥儿们’了。即便不是哥儿们吧，至少也是熟人。所谓‘熟人’，也就是经过了烹煮和料理，从而具有‘可食性’的人，当然可以‘吃’。如果是‘生人’，就‘开不得口’。相反，如果关系很‘熟’（已经过反复多次烹煮），又在饭桌上（正在再次烹煮中），便可以请他帮忙，对方也多半不好意思拒绝。如果拒绝，等于把已然煮熟的东西再回生，岂不‘夹生’？在中国，做人切不可‘夹生’。因为‘生’并不要紧。火到猪头烂，‘生的’总可以慢慢变成‘熟的’。‘夹生’就不好办了。再煮吧，煮不熟；不煮吧，又吃不得。算什么东西呢？”“吃的方式，吃的礼仪，也大有讲究：浅尝辄止表示礼貌，同时也表示生分（生就是‘不熟’，分就是‘不共’）；开怀痛饮表示不客气，同时也表示很亲热（亲就是‘有血缘’，热就是‘刚煮熟’）。”[①]易中天教授的这些分析充满洞察力，和本章将“生食/熟食”的逻辑扩展到汉人社会中“生人/熟人”的分类，进而探讨汉人社会之人际关系的思路，实亦“所见略同”。人类学家杨美惠先生亦曾指出：“内外两分法也暗含在食物的隐喻中，熟人拉关系时就容易，字面上他是‘被煮熟的人’，反义词是‘生人’，就是‘没烹调过的人或是生的人’。”[②]在此若是采用列维-斯特劳斯的说法，即烹饪“非常深刻地表达了把所有个人都与一个环境、一种生活方式、一个社会联系起来的纽带”[③]。

在这里，我想指出的是，不仅直接从烹饪之“生/熟”可以引申出“生人/熟人”的范畴，并在各种场景下它们之间会有隐喻性转换的可能性，而且，在人的成长之“生涩/成熟”的逻辑中，也能够引申出与“生人/熟人”分类密切

① 易中天：《闲话中国人》，上海文艺出版社，2006年3月，第29—31页。

② 杨美惠：《礼物、关系学与国家——中国人际关系与主体性建构》（赵旭东、孙珉译），江苏人民出版社，2009年6月，第167—168页。

③ 〔法〕克洛德·列维-斯特劳斯：《神话学：裸人》（周昌忠译），第657页。

的关联性[1]。例如，来自汉人乡土社会的人类学田野报告，就有许多很值得深思的素材。张百庆博士和李霞博士在山东省鲁西南的张村进行的田野调查告诉我们，在这个乡村社区里极具重要性的民俗概念有“为人”和“懂事”[2]。所谓“为人”，就是人缘好，能够处理好各种社会交往的关系，也包括主观上的做人；“懂事”则是指通情达理、熟悉社群的规矩等，也就是成年人的“成熟”。为人好，懂事，并且能够在社区里获得尊重的人被叫做“嘹亮人”；相反，那些为人差，不懂事理的人则被称作“半熟”、“半吊子”、“不嘹亮”（边缘人），甚至“魔道”。张百庆指出，社区里对于人的这些分类，实际上也就是所谓“社区人的质量”。李霞则认为，“为人”与“懂事”的规范，意味着在汉人乡土社会里，人的社会性“成熟”与社区共享的社交体系有着密切的关联。

换言之，成熟的人之所以“成熟”，是因为他或她能够较好地应对和处理好包括“生人”、“熟人”之类范畴在内的人际关系，相反，如果不能很好地应对这些人际关系，在“生人”、“熟人”之间做不到游刃有余，那就是“不成熟”，

---

① 周星：“‘生’与‘熟’：关于一组民俗分类范畴的思考”，马戎、周星主编：《二十一世纪：文化对话与跨文化对话（二）》，北京大学出版社，2001 年 4 月，第 376—404 页。

② 张百庆：“‘为人’与‘懂事’——从乡村的民俗概念看中国法治之‘本土资源’”，周星主编：《国家与民俗》，中国社会科学出版社，2011 年 4 月，第 368—390 页。李霞：《娘家与婆家——华北农村妇女的生活空间和后台权力》，社会科学文献出版社，2010 年 11 月，第 43—54 页。

就是“半熟”或“夹生”[①]。全国各地方言对于乡村社会里不善于处理人际关系、有社交障碍的人，往往就以“半吊子”、“夹生”、“隔生”、“半生不熟”等词汇来形容，其间的贬义颇为明显，其意思都是他或她做人不开窍、不合分寸、不通情达理等。明明是“熟人”，却偏要打官腔，不好说话，那就属于“夹生”；或者对“生人”友好得超过了“熟人”，就叫做有失分寸。总之，人的成长之社会化过程的“夹生/半熟”状态，往往就是不善于处理包括“生人”和“熟人”在内的人际关系的状态，所以，就被视为傻、笨、不懂事或者“二”。

接下来，我们将在前学研究的基础之上，经由对“生人/熟人”相关问题的探讨，揭示汉人社会及文化中人际关系建构的实践活动，主要就是在“生人”与“熟人”之间展开的基本事实，以及此类实践的可能性与局限性。虽然是偏向于结构主义风格的论述，但本书也特别努力地强调“实践”的观点。

第二节 “生/熟”之间的人际关系实践

汉人社会及文化中人际关系的建构实践，总归离不开“生

---

① 周星：“人的‘生/熟’分类与汉人社会的人际关系”，韩敏·末成道男编：《中国社会的家族·民族·国家的话语及其动态——东亚人类学者的理论思考》，第 63—89 页，Senri Ethnological Studies 90, National Museum of Ethnology, Osaka,Japan.2014.

张熟魏”[①]。由于“家人”和“亲戚”等范畴可塑性较少，所以，大部分的人际关系建构的实践活动，都是围绕着“生人”和“熟人”而展开。“生人”和“熟人”是日常生活里时刻无法回避，始终需要不断重申、体验、判断，并需要不断认定的基本社会范畴；它们是汉人在社会交往实践中须臾不能或缺的分类概念。“生人”当然就是不认识的人，素不相识，互不了解。在乡村安土重迁的熟人社区（以村落为典型），“生人”同时也是“外人”。“熟人”一般是指相互认识、彼此较为熟悉的人，在特定场景和条件下，“熟人”比较容易转化为“自己人”。因为“熟”，就有可能突破社群边际而成为当事人主观定义的“自己人”或“圈子”成员。如果“熟人”之间保持了较长时期的相互交往，彼此就会认定对方为“老熟人”。

“生人 / 熟人”的分类使得在人际关系中形成一种等级性的秩序，以此为基点，此种分类也就直接影响到人的社交行为。汉人社会里人际关系的发生、建构、强化、淡化、解除、恢复等，往往都是在“生 / 熟”之间运作的。在“生人”和“熟人”之间，有很多处于“半生不熟”人际关系状态的人，如人们常说的“面熟”却不太了解的状态。若设定一个社交场景，两个“生人”走到一起，通常会彼此有所戒备，态度谨慎，一般不需要交流或发生互动。两个“熟人”走到

① “生张数魏”，成语。张、魏均为姓氏。该成语泛指认识的或不认识的人，也被用来形容生客与熟客在一起彼此互不熟悉的情形。出典见宋沈括《梦溪笔谈》卷十六：“北都有妓女，美色而举止生梗，士人谓之生张八。野赠之诗曰：君为北道生张八，我是西州熟魏三。莫怪尊前无笑语，半生半熟未相谙。”

一起，通常会较少拘束，自然发生交谈，有时还有亲切感。两个“半生不熟的人”走到一起，彼此会感到尴尬，会有开口不是，不开口也不是，或开了口，却不知道讲什么才合适的感受。路上遇见“生人”，不需要打招呼，反而需要戒心（这是小孩从幼儿园起，就被老师和家长灌输的“常识”）；遇见“熟人”，则一定要打招呼；若遇见半生不熟、不生不熟的人，就不晓得如何敷衍，或装着没看见，或选择绕道而行。在生活世界里，人们通过“生人”、“熟人”的分类，在相当程度上为自己的社会交往活动建构一个初步的框架或“坐标”，每个人均各得其所、各归其位；但当有些人既不能划归“熟人”，又不能划归“生人”时，这些“夹生”或“半熟”的人，就会令人局促不安，这是因为他们在“生/熟”这一简洁、明快的分类体系中位置不明，因而才会感到难以应对。

社会人类学家费孝通在其大作《乡土中国》里曾经指出，人口安于不流动和没有陌生人，是乡土社会的两大特点。在乡土社会，人们追求“无讼”，因为都是“熟人”，即便彼此发生了一点纠纷，也多倾向于“私了”。在主要是由熟人组成的乡土社会，社会秩序的基础是礼治而非法制。费孝通认为：“现代社会是个陌生人组成的社会，各人不知道各人的底细，所以得讲个明白：还要怕口说无凭，画个押，签个字。这样才发生法律。在乡土社会中法律是无从发生的，‘这不是见外了么？’乡土社会里从熟悉得到信任。这信任并非没有根据的，其实最可靠也没有了，因为是规矩。”“乡土社会的信用并不是对契约的重视，而是发生于对一种行为的规矩熟悉到不假思索时的可靠性。”[①] 费先生将现代社会（如都市“陌生人社会”）与乡土“熟人社会”相对比，分别是以“熟人”为主或是“生人”为主作为重要的分类依据，对我们有很大的启发。但无论是在乡土“熟人社会”，还是现代“陌生人社会”，大凡在汉人组成的社会都存在并非常介意“生人/熟人”的分类，也都存在“生/熟”之间的人际关系实践。乡土社会主要由“熟人”组成，但并不是没有“生人”的范畴，现代社会主要由“生人”组成，也并不意味着没有“熟人”关系，也不意味着“熟人”就不再重要了。

在中国各地的民间，尤其是乡村“熟人社会”里，各种“人情费”的名目繁多，其数额也一直呈现逐渐上升趋势。有时候，这种支出甚至会影响到乡民正常的生活[②]。基于古训“礼尚往来”（《礼记》）而成立的乡村“人情礼”，通常是逢年过节或婚丧嫁娶时的亲情礼、友情礼，但近年有逐渐扩展的倾向，诸如“生孩子礼”、“满月礼”、“生日礼”、“建房礼”、“乔迁礼”、“升学礼”、“参军礼”、“开张礼”等等，“熟人”之间的往来、“报”以及“人情债”链条的形成、清偿和延续等，均促使人情来往的覆盖面越来越宽。此类相互的宴请和送礼，颇为类似于北美印第安部落的“夸富宴”（potlatch），它多少具有一些相互攀比和彼此竞争“面子”的内在机制，直至卷入其中的人们难以承受时为止。人们相信，“家里有事，来的人越多说明人缘越好，场面办得

① 费孝通：《乡土中国》，三联书店，1985 年 6 月，第 5—6 页。

② 齐海山、王晓明：“人情费支出扭曲农民消费结构：借钱送礼卖牛凑钱”，《半月谈》2011 年第 3 期。

越大说明势力越大”，把相互往来的频繁程度及礼金赠送的多少，用来衡量人情的厚薄。所谓人缘好，不仅意味着“熟人”多，也意味着“熟人”之间的关系处于维系不断的状态。城市里的“人情礼”虽然不如乡村那么隆重、频繁，但要办什么事时得给“熟人”送礼，仍是一种社会性的“常识”。之所以如此，是由于如莫斯所揭示的“馈赠”原理，一旦“生人”接受了“礼物”，他也就有了“还礼“的某种义务（债务），这样一来二去，他也就被“熟化”而成为“熟人”了。这意味着围绕着“礼物”的互动，各种社会关系的生产和再生产就具备一些必要的条件①。

我认为，汉人社会里人际关系的立足点之一正是“熟人”之间的关系。大多数汉人的社会交往实践或人际关系建构，就是在致力于把原本和自己无关或关系疏远的“生人”，通过各种方式和途径（如送礼、请客、联谊、朋友圈），逐渐转化为自己生活中的“熟人”，与之建立关系或巩固、加强已有的关系，以便为“我”所用。因此，设宴邀请不熟的人一起吃饭（同饮共餐礼仪），按照法国民俗学家阿诺尔德·范热内普的理论，它其实就是一类“聚合”礼仪②。当然，也有一部分人努力要摆脱“熟人”而使之“陌生化”，因为“熟人”有时很可能比“生人”更令人讨厌或使人感到危险。

既然社交和人际交往的目的是使“生人”变成“熟人”，

---

① 〔法〕莫里斯·古德利尔：《礼物之谜》（王毅译），上海人民出版社，2007年4月，第47页。

② 〔法〕阿诺尔德·范热内普：《过渡礼仪》（张举文译），第23—24页。

那么，社交圈的扩大其实也就是把更多的“生人”持续地纳入自己的“熟人圈”。俗语有“人熟是一宝”的说法，因此，“熟人”越多，也就意味着可以动员的社会关系资源越为丰厚。汉文化里的社交，主要就是使“熟人”之间不至于因为较少的走动、联系而变得“生分”，或使已经疏远了的“熟人”关系得以重温与再建，或去接近乃至拉拢可能成为“熟人”的那些“生人”的过程。“一回生，两回熟”，对于缺少社会资源可以用来交换的人们而言，要变“生人”为“熟人”，只好增加主动接触的频次。这一俗语形象地说明了“熟人”是通过反复的交流和来往实践而产生的。如果长时间不理不顾，“熟人”也会淡化为“生人”。通过不断地来往和社交维持已有的“熟人”关系网，或不断扩大“熟人”的范围，认识和结交更多的人，从“生人”中不断筛选出“熟人”，这正是汉人社会里人们谋求利益的基本策略。建立、发展、维系或恢复“熟人”的关系网络，虽然其中不乏单纯的友谊、情感或令人惬意的氛围，但大多还是基于实际利益的驱动，大多要以交换为原则。若是没有重要的社会资源可以交换，那么，“请客”吃饭、“送礼”上门，寒暄套近乎，便是最为常见的变“生”为“熟”，然后“熟人好办事”的方法。谁都知道“熟人好办事”这一俗语，它是汉人社会里最为寻常和重要的经验事实。汉语熟语有“熟门熟路”、“熟人熟事”、“攀亲托熟”等说法，大概都是指这一类情形。“熟人”若不帮忙办事，就会遭到谴责或令当事人失望，当事人就要感叹世态炎凉与人情冷暖，甚至还会采取某些对应的行动，例如，降低交往频次等等。

台湾人类学家乔健先生曾经深入地讨论过汉人社会里人人熟知的“关系”概念以及涉及“关系学”的种种社会现象[①]。乔健指出，所谓“关系”包括熟人、朋友、知己等人们交往或交往甚密者之间的“关系”，可以用各种方式建立起来，如“拉”关系、“讲”交情、“走”后门等，还有“认”，认亲、认老乡、认同学、认干爹干妈等。有些学者讨论中国社会的人际关系时，提出有“九同”[②]：同学、同事、同乡、同姓、同好、同行、同年、同袍、同宗，所有这些都是建构个人“熟人”圈子时，最常采借或依托的“资源”。所有这一切意味着汉人社会的“关系”、“关系户”、“关系网”，始终是一个充满动态的结构或过程。其中，建构“伪亲属关系”就是一个使得工具性价值较高的“熟人”和自己更加亲近一点的常用策略[③]。中国民间有“一表三千里”的说法，“这些虚构的亲属延伸把家庭集团以外的人带进熟悉的相互信任的关系圈子中”[④]。远在异乡的边缘性人群，通过“江湖”上“金兰结义”的方式，即可在陌生的社会环境中建构出相互熟识的“兄弟”般的人际关系，从而有助于

① 乔健：“‘关系’刍议”，杨国枢等主编：《社会及行为科学研究的中国化》，中央研究院民族学研究所专刊乙种第十号，1982年5月。

② 罗家德、戚树诚、赫曼·W. 史密斯：“中国组织中的可信赖感研究”，周晓虹、谢曙光主编：《中国研究》2006年秋季卷，总第4期。

③ 李沛良：“论中国式社会学研究的关联概念与命题”，载北京大学社会学人类学研究所编：《东亚社会研究》，北京大学出版社，1993年9月，第65—76页。

④ 杨美惠：《礼物、关系学与国家——中国人际关系与主体性建构》（赵旭东、孙岷译），第99页。

在异乡的生存和发展[1]。赣南的畲族有一种“认表亲”的民俗，通过“认表亲”建构的拟制亲属关系，可使“生人”变为“亲属”[2]。类似的情形在各地汉人社会里其实是颇为常见的。

“熟人”或许还可以分为“有用的熟人”和“没用的熟人”，两者之间并无绝对分野，且可以流动转换。一般来说，“有用”是工具性社交的目标。杨美惠先生于北京等地从事田野工作时，正值中国改革开放不久、物资仍然短缺的年代，托“熟人”办事几乎是一种全民性的“常识”。她指出，“熟人指的是在关系网中个人能向他求助的人。熟人是一些处于一定的有利地位上的、能影响某些好处或好东西再分配的人。由于一些先前存在的朋友关系、亲属关系或其他交往中的恩惠，人们可以依赖熟人获取某些好处或想要的东西，或者通过他们办事”[3]。汉语有“熟性”一词，隐喻着通气相识之意，对于有利害关系的对方，以钱财拉拢，称为“熟性”；对于不买账者，则称为“唔熟性”。在单位体制为主的城镇里，要去一个以前没有任何“关系”的单位办事，经常就会遇到困难，因此，往往需要在这个单位里发展出一个或几个“熟人”，有“熟人”帮忙，话就好说，事情也可能就顺利一些

① 陈进国：“地方结社中的仪式和象征——以乡约和兰谱的文本为例”，载金泽、陈进国主编：《宗教人类学》（第一辑），民族出版社，2009 年 11 月，第 216—245 页。

② 蓝希瑜：“认而不亲 差而有序：赣南畲族“认表亲”研究”，《思想战线》2012 年第一期。

③ 杨美惠：《礼物、关系学与国家——中国人际关系与主体性建构》（赵旭东、孙珉译），第 58 页。

了。于是，汉人社会就形成了无数多的“熟人链”，“熟人”之间办事，通常不好驳“面子”，因为大家“抬头不见低头见”，总有相互求人的时候。所以，在中国，“生人/熟人”的分类甚至常能凌驾于“恶人/善人”、“好人/坏人”的分类之上，为亲者讳，为“熟人”讳，成为“隐蔽体制”绵延不绝的温床。“生人/熟人”的分类，即便不能直接等同于，却也存在着与“好人/坏人”的分类之间发生隐喻性转换的可能。

香港社会学家李沛良先生曾经研究过香港人的“医缘”信念[1]，他指出，香港人转换医师的一个主要变量，是以“熟人”和亲友为主体的非专业性介绍体系。根据一项“记者调查”，在中国大陆，有高达九成的患者在看病时会托“熟人”，而有大约七成的医生反感为“熟人”看病[2]。人们之所以要找“熟人”，就是为了图得安心。

中国各地的民营企业在用人上常有“用熟不用生”之说，据说这和在华外企（如“麦当劳”等）的用人观念正好相反，他们似乎是倾向于“用生不用熟”。广州、香港民间一向有“做熟不做生”的俗语，是说人们更愿意在熟悉的人际环境里做事，不想轻易调换工作，在商业交易中也比较注重已经熟悉的老客户。对于在商言商的人们而言，的确有不少涉及“生人/熟人”的诀窍。要不要跟“熟人”、亲戚做生意？很多

① 李沛良：“社会科学与本土概念”，杨国枢等主编：《社会及行为科学研究的中国化》，中央研究院民族学研究所专刊乙种第十号，1982年5月。

② 金艳：“记者调查：九成患者看病想找熟人 七成医生反感”，中国新闻网，2008年8月31日。

人对这一设问颇感纠结。通常有两种似乎是截然相反的意见：一是认为最好不和“熟人”、亲戚做生意，因为不好做，有“面子”问题，很麻烦，不好意思讨价还价。但另一种是更多的人选择“做熟不做生”，相信会做生意的都不会故意去坑“熟人”，除非是不想做了。以在社会上推销保险这一行为例的话，大多数做的还主要是“熟人”之间的生意①。

汉语俗语有“生处好寻钱，熟处好过年”一说，大概的意思是在陌生的地方，容易赚钱，因为对于陌生人不用碍于情面；在人熟的地方，却比较容易得到援助，渡过难关，例如年关。在浙江省，有一些从事放高利贷生意的“老江湖”，据说他们之所以能够长期地维持不出事，秘诀就是坚持了“借熟不借生、借短不借长、借零不借整”的原则。“借熟不借生”的信念，说明当地民间金融具有“地缘信用”和“熟人信用”的特征。所谓“借熟不借生”，就是对“新客户”（即“生人”），一般是额度低而利息高，对“老客户”也就是“熟人”，则是贷款额度高而利息低。中国人有“有借有还，再借不难”的说法，也是因为“熟人”的信用程度被认为要更好一些。“老江湖”们对客户的生意情况非常了解，甚至对其家庭也很熟悉，此种“借熟不借生”或“关系放款”、“情感放款”的诀窍，正是“熟人社会”里心照不宣的风险控制原理。这其实也是整个中国民间信用的传统。

江浙闽粤一带的民间金融或民间信用，通常只吸收“熟人”的钱，然后再贷给“熟人”，因为“熟人”关系可以降

① 庞晓瑜：“生意做‘生’？做‘熟’？”，《温岭日报》2008年11月10日。

低风险及社交成本。除非经过某种“社会化”亦即“熟化”的过程，例如，通过可以信赖的“熟人”引荐、承诺遵守规矩、做出一定抵押、承担违约惩罚、经受过数次交易的“考验”等，否则，是难以取信于圈内的[①]。近年来，频繁发生的“倒会”事件，其原因之一是“熟人链”过长，“熟人”的“熟人”链条，按照“差序格局”理论，最终难免稀薄化为“生人”，其结构的脆弱性就被突显了出来[②]。这也意味着原本主要发生于乡村“熟人社会”，彼此知根知底的亲戚、邻里和熟人之间的民间金融互助，比较难以直接应用于现代城市里规模较大的“陌生人社会”。

赵旭东教授曾经提供了一个介于“生/熟”之间的个案[③]：河北省某村某人受到村民们的孤立，因为发生了一起卖梨纠纷。一个外人来村里收梨，借用了与村里某人熟识的关系，村民们也因他是“同村的熟人”，放心地将梨送去。收梨者后来一直没有付款，村里人认为上当了，要某人负责，他却声称自己没责任，那位收梨者只不过借用了自己的场院放放梨而已，自己并没有欺骗乡亲，也没有从中得到好处。村民们讲，大家是看在某人是同村“熟人”的面子上才肯将梨送去，若是“生人”就会要求一手交钱一手交货了。这个例子能够反映生成于“生人”和“熟人”之间暧昧的那些纠

① 汪曙霞、马理、张纯威：《中国民间信用——社会·文化背景探析》，中国财政经济出版社，2003年12月，第16、21页。

② 邱建新：《信任文化的断裂——对崇川镇民间“标会”的研究》，社会科学文献出版社，2005年8月，第228—229页。

③ 赵旭东：《乡土社会中的权威多元和纠纷解决》，1998北京大学博士学位论文。

纷的一般情形，这些情形在汉人社会里是经常发生的。若回应前述费孝通先生有关乡土社会的命题，可以说目前的汉人社会既非纯粹的乡土社会，亦非成熟的现代社会，其中“生人/熟人”的规则与逻辑依然存在，依然发挥影响，它不仅带来“秩序”，每每也导致混乱。

在发展市场经济的大背景下，近年来在中国大陆社会出现了颇为醒目的“宰熟”（又叫“杀熟”）现象，这引起了人们深深的忧虑。例如，在各种名目的“传销”活动中，“宰熟”几乎成为社会公害。有人分析说，奸商“宰熟”之所以如此引人恐慌，就是因为它对于汉人社会的人伦道德，对于此社会最基本的信任结构提出了挑战。由于类似传销式的“宰熟”，当然还有更为普遍的“老赖”现象，将会摧毁汉人社会及文化里最为基本的道德基础，使人与人之间缺乏起码的信任支点，故对社会危害极大。但问题在于，人们不能容忍“宰熟”，却多少宽容地看待“欺生”、“宰生”。假冒伪劣产品盛行于世，只要没有受到切身的伤害，似乎就关系不大，我们从王海每次打假所碰到的麻烦，就可以证明这一点。舆论的耻辱在于每每纠缠于“打假英雄”王海是否“知假买假”，以至于最终连究竟是谁在欺诈，是王海还是制假售假者的问题都难以讲清楚了。的确，汉人社会里人们日常生活的基本支撑是“熟人”关系及其网络，所有人都很看重“熟人”关系，因此，“宰熟”比“宰生”更为可恶。但是，既然利用“熟人”关系交换或谋取某种利益乃是汉人社会及文化的基本逻辑，那么，“宰熟”难道不正是滥用“熟人”关系的逻辑终于走向极端化的恶果之一吗？

第三节　“差序格局”中的“熟人”与“生人”

传统汉人社会的结构，按照费孝通先生的说法，具有以自我（个人）为中心而形成多层次同心圆状之“差序格局”的倾向[①]。对于“差序格局”，在中国社会学家和人类学家当中虽有较多探讨，但从“生人”和“熟人”这一组对于人的民俗分类范畴出发，或许也能够有进一步展开或深化的余地。在我看来，“生人”和“熟人”是汉人社会中任何当事人对“非我”的他人及其社会属性的一种分类，这个理解和“差序格局”理论的相通之处，在于它们均是以“个人”为基点，以“我”为出发点。换言之，如果把“生/熟”的民俗分类，视为汉人社会里人际关系之建构性实践的关键范畴之一，将有助于扩展或深化有关“差序格局”及“关系学”之类的学术探讨。

以“我”为出发点，考虑汉人社会里的人际关系时，大体有四个基本范畴是非常重要的：

（1）家人：首先以核心家庭为中心，但是，随着对“家”的变通性界说，“家人”的范畴也会扩大或缩小。以血缘关系为原理的宗族，可能是“家”所能伸缩的最大边际，不过，又有“拟制家族”的机制偶尔也会发挥作用。

（2）亲戚：通常主要是指通过男女联姻所确定的亲属关系网络，但这个范畴有时候也包括核心家庭之外及“五服”

① 费孝通：《乡土中国》，第21—28页。

范畴之内的父系亲属关系。亲戚有“远近”、“亲疏”之不同，除了为民俗所界定的既定范围之外，走动的“勤懒”也是决定距离远近的另一个重要变量。

（3）“熟人”：一般是指除了血缘（核心家庭）、姻缘（亲戚）之外，主要通过地缘（如同乡）、学缘（如同学）、业缘（同行、同事）等所有可能的路径，同时也是经由“社交”和“来往”而熟知的人。“熟人”一词的实际内涵非常丰富，并因“我”的感受而处于变动之中。“熟人”还有进一步细分的需要和可能，如从“有点熟”、“比较熟”到“特别熟”，或者从“熟人”发展为“朋友”、“哥儿们”或“姐儿们”、“铁哥儿们”等。所谓“熟不讲礼”，指的正是“熟人”关系发展到极致，就是自己人了，故不必过多地计较礼数。以“我”为中心、为目的，自然而然或刻意而为地形成的人际关系网络，通常总是包括上述三个范畴；由于从“家人”、“亲戚”到“熟人”的可选择性呈现递增趋向，因此，“我”的人际关系网络，在具体的社交实践中，往往会以“熟人”为重点，由此便构成“我”的“熟人圈子”。常言道：“在家靠父母、出门靠朋友”，说的正是“血缘性差序格局”和“工具性差序格局”之间的内外衔接。

（4）“生人”：一般是指与“我”无关的他者、陌生人。“生人”通常不属于“我”的人际关系，其更多地是令人潜在紧张、需要戒备或提防的存在。但“生人”也是“熟人”的后备或储备，经由某些缘由，通过自然或不那么自然的社交活动，可以变“生人”为“熟人”。

从“差序格局”来看，对于以“我”为中心逐层外推的社会人际关系，若是从“生/熟”的角度看，同时也就是从亲到疏、从近到远、从“熟人”到“生人”的一个渐次过渡的格局。对于当事人而言，“家人”、“亲戚”、“熟人”、“生人”等不同范畴之间的边际，并非总是清晰无疑，或固定不变的，相反，它们彼此之间是流动的，在某些条件具备的前提下，能够相互过渡。俗语有“生看衣衫熟看人”之说[①]，意思是指对于素不相识的“生人”，只能以衣着外表来判断他，等到熟识之后才能够了解其品格和为人。通过交往，“生人”可以变成“熟人”，通过怠慢，“熟人”也可以退化为“生人”；因为“家”的发育，“家人”或可变成“亲戚”（如妹妹出嫁），“生人”也可能变成“家人”或“亲戚”（如哥哥娶亲）；“亲戚”若不经常走动，就有可能“他人化”。对“我”来说，亲疏远近之“生/熟”有别，既是自然而然的，又是变化无常的。

我认为，对于汉人社会及文化中人的“生人/熟人”分类的研究，多少构成了对费孝通教授提示的“差序格局”理论的一些不无意义的补充，至少是从一个不尽相同的角度，对汉人社会及文化中人际关系的结构和机制，做出了可以和“差序格局”理论所描述的结构相互衔接，或使之部分地有所细化的描述性分析。对“生人/熟人”的分析，之所以能够和“差序格局”理论相接轨，是因为它们都是以个人为“本位”来建构社会人际关系的。“差序格局”揭示的汉人乡土社会的人际关系，基本上是依据从近到远、从亲到疏、由熟悉到陌生的顺序来决定社会交往的态度，其中涉及“生人”

---

① 曲彦斌主编：《中国民俗语言学》，上海文艺出版社，1996年4月，第154页。

和“熟人”的部分在本章中可以得到进一步的探讨。换言之，本章的研究使得“血缘性差序格局”和所谓“工具性差序格局”[①]之间的连接获得了论证。正如心理学家黄光国先生指出的那样，以自我为中心的关系网络，最内圈为家人和家人连带，紧接着便是熟人连带，“中国人的熟人连带将关系视为互惠的一种形式，……一个行动者的熟人连带为扩展社会交往范围创造了独特的机会，而西方社会则较少这种类型的强连带”[②]。可以说，“生人/熟人”的分类，在家族、亲戚关系结构的外围，为社会人际关系的建构实践提供了伸缩自如的空间。有学者在天津进行的社会调查表明，在提供实质性帮助的人中，四成以上是被访者的亲属，接近两成是朋友，七成以上与被访者的关系“非常熟悉”和“比较熟悉”。这意味着人们建立社交关系时的考虑，主要是基于实际功利的目的，而关系的亲密及“熟悉”程度越高，就越有更多的可能被纳入为我所用的功利性目标[③]。

“差序格局”和“生人/熟人”分类，的确是汉人社会人际关系的基础，但它们被认为是“传统”而非“现代”的，因为现代社会要求的是一般性的和均质的人伦道德，这就需要在社会人际交往中打破亲疏、远近以及“生/熟”与否的

---

① 李沛良：“论中国式社会学研究的关联概念与命题”，载北京大学社会学人类学研究所编：《东亚社会研究》，北京大学出版社，1993年9月，第65—76页。

② 罗家德、戚树诚、赫曼·W. 史密斯：“中国组织中的可信赖感研究”，周晓虹、谢曙光主编：《中国研究》2006年秋季卷，总第4期。

③ 张文宏：“城市居民社会网络中的差序格局”，周晓虹、谢曙光主编：《中国研究》2007年春秋季合卷，社会科学文献出版社，2008年10月。

区别，或需要对其有一定的扬弃和超越。例如，职业道德须一视同仁，法律面前得人人平等，进了商场即便是陌生人，也同样是“上帝”等等。尽管如此，汉人社会及文化中类似“生人/熟人”的社交逻辑却依然故我。这里实际涉及“生/熟”与“公/私”、“内/外”等二元对立之范畴的相互转换问题。无论学校、家长，还是传媒，中国的教育不断地告诫孩子们，不要和陌生人说话，不要跟陌生人走，“生人”总是不安全、危险及不可信任的存在，人就应该生活在令人放心的由“熟人”组成的环境里。孩子们在这样的氛围中实现“社会化”，既要学习“认生”，也要学习“认熟”。由此可知，“生人/熟人”的分类、认知及社会实践，在汉人社会及文化里将会长久地传承不衰。

在互联网时代，利用手机和微信“朋友圈”的社会交往，使得当代中国社会的人际交流更加活跃，尤其是自2012年微信诞生以来，人们可以随时随地进入聊天（包括“群聊”）状态，也可无时无刻地开展“社交”。但与此同时，很多用户很快发现，微信“朋友圈”的承载日趋复杂，故必须明确地对父母家人、亲戚好友、同事同学、领导下属、客户网友等社会关系进行恰当的分类和区隔，因为“朋友圈”虽然带来了便利，却也带来了一定的混乱，尤其是在“生人”和“熟人”之间，出现了空前的暧昧性局面。① 关于通过手机的通话、短信或QQ、微信等新的交流方式带给人际关系的影响，

① 周星：“信息机器（手机）的普及与‘贴身’的生活革命”，『日常と文化』第3号、日常と文化研究会、2017年3月，第115—132頁。

有两种截然相反的评论。一种是认为由于手机短信和微信等方式是当事人不直接见面甚至不通话的间接性交流，所以，其便利性反倒推动了人际关系的稀薄化。通过手机的交流在增加频次的同时，其浓度、深度则被稀释。另一种意见认为，短信或微信等方式的交流，可以在当事人彼此之间酝酿出某种特别的亲密氛围和感觉，亦即拉近当事人的关系，形成一种全新的“有距离的亲密感”。这两类意见各有理据，恰好说明手机对人际交流方式变革的影响，难于一概而论。以中国的例子来看，很难简单地说它导致了人际关系的疏离或是亲密，因为人们在和初级群体（家庭、邻里等面对面亲密交往的群体）、次级群体（学校、职业、社团等以某种目标为纽带而成立的群体）交流时，往往会分别采取不同策略[①]；当然也仍会在“生人”和“熟人”之间有所区别地予以对应，只是从“生人”变为“熟人”的距离似乎是极大地缩短了。

有一些实证性的研究表明，虽然手机和移动互联网的人际交流，有可能或确实在相当程度上打破了中国社会中一般百姓基于传统的血缘、地缘、业缘、学缘而形成的社交圈子，甚至断言中国农村的人际交往已经完成从现实交往空间向虚拟交往空间的过渡[②]，但若是仔细地分析具体案例，却又证明全新的电子交流并未让费孝通提示的“差序格局”趋于解

① 李敬：“手机短信影响下的人际交往——亲密还是疏离？”，《东南传播》2008 年第 6 期。

② 田龙过、唐宁：“基于智能手机为移动终端的陕西农村交往方式研究——以穆寨乡南坡村为例”，《新闻研究导刊》2015 年第 12 期。

体，手机对此前人际关系结构的改变其实颇为有限。以陕西省临潼市穆寨乡的南坡村为例，这个相对封闭的山区村落的常居村民，有43%的人拥有智能手机（多为29岁以下、初中教育背景以上的年轻村民），46%的人拥有普通手机；基于农村男女的社会分工，男性持有手机的情形稍多于女性；村民们使用手机，70%为无目的的消遣性社交，例如，通过QQ和微信聊天等；使用手机的时间和环境也和城市一样，呈现出碎片化趋势。尽管手机普及之后，“走亲戚”有所减少，有事情的时候往往先打电话联系，而不必登门；但储藏在村民手机中的社交联系圈，依然遵循了“家人”、“亲戚”、“朋友”、“本地熟人”和“外地熟人”这一由近及远的“差序格局”。

类似情形也见于都市，手机为市民个体以“差序格局”的方式建构和维系人际交往提供了自主性，虽然都市的居住格局部分地打破了“熟人社会”的差序，但人们使用手机仍是以自己为中心，依据亲属圈、朋友圈、工作圈逐层淡化的感觉整理各自的社会交往空间，使用手机通讯的联系频次也恰与“差序格局”相吻合。手机持有人的主动性和态度决定了手机之工具性的发挥①，他或她可以独立自主地选择，既可以拉近或强化在“差序格局”中可能较远的人际关系（由“生”变“熟”），当然也可以主动地疏远或淡化某些较近的人际关系（由“熟”返“生”），于是乎，“生

① 刘伟：“从手机通讯功能使用现状看现代生活中的人际交往——基于2009年成都市手机调查的实证研究”，《浙江传媒学院学报》2014年第2期。

人 / 熟人”的逻辑依然会在网络交流中被“再生产”出来。实际上，互联网公司在为公众提供的社交应用软件中，往往也对“陌生人社交模式”（例如，陌陌、世纪佳缘、探探）和“熟人通讯社交模式”（例如，微信、QQ）进行了明确的区分，以迎合人们社交对于“生人 / 熟人”进行分类的需求。

第四节　“半熟社会”的尴尬

我们已经知道，汉文化中“生人 / 熟人”分类的重要性，以及它在人们的社会关系实践中所具有的枢纽性地位。作为人们致力于建构、维系和经营社会人际关系的各种实践活动的基本逻辑，“生人 / 熟人”的分类庸俗不堪却很实际，它时不时会出现破绽，却又根深蒂固。在较小规模的乡土“熟人社会”和超大规模的现代都市社会亦即“陌生人社会”，虽然其适用性、适用的范围和程度、频次等均存在较大的差异，但这个逻辑本身却具有顽强的生命力，它时而通行无阻，时而和现代社会的公共性发生抵触乃至严重的冲突，时而也凸显出其难以维系和捉襟见肘的尴尬。

列维 - 斯特劳斯生前曾多次访问日本，他在日本的一次讲演中曾经指出：“村落也好，城市也好，极其普通的民众——例如，被日本著名的人类学家柳田国男称之为‘常民’的人们——的社会生活，只要是建立在个人的相互联系和家族纽带、近邻交往的基础之上，一言以蔽之，只要口承传承在其中依然有效的小规模传统性的世界仍得以存续，那它就会是人类学的研究对象。”[①] 基于上述立场，我们在这里讨论的“生人 / 熟人”分类及其相关的问题，也正是文化人类学的中国研究所不应该回避或轻视的。

我认为，个体在日常生活中对于“生人”和“熟人”的具体分类，其在“生人 / 熟人”之间的拿捏、分寸感和礼尚往来等人际关系活动，均不外乎是一种社会文化的实践，它不只关系到对于利害的追求或规避，实际上还有价值观、充实感和幸福观之类的寓意及感受被包含在内。我们对汉人社会中的“生人 / 熟人”分类，以及对运作于“生人 / 熟人”之间的人际关系实践的描述性分析，较多地强调了其工具性或功利性的一面，但要想更加全面地理解汉人社会及文化，还应该加强和补充对其价值论（例如，亲情、友情等）的深入探讨，这就要求研究者对于那些具体的人际关系实践者的表述或解说予以足够的重视，尤其是在“熟人”范畴的较宽幅度之内，人们的社交经验中涉及价值和情感的部分也应该得到必要的关注。

无论如何，生活在至爱亲朋密切互动的“熟人”圈子之内，或许仍是大多数普通的汉人所确信的人生幸福之一。但仅以此来理解当代的汉人社会已经远远不够了，虽然诸如“生人 / 熟人”或“公德 / 私德”之类的二元对立逻辑仍难以抹杀，但我们也不难发现，“通过关注日常生活中人们对其模糊化的

---

① レヴィ＝ストロース：『レヴィ＝ストロース講義—現代世界と人類学』（川田順造、渡辺公三訳），平凡社，2005 年 7 月，第 34 頁。

各种方式，可以使它们变得不那么重要，也不用那么想当然”[1]。

不仅男人、女人，作为个人可能会有“半生半熟”的状态，需要持续地处在从“生”到“熟”的成长过程，一个族群、一个组织或集团、一个社会，也都有可能处于“半生不熟”的状态，亦即都有可能处在从“不成熟”朝向“成熟”的进化、进步或文明化。以中国社会为例，虽然经由近些年“交通革命”的成就，可以说已经进入到了“汽车社会”，但是，鉴于道路交通法规被太多的民众所无视和轻视，每年因为交通事故的频繁发生而导致无数多的人间悲剧，同时也鉴于“中国式过马路”、“中国式拥堵”，以及交通违法处置过程中“潜规则”的横行，眼下我们还只能说中国尚是一个“不成熟”亦即“半熟”的汽车社会（图 14）。

图 14　漫画：潜规则（王俊平绘）

① 〔美〕冯珠娣：《饕餮之欲——当代中国的食与色》（郭乙瑶等译），凤凰出版传媒集团、江苏人民出版社，2009 年 3 月，第 54 页。

另外一个使很多人感到触目惊心而又似乎无解的案例，便是倒地老者无人敢扶这一当下中国社会的“经典场景”（图15），它的反复上演非常明确地显示出在中国社会急剧变迁的进程之中，一般公众之间彼此尚缺乏最为基本的信任。因为不是“熟人”，似乎可以袖手旁观；因为是“生人”，去扶助或救助除了需要勇气，还需要有第三者作为见证。在诸多类似的“不完善”普遍存在的社会里，公众自然就会处于大范围的极度焦虑状态。有一种评论说，中国社会已经或正在从传统的、乡土的、地方性的“熟人社会”，迅速地朝向现代的、都市的、超越地方性的“陌生人社会”转变[①]，由此，

——帮我作个“见证”，“老人摔倒不关我的事”

图15　漫画：帮我做个见证（来源：《人民日报》）

① 白天亮：“中国从‘熟人社会’到‘陌生人社会’”，《人民日报》2011年9月22日。

才引发了太多的焦虑和困扰。人们一方面处处提防“陌生人”，另一方面却又渴望不期而遇的邂逅；一方面抱怨人情冷暖、世态炎凉，另一方面却又对身边的“熟人”甚或家人漠不关心、熟视无睹；有时仍会不无投机地试图将那些可能有用的陌生人“熟化”。这种种纠结，均显示出我们正处在一个人际关系缺乏彼此信任的“半熟社会”。

民俗学家吕微教授提示的那个被鲁迅先生在差不多一百年前所记录的“一件小事”（其实是鲁迅1919年创作的一篇短篇小说），亦即“车夫”遇见被鲁迅认为有可能是“碰瓷”的陌生的“老女人”，并给她以帮助的事情[①]，确实和上述容易被怀疑为老人“碰瓷”的“经典场景”何其相似。由此出发，吕微教授展开的对于“陌生人原则”和“熟人原则”的归纳及其现象学分析[②]，令我印象深刻并很受启发。这里所谓的“熟人原则”，通常是指产生于“熟人共同体”的为人处世之道；而所谓的“陌生人原则”，通常是指产生于“陌生人社会”的待人接物之理，但吕微教授分析道：如果说前者是来自经验、是具有后天起源的“经验性知识”，那么，后者则是先行于经验、独立于经验，并不全都是从经验起源的“先验知识”，因为既然是和“陌生人”打交道，就不可能有与“陌生人”打交道的过往经验。他以那件“小事”为例指出，这种“哈姆雷特式”的两难问题（扶，还是不扶）

---

① 鲁迅：“一件小事”，鲁迅：《呐喊》，人民文学出版社，1973年3月。

② 吕微：与陌生人打交道的心意与学问——在乡愁与大都市梦想之‘前’的实践民俗学”，萧放、朱霞主编：《民俗学前沿研究》，商务印书馆，2018年3月，第128—159页。

在“熟人共同体”当中一般难得发生，而常见于现代“陌生人社会”也并不奇怪。但重要的是，吕微教授由此推论出来一个“真正的陌生人原则”，一个不可能起源于经验性知识，且只能是“先于”“熟人共同体”和“陌生人社会”的“真正的陌生人原则”，因为它是发源于自由主体之间的平等人格之自由意志的先验知识。换言之，在源于“经验性知识”的“熟人原则”和“陌生人原则”之外，先验地存在着作为先验知识的纯粹先验原则的“真正的陌生人原则”，而这一点经由那位“车夫”的实践和鲁迅先生的觉悟已经被证明。我相信“真正的陌生人原则”是可以超越“经验性”相关原则的纯粹之爱，也非常认同在从立足于“熟人原则”的“熟人共同体”进步为立足于（真正的）“陌生人原则”的“陌生人社会”的逻辑与历史进程中，用（真正的）“陌生人原则”而不是用“熟人原则”回答这个“哈姆雷特式”两难问题（亦即选择“扶”），才是正确、有勇气和道德的。不过，由于本书讨论的主要还是“经验性”的“生人/熟人”问题，因此，在这里我们需要暂且把吕微教授的理想主义“目的王国”悬置起来，以便重新回到“经验性”民俗知识的层面上来。

无论是“熟人社会”、“陌生人社会”，还是“半熟社会”，对于这些理念型的归纳，从本书的主题来看，应该是可以构成一个系列，才可以有更强的解释力。当费孝通在《乡土中国》中提示“熟人社会”这一范畴时，就已经意味着与之构成对应的“陌生人社会”的存在意义；现在，我们不妨再用“半熟社会”的范畴，来为这个系列的理念型做出一点补充。“半熟社会”也有很多值得去深入研究的价值，它甚至也有很多全新的可能性。例如，现代社会里素未谋面的“陌生人”，却可以因为“微博”、“微信”、“朋友圈”而彼此了解或单向关注；然而，一旦到了失联的线下，却又维持陌生无关的状态。这种既熟悉又陌生的人际关系，亦即经由移动互联网社交应用而构成的新型人际状态，确实堪称是一种“半熟社会”[①]。“半熟社会”这个概念，据说最初是由北京大学新闻与传播学教授刘德寰先生提出来的，他采用这个概念试图去揭示在全新的“移动社交时代”，完全可以形成“熟人”与“陌生人”并存的社交关系，正如微信“朋友圈”已经证实了的那样，在这些“朋友圈”里，“半熟”不仅是一种社交状态，甚至也可以是一种生活方式。的确，以互联网和智能手机为媒介，“半熟人”彼此的交流以及由此确立的“半熟社会关系”，现实地存在着很多全新的可能性。

如果将“半熟社会”里的成员，均视为是“半熟人”，那么，我们很容易就能联想到社会学里时不时会提到的那个“熟悉的陌生人”（familiar stranger）概念，且不妨将其理解为“夹生人”。如果“夹生人”是指那些时不时能够见面，却彼此几乎没有交流的人们（例如，公交车司机、送牛奶的、新闻派送员、大学公共课的老师等），那么，“半熟人”则正好相反，它是指几乎不用、不能或不需见面，但彼此之间却有很多交流实践的人们。无论是“半熟人”还是“夹生人”，人们社交的这种中间状态，都是很难只以“熟人社会”或“陌生人社会”的原理所能够分别予以解释的，也因此，对于“半

① 匡冬芳：“半熟社会”，《IT 经理世界》2011 年第 19 期。

熟”、“夹生”状态的探讨也就显得尤为重要和必要了。

讨论：“熟人社会病”与公共性的成长

改革开放以来，中国出现了人口的大流动、大迁徙，往日的乡土“熟人社会”或大面积萎缩，或日趋解体，与此同时，规模巨大的“陌生人社会”伴随着市场经济、城市化和新的信息时代的到来，正在一天天地成为现实。对基于“生人/熟人”分类的人际关系逻辑的固守，已经并将越来越和充斥着“陌生人”之现代社会的公共性追求格格不入，甚或背道而驰。显然，这已经成了“我们现代社会的阻碍”[①]。

在珠江三角洲（例如，新塘镇），长期以来对“本地人”与“外地人”之分野的固执和人为强化，已经在持续地生产着新的社会排斥，并在近年不断地引发着群体间的冲突。乍看起来，这是地域歧视和利害关系的冲突，但若深究起来，却还与“生人/熟人”的分类不无关联。无论是“本地人”，还是“外地人”，双方都习惯性地因循着“生人/熟人”分类的逻辑，前者虽然已经实现了城镇化，却依旧维持着“熟人社会”的规矩，并通过拒斥外来“生人”而获得优越感，甚或人为地建构社会排斥，以维系和促使本地“熟人社会”的利益最大化；后者面对陌生的环境，则自然倾向于通过“同乡”等熟人关系建构互助关系网络[②]，谋求在异乡的生存和

① 费孝通：《乡土中国》，第5页。

② 张继焦：《城市的适应——迁移者的就业与创业》，商务印书馆，2004年5月，第67页。

发展，必要时也因此而团结一致地抵抗来自“本地人”的歧视。那么，能否在双方共同却又对峙的逻辑之上形成新的公共性呢？显然，这才是地方政府的社会治理所面临的最重要的课题。

事实上，中国社会中腐败的常见情形或基本策略，不外乎是把政府官员“熟人化”，甚至“拟亲属化”（称兄道弟、认干亲），从而为“我”所用。一方面是权力寻租，另一方面是利益围猎，其间的运作不外乎“生/熟”之间。以中国庞大的建筑工程市场为例，正是由于“熟人圈子”的串标、围标行为导致“潜规则”横行，涉及招投标领域的违法、违规大案要案层出不穷①。即便是在2011年11月通过了《中华人民共和国招标投标法实施条例(草案)》之后，人们对于是否能够确立起相关的规矩，对于实际上肆无忌惮地由各地的“熟人”圈子(成员可能包括招标方、专家评审委员会成员、有资质的投标企业、招投标中介机构等)通过暗箱操作，违规、违法操控招投标串标或围标的“惯习”能否得到有效抑制和打击，并没有多少信心。尽管此类操作低级、庸俗，令人不齿，但它即便是在大学的研究生招生、组织部提拔干部、学术界的评奖，那些看起来高大上的领域里，依然是屡试不爽。

由于“熟人”圈子的逻辑如此根深蒂固，也由于它们对于公共体系的蚕食和腐蚀几乎无法阻断，因此，在日常生活当中，比起对于公共体系的信任、依赖和借重，很多人更倾

① 陈国洲：“熟人圈子串标围标呈五特征：招标人量身招标”，《经济参考报》2011年12月8日。

向于选择向“熟人”寻求帮助和支持。长期以来，中国公共体系和服务行业的通病及痼疾之一，是对“熟人”眉开眼笑，对“生人”冷眼相对；若是为“熟人”办事，就很容易放弃原则和手续，甚或任意替“熟人”作主，滥用其信任，对“生人”则不理不睬，甚或横加刁难。所谓服务态度不好，其实是以对人的“生/熟”分类为基础的。在中国，就连机关“单位”某种程度上也是“熟人社会”[①]，以至于很多毫无原则的言行甚或腐败窝案，时不时就突破了底线。公共性在“熟人”关系网络无所不在、无比坚韧并蔓延无边的汉人社会里，就会显得分外脆弱。以“私德”和个人利益为基本价值导向的“熟人”关系逻辑，每时每刻和在所有的层级与场景均发挥着影响，并侵蚀着公共体系的规则和公权力的公信力。

显而易见，中国社会当前很多不正常的现象，正是从所谓“熟人社会病”延伸而来的。如何才能够在中国真正确立起无论“生人”、“熟人”均应一视同仁的新的商业道德、工作伦理、服务精神、政治文化，进而推动致力于共同幸福的市民社会中公共性的不断成长，这恐怕还需要走过很漫长的道路。现代都市的“陌生人社会”和国民国家迈向“成熟”的进程，均要求逐渐确立公开、公平、公正、平等的公共性原则，形成以对所有人的非差别均质性的尊重为前提的社会结构原理。但是，“生人/熟人”分类的逻辑和机制却显然内涵着对于人的差别对待，因此，如何把它局限

① 李汉林：“关于中国单位社会的一些议论”，载潘乃谷、马戎主编：《社区研究与社会发展（下）》，天津人民出版社，1996年8月，第1151—1184页。

于私人、私德和私生活的层面，而使之和公共性、公德及社会公共领域相区隔，换言之，“熟人”关系逻辑如何与“陌生人社会”的公共性相协调，将会是中国社会长期备感困扰的焦点性话题。

第四章　汉文化对周边异族群的“生 / 熟”分类

如同把自己社会里的人分为“生人 / 熟人”一样，汉人社会在对周边少数民族进行分类时，那个“生 / 熟”分类的逻辑往往就会起作用。尽管带有一定的以自我为中心的价值判断，但对周边不同族群的“生 / 熟”分类，还是反映了汉人社会及文化里的人们，依然是按照从近到远、从亲到疏、从“熟悉”到“陌生”的逻辑推演，去整理所面临的多样化和多族群的“世界”秩序。

大体上，我们可以把在中国上古历史中发明和使用“汉字”的族群，视为是后来汉民族的前身华夏族，由此，再根据汉文献的典籍记录，就可以追溯到华夏族人最早的异族群分类以及对异族群进行“生 / 熟”分类的起源。

第一节　“五方之民”的“天下”结构

早在甲骨文中就有了“× 方”、“四方”以及东、南、西、北和中央等五个方位的概念，其中“方”有时候不仅是指方位，它往往也和与殷王朝发生关系的“邦”、“国”有关[①]，例如，有所谓“虎方”、“鬼方”、“人方”、“多方”等，亦即后来所谓的“方国”、“邦国”。这些“方”相对于“商”而言，多是一些异民族的集团或部落，因此，“四方”便是和“中土”相互对应的“他者”，是位于边缘的异民族之“他”、之“异”，其与“中心”的同宗之“夏”（诸夏）构成了对应的关系。应该说殷商王朝的政治中心地位，在某种意义上，正是通过对周边诸“方”的界定而得以突出和获致确认的[②]。《诗经·商颂》：“昔有成汤，自彼氐羌，莫敢不来享，莫敢不来王，曰商是常。”这意味着周边的异族群必须服从作为“中心”和“正统”王朝的商，在此，“享”的意思就是进献、进贡，也有人说它是指捧着煮熟的食物进行祭祀的指事文字，“莫敢不来享”的意思是说周边的异族群都要前来参加商举行的祭祀典礼[③]。显然，此类“四方”的概念，总是和“中心”的象征性密切相关的。

周朝继承了“四方”及“中心”的观念，例如，在《诗经》的《大雅·下武》中有“四方来贺”的说法，在《大雅·江汉》中有“经营四方”、“四方既平”的说法。所有这些都意味着商周时期的华夏族人对于周边异族群的特别关注。尤其是到了周王朝时期，“四方”这一概念还进一步具备了“天下”

① 〔英〕艾兰：《龟之谜——商代神话、祭祀、艺术和宇宙观研究》（汪涛译），四川人民出版社，1992 年 8 月，第 92、108—111 页。

② 王爱和：《中国古代宇宙观与政治文化》（金蕾、徐峰译），上海古籍出版社，2011 年 11 月，第 47—48 页。

③ 王柯：《民族与国家——中国多民族统一国家思想的系谱》，中国社会科学出版社，2001 年 4 月，第 8 页。

的含义，它指天命所及，已逐渐地发展成为服从于“中心”，并和“中心”在性质上可以相互通达的一种政治地域的范畴。周人热衷于征讨“四方”，就是要把“四方”之民纳入“中心”的政体之内，令其成为周天子的子民。金文中屡屡出现的征讨“四方”的记录（例如，史墙盘、大盂鼎等），都说明周王朝的目标是要建立一个“四方”接受由“中心”制定的规则和秩序的“天下”政治体系①。

在先秦文献中屡屡出现的“蛮”、“夷”、“戎”、“狄”等范畴，慢慢地和各自所在的方位相结合，于是，就形成了华夏族人较早的异族群分类，亦即基本上是按照“方位”来确定，华夏居中，四周各个方位均有异族群分布。《孟子·尽心下》：“国君好仁，天下无敌焉。南面而征北狄怨，东面而征西夷怨。曰：奚为后我？”到了春秋战国时期，逐渐地便出现了“五方之民”的说法：“东夷”、“西戎”、“北狄”、“南蛮”和“中国”，这种以方位来区分不同族群的分类，在中国历史上源远流长且根深蒂固，它不仅是“自发”的华夏中心主义的表现，后来还成为所谓“中华思想”的渊源之一，甚至成为中国文明的核心价值理念，亦即所谓大一统“天下观”理念的重要组成部分②。

关于上古中国的族群分布及其历史，傅斯年有“夷夏东西说”，易华有“夷夏先后说”，无论哪一种见解，都承认夷夏之间的边界原本是暧昧而又富于流动性的，并不是从一

① 王爱和：《中国古代宇宙观与政治文化》（金蕾、徐峰译），第 87—89 页。

② 周星：“古代汉文化对周边异民族的‘生 / 熟’分类”，《民族研究》2017 年第 1 期。

开始就那么僵硬和固化。潘光旦曾经指出，“诸夏初起时，夷夏杂居，周即其例，故夷夏之分不严，而地域远近之分，则为一必须顾到之事实。唯其不甚分夷夏，而只分远近，斯他族得进而为夏，以至为汉。此中国民族史上一大关键。”[①]如果说夏商周三代主要是“夷”“夏”争斗与相互交流、彼此互化转变的时代，那么，到了春秋战国时期，“五方”格局初步形成，慢慢地就有了文明的“中心”和“边缘”，于是，中心的“夷”成为“诸夏”，周边的族群则成为“四夷”和海外异民族；进一步，“诸夏”是为“君子”，而“四夷”则为“野人”，应该说此种“天下”“五方”的空间格局认知，随后促成了对于异族群的偏见[②]。

《诗经·大雅·民劳》：“惠此中国，以绥四方”。可知“中国”和“四方”从一开始就是一组对称的概念。“四方”和“中心”形成为一个结构的整体，王朝的政治中心通过“四方”来定义，由此便出现了一个多层次的宇宙观。这意味着四方之民和华夏的空间位置关系，亦即边缘和中心，同时也蕴含着“天下”秩序的地位层级关系；四方之民和华夏，很自然地既是地理上的“远近”关系，同时也是“文明”教化之程度深浅的关系。虽然在春秋时期曾经较为强调“夏夷之防”，但到了战国时期，便已经进一步形成了“中国”和“四夷”的“五方之民”共为“天下”、同居“四海”的整体观念[③]。

---

① 潘光旦编著:《中国民族史料汇编》，天津古籍出版社，2005 年 2 月，第 142 页。

② 易华：《夷夏先后说》，民族出版社，2012 年 4 月，第 70—71 页。

③ 费孝通主编：《中华民族多元一体格局（修订本）》，中央民族大学出版社，1999 年 9 月，第 220、223 页。

夏商周三代及至春秋战国，华夏族人对于异族群的认知，既有基于“我群”和“他者”之间区别的“夷夏之辨”，又有对“夷”“夏”之间互相交流变通的认可。《孟子·滕文公上》：“吾闻用夏变夷者，未闻变于夷者也。”这意味着从“夷”变“夏”的可能性与单向性。正如潘光旦指出的那样，“用夷变夏则贬，当是春秋原则之一”，“迟至春秋，‘诸夏’虽已渐具一致之形势，凡在诸夏者虽坚持‘用夏变夷’之原则，变则进之，不变或已变而又沦为夷者，则退之——反复曲折，尚甚多也。”[①] 如此，使用汉字的华夏族群集团亦即“诸夏”便不断地向四周扩展开来。《管子·小匡》：“故东夷、西戎、南蛮、北狄、中诸侯国，莫不宾服”，这是把“四方”配以“四夷”，反映了“诸夏”居中的宇宙观。更加明确地反映了当时的异族群“方位”分类思想的，则以《礼记·王制》的表述最为典型和完整：

> 中国戎狄，五方之民，皆有性也，不可推移。东方曰夷，披发文身，有不火食者矣。南方曰蛮，雕题交趾，有不火食者矣。西方曰戎，披发衣皮，有不粒食者矣。北方曰狄，衣羽毛穴居，有不粒食者矣。中国夷蛮戎狄，皆有安居，和味，宜服，利用，备器，五方之民，语言不通，嗜欲不同。达其志，通其欲：东方曰寄，南方曰象，西方曰狄鞮，北方曰译。

《礼记·王制》的“五方之民”之叙事，后来在很多其

① 潘光旦编著：《中国民族史料汇编》，第 143 页。

他文献中屡被沿用，并对秦汉以后历代王朝的异族群表述（例如，正史边裔传中的“民族志”等）产生了深远的影响。在司马迁的《史记》中，“四夷”一词反复出现，说明它已经成为一种固定化的规范性用语。有学者指出，在此种“五方之民”的叙事中，隐含着“中国”叙事者的天下认知图式①。我们从《礼记·王制》的上述表述，可以读取许多重要的信息。一是华夏居于“天下”之中的理念。二是在对“四方”之民进行分类时，古华夏族人很早就注意到了周边异族群的文化各有特点，很早就意识到了其文化和华夏文化的差异。其中，东夷和南蛮均有“不火食”的记载，也就是指其“生食”，而对于西戎和北狄，则有“不粒食”的说法，这主要是指他们并非农耕民族，故不吃五谷，而是以肉食为主。这乃是从饮食文化方面，意识到了“中国”和四方“夷蛮戎狄”之民的区别。此外，还有发型、服饰、居住等方面的区别。对于四方之民亦即“四夷”的关注，不大在意其种族和血统，而是较为在意其生活方式和文化，这可以说是中国自古以来汉文化异族观的特点之一。三是虽然“五方之民”的文化各异，语言不通，但彼此之间却是可以通过互译而沟通与交流的。仅从这段文字里，虽然尚不大看得出来华夏族人明显的文化优越感，但若是和其他文献相互参照，则不难发现四方之民“不火食”、“不粒食”的习俗，在某种意义上，都是有可能成为华夏族人建构本文化优越感，并把周边异族群说成是

---

① 唐启翠：“‘五方之民’叙事中的空间模式再探——以《礼记·王制》为中心”，《湘潭大学学报（哲学社会科学版）》2008年第6期。

尚处于野蛮、未开化状态的依据。由此可知，华夏族人很早就把从“生食”到“熟食”的发展，看作是文明开化的重要环节，而这种观念从先秦一直延续到了后世的明清时代。

应该指出的是，在后来的历史上，伴随着汉文化对于异族群的“生/熟”分类而展开的诸多对应关系及其言说论述，诸如“中心”和“边缘”、“远近”、“内外”、“先后”、“本末”、“贵贱”、“上下”、“德刑”之类的范畴，大都是早在春秋战国、秦汉时期，就已经基本上形成了。例如，《春秋公羊传》所谓“《春秋》内其国而外诸夏，内诸夏而外夷狄”，这是把鲁国和周王畿视为天下的核心，再依次为华夏诸国、夷狄，这可以说是一个中心和边缘的（内外）结构、从内到外依次推演的同心圆三圈学说。类似的还有像《史记·天官书》里提到的“内冠带，外夷狄”等等。这一类表述，与后来的族群“生/熟”论，其实是互为表里的关系。此种自我中心主义的思想，当然也很容易和“本末”说形成同构关系，再进一步，这些观念又和历代中原王朝的民族政策中所谓的德刑并举、恩威兼施、怀德柔远、文德来远等思想一脉相通。《左传》僖公二十五年：“德以柔中国，刑以威四夷”，说的就是统治者内外有别、区隔对应的思路。《汉书·宣帝纪》：“圣王之制，施德行礼，先京师而后诸夏，先诸夏而后夷狄”，论说的则是施行德政的先后顺序。

除了在《礼记·王制》中曾将“不火食”列为东夷和南蛮的文化特点之外，秦汉时期更多的文献，诸如《礼记·礼运》《白虎通义·号》《论衡·齐世》《古史考》等等所描述的“茹毛饮血”，一般都是指称中原华夏族远古的生活情景，而尚未见到以它来论述周边异民族的用例。潘光旦在20世纪60年代曾经仔细地整理和摘录了《史记》《左传》《国语》《战国策》《汲冢周书》《竹书纪年》《资治通鉴》（汉武帝征和二年之前）等古代文献中的“民族史料”，确乎没有发现在这些文献里有对于异族群进行“生”、“熟”分类的史料。这意味着在秦汉及之前一个颇长的历史时期内，“生/熟”的分类并没有马上被直接地应用到对于异族群的分类之中。就笔者目前检索的史料而言，秦汉时期及以前的历史文献，不见将“生”赋予异民族之“不驯服”之类涵义的用例，至于后世所谓“熟胡”、“熟蛮”之类的“熟”，也基本上不见于秦汉时期的文献之中，唯有个别涵义较为近似的表述，例如，“归义”。因此，我们可以推测，秦汉时期，汉文化尚未形成对周边异族群的“生/熟”分类，这一分类在中国历史上，大约是起源于魏晋南北朝时期，到唐宋及其之后逐渐普及；明清时期则进一步泛化，并最终形成为一种有关民族关系的颇为固定的分类与言说模式。

第二节 “生蛮”、“生獠”、“生胡”以及生、熟吐浑

《史记·吕太后本纪》之“集解汉书百官表”曰：“典客，秦官也，掌诸侯、归义蛮夷也”。《汉书·百官公卿表》：“典客，秦官，掌诸归义蛮夷，有丞”。《史记·滑稽列传》有“远方当来归义”的说法；《史记·南越列传》有“归义越侯”的记载；《汉书·赵充国传》提及“诸降羌及归义羌

侯杨玉”；《汉书·匈奴传》：“今单于归义，怀款诚之心”。1953年在新疆沙雅县于什格提古城遗址曾出土过“汉归义羌长”篆文铜印，而在敦煌悬泉出土的汉简中又发现有“汉归义羌人册”，经由古籍、汉简和汉印的相互印证可知，“归义”确实是西汉王朝对周边一些归降朝廷、接受册封之异民族酋长的表彰性称谓，其中内涵着以我为“义”为“善”、鼓励和肯定异民族归顺的价值判断[①]。1973年在青海省大通县上孙家寨村汉墓出土的“汉匈奴归义亲汉长”铜印[②]、现藏陕西省博物馆的传世国家一级文物“晋归义羌王”金印、现藏甘肃省博物馆的“魏归义氐侯”金印、现藏上海博物馆的“晋归义氐王”金印、现藏内蒙古博物馆的“晋鲜卑归义侯”金印和“晋乌丸归义侯”金印，以及在甘肃省西和县出土的“晋归义羌侯”等等，证明“归义匈奴”、“归义羌”、“归义氐”、“归义鲜卑”、“归义乌丸”等，的确都是实有所指，此类附加“归义”的褒奖性称谓一直沿用到了魏晋时期。[③]

后汉时期时又有所谓“善蛮”。《后汉书·南蛮西南夷列传》：“又零陵蛮羊孙、陈汤等千余人，着赤帻，称将军，烧官寺，抄掠百姓。州郡募善蛮讨平之。”这里所谓的“善蛮”，大概也就相当于更晚一些的后世所说的“熟蛮”。大约自南北朝时期起，伴随着多民族的大融合进程，文献记录中“生

---

① 萧之兴：《试释“汉归义羌长”印》，《文物》1976年第7期。

② 许新国：《大通上孙家寨出土“汉归义匈奴亲汉长”铜印考说》，《青海社会科学》1989年第4期。

③ 本章所引廿四史和《清史稿》系中华书局在新中国成立后出版的绿皮、平装的初次点校本；所引《新元史》采用吉林人民出版社1995年版。

蛮”、“生獠”、“生羌”、“生胡”诸词，频繁地见于正史。《宋书·沈庆之传》：“庆之引军自茹丘山出检城，大破诸山，斩首三千级，虏生蛮二万八千余口，降蛮二万五千口，牛马七百余头，米粟九万余斛。”《宋书·夷蛮传》：“轨子爽归国，奴子亦求内附，随王诞又遣军讨沔北诸蛮，……蛮悉力距战。军以具装马夹射，大破之，斩首二百级，获生蛮千口，牛马八十头。”《魏书·尔朱荣传》：“仍出鲁阳，历三荆，悉拥生蛮，北填六镇。”《北齐书·元景安传》：“管内蛮多华少，景安被以威恩，咸得宁辑，比至武平末，招慰生蛮输租赋者数万户。”《北史·赵煚传》：“议者皆劝煚益修守御，煚不从，乃遣使说诱江外生蛮向武阳，令乘虚掩袭南乡所居，获其父母妻子。”（亦见《隋书·赵煚传》）《隋书·梁睿传》：“计彼熟蛮租调，足供城防仓储。”《旧唐书·窦群传》：“在黔中属大水坏其城郭，复筑其城，征督溪洞诸蛮。程作颇急，于是，辰、锦生蛮乘险作乱，群讨之不能定。”《旧唐书·地理志》：“贞观十二年，清平公李弘节遣龚州大同县人龚固兴招慰生蛮，置笼州”（亦见《新唐书·地理志》）；“贞观十二年，清平公李弘节开拓生蛮，置环州，以环国为名。”《新唐书·南蛮》：“安南有生蛮林睹符部落，大历中置德化州，户一万。”《宋史·蛮夷列传》：“丁谓等言，高州义军务头角田承进等擒生蛮六百六十余人，夺所略汉口四百余人”；“元丰八年，湖北转运司言辰州江外生蛮覃仕稳等愿内附”。又：“旧通湖北渠阳军，置融江砦及文村、临溪、浔江堡，后以地隔生蛮，遂废”。《宋史·孟珙传》：“又遣杨鼎、张谦往辰、沅、靖三州，同守倅晓谕熟蛮，讲求思、播、施、黔支径，以图来上。”《元史·文宗本纪》：“四川行省招谕怀德府驴谷什用等四洞及生蛮十二洞，皆内附，诏升怀德府为宣抚司以镇之。”从上述正史文献来看，当时在多数情形下，“生蛮”一词并不和“熟蛮”之称相对举；“熟蛮”一词除《隋书·梁睿传》和《宋史·孟珙传》中的用例之外，远少于“生蛮”的用例，由此不妨推测，“熟蛮”之说要晚起于“生蛮”。

“生獠”一词，亦较早地见于南北朝时期。《魏书·獠》：“朝廷以梁益二州控摄险远，乃立巴州以统诸獠。后以巴酋严始欣为刺史。又立隆城镇，所绾獠二十万户。彼谓北獠，岁输租布，又与外人交通贸易。巴州生獠，并皆不顺，其诸头王每于时节谒见刺史而已。”（亦见《北史·獠》）《北史·李弼传》：“建德元年，出为梁州总管。时渠、蓬二州生獠积年侵暴，至州绥抚，并来归附。”《北史·赵刚传》：“沙州氐恃险逆命，刚再讨复之。方州生獠，自此始从赋役。”（事亦见《周书·赵刚传》）《北史·文思传》：“党项羌叛，文思又讨平之。进击资中、武康、隆山等生獠及东山獠，并破之。”《北史·獠》：“天和三年，梁州恒棱獠叛，总管长史赵文表讨之。……为恶者讨之，归善者抚之，善恶既分，易为经略。……时有从军熟獠，多与恒棱亲识，即以实报之。恒棱獠相与聚议，犹豫之间，文表军已至其界。獠中先有二路，一路稍平，一路极险。俄有生獠酋帅数人来见文表曰：‘我恐官军不识山川，请为乡导’。文表谓之曰：‘此路宽平，不须导引，卿但先去，好慰喻子弟也’，乃遣之。文表谓其众曰：‘向者獠帅，谓吾从宽路而行，必当设伏险要。若从险路，出其不虑，獠众自离散矣。’”（事亦见《周书·李弼传》）这大概是首次将异族群做明确的“生/熟”分类，亦即将“生獠”和“熟獠”相并置对举的历史文献，对其予以区别对待的寓意也特别明显。

《旧唐书·文宗本纪》：“己酉，安南奏：蛮寇寇当管金龙州，当管生獠国、赤珠落国同出兵击蛮，败之。”《旧唐书·韦云起传》：“云起又营私产，交通生獠，以规其利，轨亦对众言之，由是构隙，情相猜贰。”《新唐书·地理志》：“思邛，开元四年开生獠置。”《旧唐书·地理志》：“周宣政元年，信州总管、龙门公裕，招慰生獠王元殊、多质等归国，乃置费州，以水为名。”“城乐，武德四年，山南道大使赵郡王孝恭招慰生獠，始筑城，人歌舞之，故曰城乐。”“绥山，隋招致生獠，于荣乐城置绥山县，取旁山名也。”“罗目，麟德二年，开生獠置沐州及罗目县。”“严道，汉县，属蜀郡。晋末大乱，夷獠据之。后魏开生獠，于此置蒙山郡，领始阳、蒙山二县。”“卢山，在县西北六十里章卢山下，有山硖，口开三丈，长二百步，俗呼为卢关。关外即生獠也。”“雅州都督一十九州，并生羌、生獠羁縻州，无州县。”“黎州，统制五十四州，皆徼外生獠。”“江安，汉江阳县地。晋时，生獠攻郡，破之，又置汉安县。”“薛州，仪凤二年，招生獠置。”“鸡川、昭德二县，开生獠新置。”“归顺，圣历二年，析玛陧置，以处生獠也。”“严州，秦桂林郡地，后为獠所据。乾封元年，招致生獠，置严州及三县。”“福禄州，土俗同九真郡之地，后为生獠所据。龙朔三年，智州刺史谢法成招慰生獠昆明、北楼等七千余落。”《新唐书·地理志》：“先天元年，析翼水县地开生獠置，本隶悉州，天宝元年隶翼州。”“昭德，……显庆元年开生獠置，隶悉州，天宝元年隶翼州。”“严州循德郡，乾封二年招致生獠，以秦故桂林郡地置。”“福禄州唐林郡，本福禄郡，总章二年，智州刺史谢法成招慰生獠昆明、北楼等七千余落，以故唐林州地置”。“萨州黄池郡，仪凤二年招生獠置。”“晏州罗阳郡，仪凤二年招生獠置。”“安南经交趾太平，百余里至峰州。又经南田，百三十里至恩楼县，乃水行四十里至忠城州。又二百里至多利州，又三百里至朱贵州，又四百里至丹棠州，皆生獠也。”《新唐书·南蛮》：“贞元中，嘉州绥山县婆笼川生獠首领甫枳兄弟诱生蛮为乱，剽居人，西川节度使韦皋斩之，招其首领勇于等出降。”“显庆三年，罗、窦生獠酋领多胡桑率众内附。”上述诸多记述，仍多是以“生獠”一词单独出现，而不见“熟獠”与其对应，可知《北史·獠》和《周书·李弼传》中将“生獠 / 熟獠”予以对举的情形尚属孤例。

《北史·稽胡》：“保定中，离石生胡数寇汾北，勋州刺史韦孝宽于险要筑城，置兵粮，以遏其路。”《北史·韦孝宽传》：“汾州之北，离石以南，悉是生胡，抄掠居人，阻断河路。孝宽深患之，而地入于齐，无方诛剪。欲当其要处，置一大城。乃于河西征役徒十万，甲士百人，遣开府姚岳监筑之。”历史上有关“生胡”的记载并不多见，后来也没有延伸出“生胡”和“熟胡”的概念组合。

《旧五代史·太祖纪二》：“诏移生吐浑族帐于潞州长子县江猪岭。”《旧五代史·明宗纪七》：“癸卯，北京奏，生吐浑内附，欲于岚州安族帐。”《旧五代史·李嗣本传》：“九年，周德威讨刘守光，嗣本率代北诸军、生熟吐浑，收山后八军，得纳降军使卢文进、武州刺史高行珪以献。”又《旧五代史·安重荣传》：“臣昨据熟吐浑节度使白承福、赫连公德等，各领本族三万余帐，自应州地界奔归王化。续准生吐浑并浑葜苾两突厥三部落，南北将沙陀、安庆、九府等，各领部族老小，并牛羊、车帐、甲马，七八路慕化归奔，俱至五台及当府地界已来安泊。”（事亦见《新五代史·安重荣传》）《新五代史·四夷》：“初，唐以承福之族为熟吐浑。长兴中，又有生吐浑杜每儿来朝贡。每儿，不知其国地、部族。至汉乾祐二年，又有吐浑何戛剌来朝贡，不知为生、熟吐浑，盖皆微，不足考录。”“吐浑”为“吐谷浑”之简称，从上述这些文献可知，“生 / 熟”吐浑曾经是较为常用的一组称谓，一般是把那些和汉人发生了较多融合的吐谷浑部众称之为“熟吐浑”[①]。

历史上对于内附的异族群或新拓地区的异族群，诸如所谓“生蛮”、“生獠”、“生胡”和“生吐浑”等，往往不会马上就称其为“熟”，因为除了同化他们尚需时日，还可能由于汉人以“熟”自居。“生”在此乃是一个我群对于“他者”的描述性称谓。对于那些被视为“生”的异族群，既有征讨、羁縻和交易，又每每实行“招慰”和安置，为的是让他们亦“输租赋”，接受内地王朝的统治。

第三节　“生羌”与“熟羌”

“生羌”的用例，和“生蛮”、“生獠”、“生胡”等

① 唐嘉弘：《中国古代民族研究》，青海人民出版社，1987 年 8 月，第 45 页。

范畴出现的情形大体一样，也是较早见于南北朝时期。《周书·史宁传》：“獠甘将百骑走投生羌巩廉玉”；“生羌聚散无常，依据山谷，今若追讨，恐引日无成”。《周书·元定传》：“世宗初，拜岷州刺史。威恩兼济，甚得羌豪之情。先时生羌据险不宾者，至是并出山谷，从征赋焉。”（亦见《北史·元定传》）《周书·刘璠传》：“璠善于抚御，莅职未期，生羌降附者五百余家。”（亦见《北史·刘璠传》）《隋书·高励传》：“陇右诸羌数为寇乱，朝廷以励有威名，拜洮州刺史。下车大崇威惠，民夷悦附，其山谷间生羌相率诣府称谒，前后至者，数千馀户。”

《旧唐书·地理志》：“雅州，都督一十九州，并生羌、生獠羁縻州，无州县。”“维州，……贞观元年，羌叛，州县俱罢。二年，生羌首领董屈占者，请吏复立维州，移治于姜维城东，始属茂州，为羁縻州。”“薛城……三年，左上封生羌酋董屈占等，举族内附，复置维州及二县。”“小封，咸亨二年，刺史董弄招慰生羌置也。”“炎州，贞观五年，生羌归附，置西封州。”“向州，贞观五年，生羌归化置也。”“穹州，贞观五年，生羌归附，置西博州。”“武德元年，置松州。贞观二年，置都督府。督崌、懿、嵯、阔、麟、雅、丛、可、远、奉、严、诺、蛾、彭、轨、盖、直、肆、位、玉、璋、祐、台、桥、序二十五羁縻等州。永徽之后，生羌相继忽叛，屡有废置。”“据天宝十二载簿，松州都督府，一百四州，其二十五州有额户口，但多羁縻逃散，余七十九州皆生羌部落，或臣或否，无州县户口，但羁縻统之。”“嘉诚，历代生羌之地，汉帝招慰之，置护羌校尉，别无州县。”“通轨，本属松州，历代生羌之地。”“谷和，文明元年，开生羌置也。”“左封本属翼州，在当州东南四十里。显庆元年，生羌首领董系比射内附，乃于地置悉州，在悉唐川故也。”“霸州，天宝元年，因招附生羌置静戎郡。”“松州都督府，督羁縻二十五州。旧督一百四州，领州，无县户口，惟二十五有名额，皆招抚生羌置也。”“麟州，贞观五年，置西麟州，处生羌归附。”“雅州，贞观五年，处生羌置西雅州。”“远州，贞观四年，生羌归附置也。”“奉州，贞观三年，处生羌置西仁州。八年，改为奉州也。”“位州，贞观四年，降生羌置西盐州。八年，改为位州。”《旧唐书·陈子昂传》：“臣闻道路云：国家欲开蜀山，自雅州道入讨生羌，因以袭击吐蕃。”《旧唐书·吐蕃列传》：“俄有生羌为吐蕃乡导，攻陷其城，遂引兵守之。”《旧唐书·南蛮西南蛮列传》：“西山松州生羌等二万余户，相继内附。”《旧唐书·地理志》连续出现数十处之多的“生羌”用例，却没有“熟羌”的说法，显示当时尚没有“生/熟”羌的对称。

《新唐书·地理志》的部分内容与《旧唐书》雷同，亦不见“熟羌”一说。《新唐书·地理志》：“蓬鲁州，永徽二年，特浪生羌董悉奉求、辟惠生羌卜檐莫等种落万余户内附，又析置州三十二。”《新唐书·西域列传》：“永徽时，特浪生羌卜楼大首领冻就率众来属，以其地为剑州。”可知唐朝及以前各代，对于征服拓界以后请降或招徕内附的“生羌”，一般均会做出安置，甚或要为他们专设州县，这和对于“生蛮”、“生獠”的政策别无二致。《资治通鉴》卷第二百：“冬，十一月，丙寅，生羌酋长浪我利波等帅众内附，以其地置柘、栱二州。”又卷第二百一：“生羌十二州为吐蕃所破，三月，戊寅，悉废之。”表明此类安置“生羌”的政策，其实是一直得到延续的。《太平寰宇记》卷七十八和卷八十一提到的“向州”、“西博州”、“麟州”、“雅州”、“聚州”等，也都有为安置“归化”、“归附”的“生羌”而直接专设行政区划的记载。

宋朝时，虽然尚不很突出，却也出现了“熟羌”的表述，但较少将“生羌”和“熟羌”相并列。《宋史·神宗本纪》：“甲寅，熙河路木宗城首领结彪谋叛，熟羌日脚族青厮扒斩其首来献，补下班殿侍。”《宋史·兵志》：“熙宁元年，议者谓：熟羌乃唐设三使所统之党项也。自西夏不臣，种落叛散，分寓南北。……如此，则熟羌之心皆知异日子孙不失旧职，世为我用矣。”《宋史·曹琮传》：“生羌屡入钞边，琮怀以恩信，击牛酾酒犒之，多请内属。”《宋史·张凝传》：“熟户与生羌错居，颇为诱胁，凝引兵至八州原、分水岭、柔远镇，降喒者多等百七十余族，合四千户，边境获安。”《宋史·王博文传》：“初，沿边军民之逃者必为熟户畜牧，又或以遗远羌易羊马，故常没者数百人。其禽生羌，则以锦袍、银带、茶绢赏之。”值得注意的是，《宋史·张凝传》、《宋史·王博文传》出现了将“熟户”与“生羌”并列的用例。《宋史·陈执中列传》：“熟羌居汉地久者，委边臣拊存之；反覆者，破逐之。”《宋史·张景宪传》：“令边郡召生羌，与之金帛、官爵，恐黠羌多诈，缓急或为内应，宜亟止之。”《宋史·王文郁传》：“并边生羌善驰突，识乡导，傥能抚柔之，所谓以外夷而攻外夷也。”《资治通鉴》卷第二百三十二：

“今吐蕃弃好，暴乱盐、夏，宜因云南及八国生羌有归化之心招纳之，以离吐蕃之党，分其势。”《宋史·种古传》：“民有损直鬻田于熟羌以避役者，古按其状，得良田三千顷，丁四千，悉刺为民兵。”《宋史·范纯仁传》：“环州种古执熟羌为盗，流南方，过庆呼冤，纯仁以属吏，非盗也。”《宋史·韩绛传》：“熟羌据堡为乱，即日讨平之”。《宋史·蔡挺传》：“环州熟羌思顺举族投谅祚，倚为乡导。”上述文献往往提到，“熟羌”有时会反复无常，反映出当局不仅对于在边境地带招徕“生羌”安置不大放心，而且，对“熟羌”和“生羌”的关系也怀有疑虑。为了使“熟羌”能够“世为我用”，朝廷往往任用其为官吏，如《宋史·童贯传》：“旧制，熟羌不授汉官，贯故引拔之，有至节度使者。”

《宋史·外国列传》：“宋自熙宁用兵以来，凡得葭芦、吴保、义合、米脂、浮图、塞门六堡，而灵州、永乐之役，管军、熟羌、义保死者六十万人，钱、粟、银、绢以万数者不可胜计。”《白氏六帖事类集》卷二十四引唐律格文曰：“敕松、当、悉、维、翼等州熟羌，每年十月已后，即来彭州互市易。”欧阳修在为范仲淹撰写的《文正范公神道碑铭》中提到：“初，公既得熟羌为用，使以守边，因徙屯兵就食内地，而纾西人馈输之劳。”可知“熟羌”对于守边、拱卫内地以及互通贸易等，均是不可忽视的存在。

从多种文献的上下文脉或地望来仔细检索，可知唐宋时期的“生羌”、“熟羌”分类，既有指称四川西部一带羌族部众的情形，又有指称西北甘青地区之羌族部众甚或党项族群的情形[1]。一般而言，靠近汉区内地的“东羌”，容易成为“熟羌”，而更靠西部、距汉区较远的“西羌”，往往就被目为所谓“生羌”。中原王朝对待“生羌”和“熟羌”的政策，大体上和对待“生户”、“熟户”的政策基本相同，宋朝甚至还倾向于利用“熟羌”或内附“生羌”和西夏作战，文献上所谓的“蕃兵”，至少部分地是来自“熟羌”。“熟羌”这一用语，后来一直延续到明代，如明人何景明《陇右行送徐少参》里，就有“熟羌卖马尝入塞，将军游骑不出边”的诗句。

第四节　“生/熟”女真及“生/熟”鞑靼

“女真”作为族群称谓，约初见于唐初。及至宋辽，女真才逐渐地为中原所知晓。当时的宋人曾经根据女真的经济和文化发展程度及其分布的不同地理位置，将女真划分为“熟女真”、“生女真”、“东海女真”、“黄头女真”等，其中所谓的“生女真”，据说包括有数十部之众[2]。徐梦莘《三朝北盟会编》政宣上帙三：“阿保机“虑女真为患，乃诱其强宗大姓数千户，移置辽阳之南，以分其势，使不得相通，迁入辽阳著籍者名曰合苏款，所谓熟女真者是也。”“自涑沫之北，宁江之东，地方千余里，户口十余万，……散居山谷间，依旧界外野处，自推雄豪为酋长，小者千户，大者数

① 唐嘉弘：《中国古代民族研究》，青海人民出版社，1987年8月，第96页。
② 孙进己等著：《女真史》，吉林文史出版社，1987年7月，第53页。

千户，则谓之生女真。”此处所谓“野处”，大概是指颇为落后的状态。由于宋朝实际上并没有直接管辖过女真分布的地区，因此，宋人著述中提到的“生女真”、“熟女真”的具体情形并不是很清楚。只是由于受到契丹族建立的辽国政权的巨大压力，宋朝曾经试图和女真建立联盟关系，自然也就有了对女真族群予以了解的需求，把女真人区分为“生女真”和“熟女真”等，大概也是在这种背景下才出现的。但宋人在和金人的战争中，往往称其为“生女真”，犹如古人曾称周边异族为“生蛮”、“生胡”一般。《宋史·韩世忠传》：“世忠遣成闵将骑士往援，复大战，俘生女真及千户等。”《宋史·虞允文传》：“又命劲弓尾击追射，大败之，僵尸凡四千余，杀万户二人，俘千户五人及生女真五百余人。”这里的“生女真”与其说是和“熟女真”相对应的“生女真”，不如说是汉人用来形容女真族群的生野。

比较而言，契丹人划分的女真族群，主要有“曷苏馆女真”（亦即“合苏款”）、“南女真”、“北女真”、“黄龙府女真”、“顺化国女真”、“鸭绿江女真”、“生女真”、“长白山女真”等，其对女真族群的分类，比当时的宋朝可能要更为详细、具体和精准。这主要是由于契丹人和女真诸族群有着更为长久的交往史，同时也因为由契丹人建立的辽国曾经对女真诸部的分布地区进行过直接或间接的统治[1]。辽建国之初，辽太祖耶律阿保机就曾经为了分化女真诸族群而将一部分“熟女真”予以内迁，上述被迁置到今辽阳以南地方的“合

① 孙进己等著：《女真史》，吉林文史出版社，1987年7月，第49—68页。

苏款”，就是“熟女真”最重要的一支，或者反过来说，这些内迁或归附的女真慢慢地就变成了“熟女真”，并被编入辽籍，故又被称为“辽籍女真”，其中较为著名的如奥衍女真、乙典女真、南女真、北女真等。相对而言，那些依然留居故地的女真人，亦即未入辽籍的便被称为“生女真”。《金史·世纪》：“五代时，契丹尽取渤海地，而黑水靺鞨附属于契丹。其在南者籍契丹，号熟女直；其在北者不在契丹籍，号生女直。生女直地有混同江、长白山，混同江亦号黑龙江，所谓‘白山黑水’是也。”

关于“熟女真”，根据叶隆礼《契丹国志·四至邻国地理远近》的说法：“次东南至五节度熟女真，诸部共一万余户，借杂处山林，尤精弋猎”；“又次东南至熟女真国，不属契丹所管，其地东西八百余里，南北一千余里。居民皆杂处山林，耕养、屋宇与五节度女真同”。《辽史·地理志》：“来远城，本熟女直地。”《金史·地理志》：“旧来远城，本辽熟女直地，大定二十二年升为军，后升为州。”《许亢宗宣和乙巳奉使金国行程录》：“府为契丹东寨。当契丹强盛时，虏获异国人则迁徙杂处于此。……故此地杂诸国风俗。凡聚合处，诸国人语言，不能相通晓，则各为汉语为证，方能辩之。是知中国被服先王之礼仪，而夷狄亦以华言为证也。”这是说有很多“熟女真”会说汉语。辽代时的“熟女真”还能够冶铁，经济是有相当程度的发展。辽国对于“熟女真”的政策是可不纳租税，必要时要为辽国负担差充兵马。在“熟女真”地区，通常是由契丹人或渤海人充任节度，以为管辖。

至于未被并入“辽籍”的“生女真”（图 16），按照《契丹国志》的说法是，“生女真，……言语、衣装与熟女真国并同”。《辽史·天祚皇帝本纪》：“初，以杨割为生女直部节度使。其俗呼为太师。是岁杨割死。传于兄之子乌雅束，束死，其弟阿骨打袭。”“（天庆）二年，……二月丁酉，如春州，幸混同江钩鱼，界外生女直酋长在千里内者，以故事皆来朝。适遇‘头鱼宴’，酒半酣，上临轩，命诸酋次第起舞；独阿骨打辞以不能。谕之再三，终不从。”《辽史·萧奉先传》：“天庆二年，上幸混同江钩鱼。故事，生女直酋长在千里内者皆朝行在。适头鱼宴，上使诸酋次第歌舞为乐，至阿骨打，但端立直视，辞以不能。再三旨谕，不从。”从这些文献似乎可以了解到，所谓“界外生女真”并非一种，而应该有很多部落。但在《辽史·属国表》及《辽史·百官志》中，是将“生女真”和“靺鞨”等其他前来进贡的属国予以并列，把“生女直部”列入“北面部族官”的体系之内。这似乎又说明“生女真”在辽国看来，是具体有所指的族群称谓，而非泛称。一般而言，辽国对“生女真”的管理要间接一些，但也在“生女真”分布地区设置了节度使之类的官职，以为节制。例如，咸雍五至七年间，辽国曾任命乌古乃为“生女真节度使”，管辖今吉林、黑龙江及俄罗斯远东部分地区。据说“生女真节度使”的驻在地为会宁州，可能即今哈尔滨市阿城区的半拉城子遗址。当时的“生女真节度使”，估计主要是对“生女真”的首领予以委任，实行的多为间接统治和羁縻的策略。直到金国建立，“生女真节度使”才于收国元年得以废除。

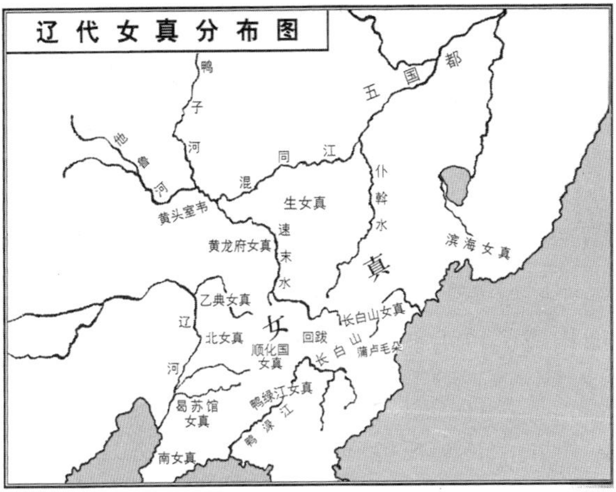

图 16　辽代女真分布图（采自孙进已等《女真史》，第 300 页）

“生女真”主要从事农耕和采集，无牛耕，却拥有良马。地产人参、白附子、松实、蜜蜡、麋鹿、野狗、青鼠、貂鼠等。能制生金，织细布。《金史·世纪》：“生女直之俗，……生子年长即异居。”“生女真”既和契丹人做生意，也时不时“入贡北蕃”，和其北部的游牧民族进行交易。“生女真”一般不和契丹发生兵战，处于和平状态，契丹人也对“生女真”不大设防，契丹商人可自由地进入“生女真”地区，一般不会有多大的阻碍。“生女真”和辽国之间存在着朝贡形式的贸易，需定期向辽国进贡，经常是用采集来的各种珍稀药材和辽国交换布匹、粮食等物。据《金史·世纪》记载：“生女真旧无铁，邻国有以甲胄来鬻者，倾赀厚贾以与贸易。”可知其在辽道宗年间尚不能冶铁，只能通过输入的方式才能够获得。辽国曾在宁江州设立榷场，与“生女真”贸易互市，但由于贸易不公平，且有欺骗、勒索，故有“打女真”一说，这也是后来导致女真反乱的动因之一。大约在辽兴宗和辽道宗之际，“生女真”完颜部逐渐兴盛，取得辽廷代理人的身份（生女真节度使），并起兵征讨其他女真部落。到辽末时，“生女真”的社会出现分化，大举向外扩张兼并，后在收国二年，收服“熟女真”各部[①]。最终是由“生女真”诸种之一的完颜部为主体，建立了金国政权，不仅征服高丽，迫使其进贡，还对宋朝构成了巨大威胁[②]。由于建立金国政权的女真完颜部属于“生女真”，所以，以往的金史研究较为重视对“生女真”的研究，其实在金国创建过程中发挥过积极作用的并不仅仅是“生女真”，像曷苏馆女真那样的“熟女真”族群也是不应忽视的[③]。

对女真诸族群的“生 / 熟”分类，事实上一直延续到明代。陈循《寰宇通志》：“其脑温江，上自海西，下至黑龙江，谓之生女直，受野人所辖，略事耕种，土俗居处，稍类建州。”任洛等纂修的《辽东志》也提到松花江下游地区的居民为“生女真”或“生女直”，他们“事耕种，言语居处，与建州类”，意思是说“生女真”在语言和文化上，与松花江中上游的“熟女真”基本一致，唯在社会经济的发展方面有所先后而已[④]。郑晓《皇明四夷考》之《女直考》：“海西有山夷，即熟女直，完颜余种，亦务耕稼，妇女喜金珠，倚山作寨，亦名山寨夷；江夷，居黑龙江，即生女直，数与

① 孙进己等著：《女真史》，第 77—78、92 页。

② 孙文良等编：《满族大辞典》，辽宁大学出版社，1990 年 5 月，第 162—163 页。

③ 刘炳愉、陈福林：“曷苏馆熟女真探源”，《北方文物》1985 年第 2 期。

④ 孙进己等著：《女真史》，第 157—158 页。

熟女直仇杀。”苕上愚公《东夷考略》：“海西系黑水裔，其山夷依山作窟，即熟女真完颜种；江夷居黑龙江，即生女真。”又卢琼《东戍见闻录》：“海西山寨之夷曰熟女真，完颜后金之遗也。”这些文献也表明曾经创立了金国的“生女真”完颜部，后来确实是逐渐地发展成为“熟女真”了。

除了“生 / 熟”女真的说法，明朝还有“野人女真”的分类。“野人”的称谓和“生 / 熟”分类在逻辑上是相通的，因为在某种意义上，“野”亦即“生”的状态。其实，“野人”之称谓早在元代就已经存在，例如，所谓的“兀者野人”（又译吾者、斡者、斡拙）。早在元成宗即位时（1295），元朝已在黑龙江下流设立了“管兀者吉烈迷万户府”，至正初年当地居民曾屡次反叛，经征讨后，元顺帝于至正十五年（1355）八月，复设“兀者野人乞烈迷等处诸军万户府”于哈尔分之地（今俄罗斯境内），以统辖该部野人，其曾经向中原进贡貂鼠、水獭、海狗皮等。不过，到了明朝，“野人女真”或“女直野人”的称谓似乎有泛称的趋向。《重修永宁寺碑记》中曾提到“野人女直”，《明实录》中也屡有“女直野人”来朝、进贡，并获得赏赐，乃至封其为当地卫所的指挥同知等官职的记录。明朝为巩固北京而大力经营东北，在东北各地包括女真等异族群分布地区设置了许多卫所和“土官”（千户、百户），就其实质而论，这和其在西南多民族地区设置的土司性质是一样的[①]。例如，设奴儿干卫，统辖包括所谓“兀

① 尤中：“明朝在东北各民族地区的设治和经营”，方铁主编：《西南边疆民族研究 2》，云南大学出版社，2003 年 1 月，第 127—166 页。

者卫”等原为“兀者野人”居住的地区，并广泛招抚各路“女直野人”来朝。明宣德十年，撤废该司之后，各部女直尤其是建州女真和海西女真通过相互兼并而逐渐坐大。

宋辽金元时期的汉语文献，还曾经把漠北的蒙古各部称为“黑鞑靼”或“生鞑靼”，而把漠南的蒙古汪古部称之为“白鞑靼”或“熟鞑靼”。宋孟珙《蒙鞑备录·立国》：“鞑靼始起，地处契丹之西北，族出于沙陀别种，故于历代无闻焉。其种有三，曰黑、曰白、曰生。所谓白鞑靼者，颜貌稍细，为人恭谨而孝，遇父母之丧，则嫠其面而哭。尝与之联辔，每见貌不丑恶，其腮有刀痕者，问曰：‘白鞑靼否？’曰‘然’。所谓生鞑靼者，甚贫且拙，且无能为，但知乘马随众而已。今成吉思皇帝及将相大臣皆黑鞑靼也。”文献中涉及的“黑”、“白”、“生”之分类似乎不大整合，但针对鞑靼曾有“生/熟”之分类，似无疑问。

实际上，内蒙古邻近汉地的一些蒙古部落，由于受到汉族经济与文化的影响，会种高粱、糜子，以平底瓦釜煮食粳稻，就曾被称为“熟鞑靼”①。至今在北方长城沿线地带，民间的汉语词汇中有“生毛鞑子”一词，意思是粗鲁、无礼、莽撞、没有教养等。这个词语经常用于日常生活当中，如有客人来，孩子不懂礼貌，乱说话，不懂得回避，就有可能被家长批评为“生毛鞑子”。考其缘起，当与历史上曾经把“毛鞑子”（鞑靼人、蒙古人）做出“生/熟”区分，后来这一

① 纳日碧力戈：《在全球化中寻找自我：呼和浩特蒙汉通婚研究》，电脑打印稿，1998年。

分类和老百姓日常生活里对人的“生”与“熟”亦即从“生”到“熟”之成长的描述产生合流，于是，说谁是“生毛鞑子”，就如同说他不成熟、生硬、不懂事一样。不难想象，历史上为数众多的“毛鞑子”在进入北方汉人地区后逐渐“熟化”，最终融合进汉人之中，而“生毛鞑子”一词却像语言“化石”一般得以沿用至今。

第五节　“生户”与“熟户”

北宋王朝曾经面临来自西北方向的异族政权的压力，因此，其对西北地区的异族群分布及其文化和社会状况等始终较为关注，对于西北边地和西夏邻接地带（今宁夏南部、陕西北部和甘肃南部等地）各种少数民族部落有颇为具体的掌握。为了便于理解，宋人曾把那些“蕃”、“羌”、“党项”、“戎狄”等异族群，按照汉文化的逻辑，区分为“生户”和“熟户”[①]。李埏依据相关文献，对“生户”、“熟户”问题做了深入的研究，读来深受启发。所谓“生户”和“熟户”，与其说是发展水平有“先进”、“后进”的区别，不如说是按照他们分别与宋朝的关系，他们接受汉文化的程度，或他们可被汉人所接受的程度来理解的。这种划分反映了宋朝时期汉文化对周边异族群的基本认知，也包含着区别对待之民族政策方面的考量。

“生户”和“熟户”是一对概念，它们彼此之间可互为定义。宋琪曾对北宋初期的“生户”和“熟户”有所描述：“大

① 李埏：“北宋西北少数民族地区的生熟户”，《思想战线》1992年第2期。

约党项、吐蕃风俗相类，其帐族有生户、熟户。接连汉界，入州城者，谓之熟户；居深山僻远，横过寇略者，谓之生户。”（《宋史·宋琪传》）可知“生户”是时常会来骚扰边境的异族部众，“熟户”则是靠近汉区，且能够进入汉区州城的异族部众。《宋史·吐蕃传》：“（吐蕃）自仪、渭、泾、原、环、庆及镇戎、秦州暨于灵、夏皆有之，各有首领，内属者谓之熟户，余谓之生户。”这是将“熟户”解释为“内属者”，故“熟户”亦称“属户”。《宋史·兵志》：“西北边羌戎，种落不相统一，保塞者谓之熟户，余谓之生户。”宋朝的兵书，由曾公亮、丁度撰修的《武经总要前集》卷十八《边防》亦载：“今之夷内附者，吐蕃、党项之族，散居西北边，种落不相统一。款塞者谓之熟户；余谓之生户。”当时归属宋朝并为宋“保塞者”是为“属户”[①]，这意味着“熟户”或“属户”是能够为宋朝保卫边塞的，他们也时常要求和宋地来往互市。不言某具体族名，而言“生户”、“熟户”，表明这是以是否将其纳入朝廷的编户制度来区分的。一般来说，朝廷对于内属、归附的异族“熟户”，总是会安置他们，给予土地，使其耕种，对其首领也会封赏一官半职；但时不时会从他们中间征调“蕃兵”，以为保塞。和“熟户”不同，对一般的“生户”，不仅不能从中征调兵役，很多时候，他们还是戒备的对象。除了对党项、吐蕃的“生/熟”户之分，对所谓“西蕃”也曾有“生/熟”之分。韩琦《安阳集·魏公家传》：“永宁、安远之北，绵亘一二百里之外，皆是西蕃熟户。其间有不授

① 杜建录：“宋代属户史论”，《宁夏社会科学》1992年第1期。

补职名，且官中亦不勾点彼族兵马者，则谓之生户。并与熟户交居，共为篱落。”可知跟“熟户”不同的是，“生户”不提供兵役，通常也不予封职。

《宋史·张凝传》：“熟户与生羌错居”，可知“生羌”和“熟户”往往处于杂居或半杂居状态，他们之间没有绝对明晰或固定不变的界限。通常，接受宋朝统治和汉文化影响的异族部众，自然有可能慢慢地从“生户”变成“熟户”。《宋史·张齐贤传》：“西南既禀命，而缘边之势张，则鄜、延、环、庆之浅蕃，原、渭、震戎之熟户，自然归化。”这是说“熟户”最后就彻底被同化了。事实上，有些前来内附的“来归”部众，有可能以前曾经就是“熟户”。历史上不乏本为“生户”，因为被征服而接受朝廷统治，然后逐渐演变为“熟户”的情形；但由于边境处于拉锯战状态，时不时也会有“熟户”叛宋附夏，从“熟”变“生”的例子。《宋史·仁宗本纪》：“十二月甲申，……泾原路生户都首领那龙男阿日丁内附。”《宋史·神宗本纪》：“六年，……丁巳，诏：沿边吏杀熟户以邀赏者戮之。”《宋史·高宗本纪》：“九年，……九月己卯，命鄜延、秦凤、熙河路招纳蕃部熟户及陷没夏国军民。”《宋史·真宗本纪》：“己亥，庆州亡去熟户委乞等来归。”《宋史·曹玮传》：“既而河州、洮兰、安江、妙敦、邈川、党逋诸城皆纳质为熟户。”《宋史·党项传》：淳化年间，“银、夏州管勾生户八千帐族悉来归附，录其马牛羊万计。”《宋史·高永年传》：“行三十里，逢羌帐下亲兵，皆永年昔所推纳熟户也。永年不之备，羌遽执永年以叛，遂为多罗巴所杀，探其心肝食之，谓其下曰：“此人夺我国，使吾宗族漂落无处所，不可不杀也。”可知叛服无常的“生/熟”户，对于北宋西北边防往往具有很重大的影响。

据说当时在甘肃中南部和青海东部，有吐蕃“熟户”约52万，“生户”约55万之众[①]。这些异族部众既对宋朝形成巨大压力，当然也潜在着可以利用的机会。《宋史·宋琪传》：“我师如入夏州之境，宜先招致接界熟户，使为乡导，其强壮有马者，令去官军三五十里踏白先行。”（亦见（《续资治通鉴长编》卷三五，淳化五年正月条）“熟户”不仅可被利用为向导，宋朝设立的边寨城防据点，往往也需要从“熟户”中募兵。此外，边防急需的马匹等战略物资，通常也需要通过“熟户”才能够获得。因为是冷兵器时代的骑兵作战，农耕文化背景的汉人迫切需要获得马匹等资源，所以，朝廷的马政、马市就显得异常重要。有些“生户”、“熟户”除自身向宋朝卖马之外，往往还能够控制较远的“远蕃”入宋卖马的通道，从而左右边境的马市。不过，宋朝方面有时也通过对互市的限制，作为其边政的手段之一，如《宋史·食货志》：“治平四年，河东经略司言，西界乞通和市。自夏人攻庆州大顺城，诏罢岁赐，严禁边民无得私相贸易。至是，上章谢罪，乃复许之。后二年，令泾原熟户及河东、陕西边民勿与通市。”《宋史·李继和传》：“蕃粟不入贼境，而入于边廪，其利甚明。况汉地不食青盐，熟户亦不入蕃界博易，所禁者非徒粮食也，至于兵甲皮干之物，其名益多。”这些记载反映了当时边贸的实际情况。

---

① 汤开建：“宋代甘青藏族人口的发展及其原因”，《民族研究》1988年第5期。

宋朝的西北政策诸如联蕃制夏等，既离不开对“熟户”的优遇，也离不开对“生户”的怀柔。研究者屡屡指出，由于“熟户”接受宋的直接统治，加上他们和边区汉人有较多联系，一旦发生战事，他们客观上就会发挥“藩蔽汉户”的作用，减缓战争对汉区的冲击。《宋史·贾逵传》：“熟户散处边关，苦于寇略，逵差度远近，聚为二十七堡，次第相望，自是害乃息。”《宋史·兵志》：“范仲淹言：熟户恋土田，护老弱、牛羊，遇贼力战，可以藩蔽汉户，而不可倚为正兵。大率蕃情黠诈，畏强凌弱，常有以制之则服从可用，如倚为正兵必至骄蹇。”宋要争取和西北一些“远蕃”（若干羌族、吐蕃势力，像唃厮啰等）建立联盟关系，首先就须获得那些分布在宋与“远蕃”之间的“熟户”及“生户”的合作。因此，宋朝对招徕“生户”和稳定“熟户”不遗余力，尽最大努力对“生户”予以羁縻，对“熟户”予以优待。北宋早中期曾力行招抚政策，河湟陇右地区很多吐蕃部落相继自愿内附，成为“熟户”，并确实在政治、经济等各方面受到优待[①]。根据边情和实际统治的需要，宋朝对吐蕃“熟户”实行的绥怀优抚政策，主要包括封爵、给田免租、通商贸易等诸多方面，并取得一定成效[②]。例如，针对“熟户”有较为具体的“蕃官”制度，任命或封赏“熟户”部众的首领。《宋史·吐蕃传》：“七年，泾原钤辖曹玮请署熟户百帐以上大首领为本族军主，

① 陈武强：“北宋前中期吐蕃内附族帐考”，《西藏大学学报（社会科学版）》2010年第3期。

② 陈武强、格桑卓玛：“简论北宋对西北缘边吐蕃熟户的政策”，《北方民族大学学报》2010年第6期。

次指挥使，又次副指挥使，百帐而下为本族指挥使，从之。”（事亦见《续资治通鉴长编》卷八三，大中祥符七年四月条。）《宋史·兵志》：“泾原路熟户万四百七十余帐之首领，各有职名”；“其大首领为都军主，百帐以上为军主，其次为副军主、都虞侯、指挥使、副兵马使。以功次补者为刺史、诸卫将军、诸司使、副使、承制、崇班供奉官至殿侍”。可见当时的“蕃官”制度颇为完备，对那些长期归附宋朝并讨夏有功者，不仅升其职位，赏赐财物，有时还赐以汉姓[①]。为让他们能“世为我用”，朝廷容许蕃官职位世袭，甚至还有送蕃官子弟去官办的“纳质院”学习汉文化之类的举措，与之相互配套。

前已述及，“蕃兵”部队主要是从内附“熟户”诸部落中产生的。《宋史·兵志》：“蕃兵者，具籍塞下内属诸部落，团结以为藩篱之兵也”；“言者因请募熟户，给以禁军廪赐使戍边”；“益募熟户蕃部以为蕃勇敢，凡一千三百八十人，骑一千一百九十四匹，挽弓一石，驰逐击刺如法”。曾在哲宗时担任过定州知州的苏轼指出：“宝元、庆历中，赵元昊反，屯兵四十余万，……范仲淹、刘沪、种世衡等专务整辑蕃汉熟户弓箭手，所以封殖其家，砥砺其人者非一道。藩篱既成，贼来无所得，故元昊复臣”。可知“蕃兵”基本上以“熟户”为基础而设立。“临敌之际，须至首用蕃兵，次用汉兵继之”，对它非常倚重。应该说，此种“生/熟户”的分类，既是对边境地带异族群部众的认知，也是出于分化、利用的

① 关于宋朝的“蕃官”制度，详细可参阅安国楼：《宋朝周边民族政策研究》，台湾文津出版有限公司，1997年8月，第38—47页。

目的，它在相当程度上补强了北宋王朝“积弱”的缺点。

“生 / 熟”户之分类并不只针对西北边区，其对西南地区也曾适用。如《宋史·蛮夷列传》里提到“西南溪峒诸蛮”时，亦谓“辰、沅、靖三州之地，多接溪峒，其居内地者谓之省民，熟户、山摇、峒丁乃居外为捍蔽”。实际上，宋朝周边地区的居民，总体上可依据他们与官府关系的不同，明显划分出三个层次：州县管辖的“省地”、“省民”，和朝廷有隶属臣服关系的“熟界”、“熟户”、“熟夷”，不服朝廷州县管辖的“生界”、“生户”、“生蛮”等[①]。当然，这几个层次的划定并非绝对，而是互有渗透和交错，情形颇为复杂。

和宋朝的“生 / 熟”户相类似，元朝有所谓“生 / 熟”券军。《元史·世祖本纪》：“己卯，赐襄阳生熟券军冬衣有差”；“乙酉，以金州招讨使钦察率襄阳生熟券军千人戍鸭池”。《新元史·吕文焕传》：“十五年三月，诏文焕遣官招宋生熟券军堪用者，月给衣粮，不堪者屯田近地”；“乙丑，敕枢密院以襄阳吕文焕率将吏赴阙。熟券军并城居之民仍居襄阳，给其田牛；生券军分隶各万户翼”。“生券军”与“熟券军”是元朝从南宋接收的军事组织（新附军）[②]。南宋末年，曾以“会子”或“口券”支付军饷，故称“券军”，从外地抽调兵士镇戍边境的军事组织即镇戍部队，所发军饷为“生券”，

---

① 安国楼：《宋朝周边民族政策研究》，台湾文津出版有限公司，1997 年 8 月，第 8—9 页。

② 艾萌：“宋元时期生券军与熟券军考”，《河南科技大学学报（社会科学版）》2013 年第 1 期。

是为“生券军”；主要配置于内地、负责屯田的地方部队，所发军饷为“熟券”，是为“熟券军”。此处所谓“生/熟”，大体上是就他们和驻在地方的关系而言的。也有专家认为，“生券军”主要是外地兵，“熟券军”主要是本地兵。无论哪种见解，均不难窥见“生/熟”分类在宋元时期已是一种非常泛化的常识。

第六节 “生苗”与“熟苗”

“生苗”一词，最早可能见于元朝[①]。《新元史·地理志》：“至元二十九年，斡罗斯招抚桑州生苗，诣关贡献。”到了明清，“生苗”不仅屡见于汉文史籍，还每每与“熟苗”形成呼应。尤其是涉及湖南、贵州等地的少数民族，经常就用“生苗”和“熟苗”来泛称[②]。明朝时曾任贵州地方高官的郭子章，在其《黔记》中曾经指出：“苗人，古三苗之裔……其人有名无姓，有族属无君长。近省界者为熟苗，输租服役，稍同良家，则官司籍其户口，息耗登于天府；不与是籍者谓之生苗。生苗多而熟苗寡。”清人龚柴《苗民考》：“已归王化者谓之熟苗，与内地汉人大同小异；生苗则僻处山峒，据险为寨，言语不通，风俗迥异……”民国年间的《贵州通志》也说：“苗有土司者为熟苗，无管者为生苗。”可见“生苗”与“熟苗”的分别确实由来已久，堪称一种颇为普遍的分类，也反映了

① 考虑到“苗”、“蛮”由于音转而可通假，在“生蛮”表述中也就有可能包含“苗”在内。

② 和“生苗”、“熟苗”之分类似的，旧时还有“生祝融”与“熟祝融”等说法。

汉文化中人们的一般性见解[①]。

就其与汉人和汉文化的关系而论，居住接近汉区，为杂居区，与汉人有一定交往，能讲汉语者为“熟苗”；居住在远离汉区的山地，属聚居区，与汉人十分疏远，言语不通，习俗各异的为“生苗”。“生苗”被认为如同野人一般，“熟苗”则多少接受了一些汉文化的教化。就其与中央王朝、与封建国家政权的地方衙门或其封疆大吏的关系来说，已被纳入版籍，登记在册，接受地方官直接管辖，承担国家赋税和徭役者为“熟苗”，中央王朝和地方官府尚鞭长莫及、不能直接管辖者为“生苗”。就其与受到朝廷册封的土司的关系看，属于土司领地管辖内的为“熟苗”，土司辖区以外或无土司管辖者为“生苗”。这大体就是封建时代的汉族文人笔下的苗族“生 / 熟”观。换言之，“生苗”就是尚未被征服（故注册时又有“降苗”之说）、政治上尚在“王化”之外、心理上拒绝和反对汉族同化的苗族或其支系；相反，“熟苗”是指已经被征服、政治上接受“王化”，心理上也逐渐能接受汉文化的苗族或其支系[②]。

以湖南省湘西苗族为例，明清以来，大凡居住在永顺、保靖、桑植、柿溪、五寨等土司直辖领地内的部分苗族，在史籍文献里多被称作“熟苗”，他们长期与附近的土家族、汉族杂处错居，接受土司的各种管制和役使，直到康熙、雍

---

① 伍新福：“论‘生苗’区的形成与封建王朝对‘生苗’的统治政策”，《民族论坛》1990 年第 2 期。

② 吴荣臻：《“熟苗”论》，载李锦平主编：《苗学研究（三）》，贵州人民出版社，1994 年 12 月。

正时改土归流。另外一些苗族，即以凤凰、永绥、乾州三厅为中心分布的“苗疆”苗族，在清代史籍中多被称为“生苗”，这些地区历史上较少受王朝命官管辖，也不为土司直接控制，不仅不籍于有司，且无土司管辖，自古不通“声教”。再往贵州的苗岭腹地，则更如道光年间的《黔南识略》所说，均系“化外生苗”了。

关于“生苗”和“熟苗”，明史文献多有记载。《明史·萧授传》：“正统四年，贵州计沙贼苗金虫、苗总牌纠洪江生苗作乱，伪立统千侯、统万侯号。”《明史·彭伦传》：“靖州苗乱，湖广总兵官李震檄伦会讨，军至邛水江，诸熟苗惊，欲窜。伦与佥事李晃计曰，苗窜必助贼，乃急抚定之”；“臻、剖六洞苗侵熟苗田，不输赋，又不供驿马，有司莫敢问”。《明史·李化龙传》：“应龙益结生苗，夺五司七姓地，并湖广四十八屯以畀之，岁出侵掠。”《明史·湖广土司传》：永乐、天顺年间苗乱，“盖萌发于贵州，而蔓衍于湖南，皆生苗为梗”；“辰州卫指挥龚能等招谕筸子坪等三十五寨生苗廖彪等，各遣子入贡，因设筸子坪长官司，以彪为之，隶保靖”。《明史·四川土司传》：“永乐三年，指挥丁能、杜福抚谕亚坚等十一寨生苗一百三十六户，各遣子入朝，命隶酉阳宣抚司。”《明史·贵州土司传》：“三善遣兵三路御之，破生苗寨二百余，擒万化等，焚其积聚数万”；“（宣德）七年，巡按御史以闻，且言生苗之地不过三百余里，乞别遣良将督诸军殄灭”。《明史·贵州土司传》：“小桥熟苗龙木恰视寨事，年老，子俸袭，颁粮者遂不及恰，恰辄夺俸之有以为养。俸诉于官，官逮问恰，非罪之也。恰辄锁汉使，已而逐之曰：速去，此我家事，再来我当以乌鸡诸寨践汉边矣。”从上述这些正史的记载中可以了解，“生苗”、“熟苗”的涵括非常广泛。“熟苗”通常是归顺朝廷、交纳赋税或供养驿马，其酋长也可能得到官府的封赏，并领取朝廷的俸禄。“熟苗”介于官府和“生苗”之间，有时也会遭到“生苗”的袭扰。

石开忠曾通过对《明史・贵州土司传》有关记载的考证，指出社会经济发展较为落后的“生苗”，并非指称某个单一的族群，也不能完全、直接地等同于今日的苗族，它其实包括了布依族、侗族和苗族等多种族群，因此，对文献中的“生苗”一词，应根据当时、当地、当事来做具体的分析和判断。[①] 这除了《明史》在清代修纂时，受到当时将西南少数民族泛称为“苗”的影响，故在文献记载上出现了诸多混乱之外，当时的汉人记录者无法对诸多族群逐一进行识别，也是导致族称笼统而又混乱的重要原因。

在多数情形下，“生苗”是被戒惧和防范的对象，如发生冲突，自然就成为征伐对象[②]。为防止“生苗”反乱，明清两朝曾在今湖南一带建立哨卡边墙，试图将“生苗”隔离或封锁起来（图 17—图 18）。大规模修筑边墙以防范“生苗”，意味着中原王朝在进取、经营西南的过程中，曾经沿用了北方重修万里长城的思路。伴随着汉人的移入和明朝势力的大举进入西南，“苗疆”治理逐渐成为朝廷和地方衙门的重大

---

① 石开忠：“《明史・贵州土司传》族名・人名及族属考辩”，载方铁主编：《西南边疆民族研究 2》，云南大学出版社，2003 年 1 月，第 187—209 页。

② 伍新福：“论‘生苗’区的形成与封建王朝对‘生苗’的统治政策”，《民族论坛》1990 年第 2 期。

课题，而修筑边墙便是朝廷采取的诸多防苗、治苗、理苗的措施之一①。凌纯声和芮逸夫曾于20世纪30年代考察过湘西的明边墙遗址，指出它虽系汉苗或民苗的界线，但同时也是两个自然地理区域的划分；至于修筑边墙的动机，则与“汉人的移殖苗疆”，和凭险以守的苗人形成对峙的格局有关②。

图17　苗疆边墙：湘西“南长城”之局部
（田文娟提供，2015）

① 张应强：“边墙兴废与明清苗疆社会”，《中山大学学报（社会科学版）》2001年第2期。

② 凌纯声、芮逸夫：《湘西苗族调查报告》上册，台北南天书局1947年版，第30页。

据乾隆时期的《辰州府志》记载，明万历四十四年，辰沅兵备参政蔡复一“请发帑金四万有奇，筑沿边土墙，……迤山亘水凡三百余里，边防藉此稍固”。如此在苗疆大修边墙的做法，也为后来的当局者所延续，其结果是使得原本只是理念上的“生 / 熟”分类得以物化和固化。天启年间，贵州水西安氏反乱，辰沅兵备道副使胡一鸿又增修北段边墙六十余里。明朝曾数十次大规模剿苗，故激起了苗人的顽强抵抗，一个时期，围绕着边墙呈现出胶着拉锯的状态。明末崇祯年间发生的“苗乱”，致使“土墙尽踏为平地矣”（刘应中《边墙议》），表明以边墙对应“苗患”，其功能也并非那么有效。

图 18　湘西“南长城”上的炮台（田文娟提供，2015）

清朝基本上沿袭了明朝的“生/熟”苗之分类和认知。方亨咸《苗俗纪闻》：“自沅州以西即多苗民，至滇、黔更繁，种类甚颗”；“但有生熟之异。生者匿深箐不敢出，无从见；熟者服力役纳田租，与汉人等，往见之”。陈鼎《黔游记》：“生苗者，无头目，不服土官黔束，雄而强者即为长，或聚至数百人即僭号称帝。”陆次云《峒溪纤志》：“近为熟苗，远为生苗。熟苗劳同牛马，不胜徭役之苦。”康熙《麻阳县志》：“已归王化者，谓之熟苗，与内地汉人大同小异；生苗则僻处山洞，据险为寨，语言不通，风俗迥异。”上述这些朝廷官员及汉族文人的表述或地方志记录，大体上都是基于同一个文化逻辑。文献里的“生苗”，自然是相对于“熟苗”而言的[①]，一般多居住或分布于较为偏远的山区，和汉区的关系较为疏远，往往也不通汉语，和汉民的生活习俗差异较大。

和明朝一样，清朝时“生苗”和“熟苗”指称的对象也有复杂的内涵。清田雯《黔书》：“何谓生苗，定番之兰蔺，兴隆、清平、偏桥之九股，都匀之紫姜、夭霸、九名九姓，镇远之黑苗，铜仁之红苗，黎平之阳洞罗汉苗、峒人是也。”这显然并非是指某个具体、特定的族群，而更像是对若干不同族群的泛称。明洪武年间设置的辰州卫镇溪军民千户所，辖地十里，下四里颇遵汉法，然常与永顺连壤互争，遣官勘议，经百余年乃定；上六里苗民，则阳顺阴逆，叛服无定。直到

---

① 伍新福、龙伯亚：《苗族史》，四川民族出版社，1992年8月，第222页。石开忠：“《明史·贵州土司传》族名·人名及族属考辩”，载方铁主编：《西南边疆民族研究2》，第187—209页。

清雍正八年，始抚定上六里“生苗”，建设永绥厅。在这二百多年之间，汉人不断移殖，而很多生苗“熟化”为民[①]。“生苗”和“熟苗”往往相邻混居，有时难以区分。在中央王朝的地方官衙看来，“熟苗”虽然是可以沟通的，甚至还会到官府“领粮”，但同时又不那么可靠，“倏为顺苗以领粮，又倏为生苗以行劫”（《辰州府志》卷四十）。“生苗”、“熟苗”之间原本就不存在绝对性的不可逾越的区隔。

清史中也有大量关于“生苗”和“熟苗”的记载，包括征讨、剿平、内附、叛乱、改土归流、招抚、编入民户等等。雍正年间，朝廷曾发动对贵州“生苗”的征服战争，并乘威“招服黔边东西南三面广顺、定番、镇宁生苗六百八十寨，永宁、永丰、安顺生苗千三百九十寨，地方千余里，直抵粤界”（魏源《圣武记》）。《清史稿·世宗本纪》：雍正五年十一月，“戊辰，鄂尔泰奏贵州长寨后路克猛等一百八十四寨生苗内附”。雍正七年三月，“戊申，鄂尔泰奏剿平丹江、九股等处生苗”。“秋七月丙午，贵州都匀生苗及侬、仲生苗内附”。雍正八年六月，“戊申，鄂尔泰奏黎平、都匀生苗内附。”雍正十三年，“八月己巳，诏曰：从前经理苗疆，本为乂安民生。乃经理不善，以致逆苗肆出，勾结熟苗，抢劫居民。是以安民之心，成虐民之政。返之初心，能勿愧乎？所有贵州本年钱粮，通行蠲免。其被贼州县，蠲免三年，以示抚绥捄恤之意”。《清史稿·地理志》：“贵州丹江厅，要。府东北百四十里。明，

① 张应强：“边墙兴废与明清苗疆社会”，《中山大学学报（社会科学版）》2001年第2期。

生苗地。雍正六年，平苗疆置。”《清史稿·杨天纵传》：“总督鄂尔泰讨平长寨仲苗，环其地东西南皆生苗，犷悍不受约束，内地仲苗以为逋逃薮。天纵从鄂尔泰招抚，遣参将刘成谟率熟苗头人推诚劝谕，生苗有求见，令薙发，予以衣冠酒食，使转相化导。受抚者百四十八寨、五千六百馀口。”《清史稿·冯光裕传》：“十三年，古州苗叛，都江、清江、八寨、丹江、台拱诸新附苗皆应。师讨之，光裕督饷，令民应役，厚与直，行得持械自卫。募熟苗为助，畀以木符，戒官兵无妄杀，皆踊跃应募。”《清史稿·职官志》：“乾州、凤凰营，箪边红苗地。康熙四十三年改流官。并以生苗内附，列为郡县”。《清史稿·兵志边防》：“乾隆元年，杨名时锐意治苗，以贵州省苗众分生熟二苗，生苗在南，熟苗在北，乃屯驻重兵于内地，而择邻苗之要道，增修壁垒，使民有所归，兵有可守，遇苗众出巢滋事，则互相援勦，战胜勿事穷追，兼抚熟苗，俾渐知向化。”《清史稿·杨名时传》：“苗疆用兵久，名时疏言：御夷之道，贵在羁縻，未有怨毒猜嫌而能长久宁贴者。贵州境内多与苗疆相接，生苗在南，汉人在北，而熟苗居中，受雇直为汉人佣，相安已久。生苗所居深山密箐，有熟苗为之限，常声内地兵威以慑之，故亦罔敢窥伺。自议开拓苗疆，生苗界上常屯官兵，干戈相寻，而生苗始不安其所。至熟苗无事则供力役，用兵则为乡导，军民待之若奴隶，生苗疾之若寇仇。官兵胜，则生苗乘间抄杀以泄忿；官兵败，又或屠戮以冒功。由是熟苗怨恨，反结生苗为乱。如台拱本在化外，有司迎合要功，辄谓苗民献地。上官不察，竟议驻师。遂使生苗煽乱，屡陷官兵，蹂躏内地；间有就抚熟苗，又为武臣残杀，卖其妻女。是以贼志益坚，人怀必死。为今日计，惟有弃苗疆而不取，撤重兵还驻内地，要害筑城，俾民有可依，兵有可守。来则御之，去则舍之。明悬赏格，有能擒首恶及率众归顺者，给与土官世袭，分管其地。更加意抚绥熟苗，使勿为生苗所劫掠，官兵所侵陵，庶有俯首向化之日。不然，臣恐兵端不能遽息也。”通过这些触目惊心的记载，我们也就不难理解扬名时的治苗策略之与“生 / 熟”之苗的分类之间存在的内在关联性了。“生 / 熟”分类不仅是理苗的一种理论依据，事实上，它还直接关乎具体的策略以及分而治之的驾驭之术。

从明朝直至清初，被视为“化外之地”的“生界”，除了湘黔交界的腊尔山区，再就是贵州的黔东南雷公山区。这两大“生苗”聚居区，因屡屡造反而成为朝廷经营西南时的心腹之患。在大规模的征服“生苗”战争及“改土归流”之后，理苗政策既有政治上的，如编制户籍、厘定赋额、实施科举等，又有文化上的，如促使一些“生苗”族群改用汉姓，确立姓名制度，甚至剃发改装，以示他们不再是野处的蛮荒之民，甚至也不再是土司的部属，而是大清的臣民[①]。在“以昭王会之盛”（乾隆谕旨）为宗旨的《皇清职贡图》事业中，清朝的“苗蛮图”、“百苗图”制作曾兴盛一时，一定程度上反映了中央王朝治理苗疆的重大进展。

康熙二十五年，辰州知府刘应中考察了明朝苗疆边墙，并作《边墙议》：“况近墙各寨皆熟苗，常资以卫内地，其

① 李汉林：“文化变迁的个案分析——清代‘改土归流’对黔中苗族文化的影响”，《民族研究》2001 年第 3 期。

田亩绣错，非荒壤比，岂便复筑土墙隔之于外？”他认为，不宜复筑土墙，将近墙各寨“熟苗”区隔在外，因为当时分布在边墙遗址内外的“熟苗”，除了一部分是由“生苗”转化而来之外，也不乏一些汉人越墙在“生苗”地区垦殖而形成村寨的情形。但到康熙五十年，湖广总督鄂海撰《抚苗碑铭》曰：“披图按籍，以镇筸边墙宜用旧址修筑，绘图奏请。”后来在傅鼐主持下，苗疆五厅县共修筑屯堡、边卡、碉楼、哨台、关厢、关门约“一千一百七十二座”，“凤凰厅接连乾州厅沿边开筑长墙壕沟一百一十余里”。清朝修建的大批屯堡、边卡、碉楼等设施和边墙一起，把“熟苗”和“生苗”相隔离，进而把“生苗”局限于腊耳山区。于是，“生苗”地区亦即所谓“生界”和外部的接触便受到阻碍。物化和固化的边墙不仅离间了“生苗”和“熟苗”的关系，也阻隔了汉人与苗人的族际交往，民苗交易受到限制，所谓“苗不出境，汉不入峒”，苗不得进入边墙之内，而民也不许越市[①]。唯有在和平时期，“生界”和外部的商业贸易及文化互动才会稍有松动。

明清时期的苗疆边墙，总体上是与朝廷推进直接统治和汉人入殖有着密切的关系。此种边墙的意义，与其说是要严格区分民和苗或阻隔“生苗”和“熟苗”，不如说是既为了“制熟苗”，也为了“防生苗”，从而把边墙沿线视为朝廷进一步朝“生苗”地区深入渗透，并将“化外”诸族群改造

① 姚金泉：“略论明清边墙碉卡对湘西苗族社会的影响”，《云南民族学院学报》第18卷第2期，2001年3月。

成“化内”之地的基本依托。清朝重修边墙，实际上是与“改土归流”政策的推行进程密切相关，正是在这样的时代背景下，将“生苗”和“熟苗”区分对待，实际上就是朝廷推行同化政策，建构新的苗疆秩序的具体举措。顺从朝廷的“熟苗”，获得了一种介于“民”和“苗”之间的身份，“生苗”虽然尚未纳入，却也是未来征服或同化的对象。在某种意义上，苗族历史的发展确实是经由“生苗”到“熟苗”的过渡，在这个转化过程中，逐渐接受了许多汉人的文化和生活方式，实现了族群之间的融合与同化[①]。无论如何，边墙及由其形成的“汉苗”界址或“生 / 熟”界线之类族群边际的心理防线，对后世产生了颇为深远的影响。“生 / 熟”分类甚至也对苗人有影响，逐渐在苗人社会内部也出现了对这种分类的认知，例如，有些“生苗”会认为自己族群的文化更为纯粹，而把某些“熟苗”说成是“假苗”[②]。

朝廷对苗疆的治理，虽然倾向于尽量直接统治，但也往往有遵照“苗例”之说。清朝时的“苗例”，大体上可以理解为西南苗疆那些少数民族的习惯法，当然也会涉及朝廷为西南特别设定的一些法则或规矩[③]。据《清实录》记载：康熙四十年，“覆准熟苗、生苗若有害人者，熟苗照民例治罪，生苗仍苗人例治罪”。这是把“熟苗”与其他苗民做了明确区分，亦即对于“生苗”，一般可按“苗例”处置。乾隆元

① 唐嘉弘：《中国古代民族研究》，青海人民出版社，1987 年 8 月，第 446 页。

② 周星：《乡土生活的逻辑——人类学视野中的民俗研究》，北京大学出版社，2011 年 4 月，第 19 页。

③ 胡兴东：“清代民族法中‘苗例’之考释”，《思想战线》2004 年第 6 期。

年七月二十日，乾隆皇帝在涉及贵州等地“苗民”的谕旨中指出：“苗民风俗与内地百姓迥别，嗣后苗众一切自相争讼之事，俱照苗例完结，不必绳以官法。至有与兵民、熟苗关涉案件，隶文官者，仍听文官办理，隶武官者，仍听武弁办理。”由此可知，当时朝廷之西南民族政策的灵活性。

在明清时代的历史文献中，每每有“生苗向化”一说。这些“向化”的生苗，应该是变成了“熟苗”。这种说法往往也成为朝廷或地方官府制定和推行其民族政策的重要依据。官府对“生苗”和“熟苗”采取不同政策，一定程度上这也是导致其社会及文化发展不平衡的原因之一。与“生苗”相比，朝廷有时会对“熟苗”实行一些优待政策，例如，可以参加科举考试等，但应试的“熟苗”又须在名册上注以“新民籍”，于是，又与汉民考生相区别。将“熟苗”纳入科举，实际是文化同化的途径之一。旧时曾在苗疆广泛设立的“义学”，正是此类同化政策的反映[①]。从“生苗”到“熟苗”，从“新民籍”到“民”，便是一条教化之路，由于“熟苗”和“新民籍”在这个过程中受到鼓励，故同时又有“良苗”之类的称谓。

将西南少数民族区分为“生苗”和“熟苗”，既好理解，又很形象，同时也较为切合朝廷或地方流官衙门所面对的“现实”。很多当代学者倾向于把“生苗”和“熟苗”的区别理

① 周星、刘援朝：《贵州苗族地区的教育与发展问题（上）》，《民族教育研究》1995年第6期。

解为是在社会经济发展程度上存在着一定的差异[①]。人类学者对于此种区分往往也很敏感，常会把“生苗”地区视为较纯粹的苗族文化区，“熟苗”地区则被视为是部分接受了汉文化的融合文化区。如有的人类学者就倾向于认为“生苗”的丧俗，一般来说，要更加“原始”。总之，在历史上形成的将“生苗”和“熟苗”予以对比而展开的表述，已经形成了一套话语叙述的传统：“生苗”聚居山里，封闭、保守，经济落后，不会说汉语，而“熟苗”则正好相反。这种对异族群的“生 / 熟”划分，成为朝廷在苗疆确认涉及赋税、徭役、科举等臣民之权利和义务的身份制度之一[②]。

但“生 / 熟”作为族群分类的概念，其内涵有时也并不十分确定。一方面，在所谓“熟苗”中，往往会涵括一些较早时期移民而来并已经被土著化（或苗化）了的汉人，甚至还有可能包括一些明朝军屯和民屯的后裔；而所谓“生苗”，往往也并非只有苗族一种，而是泛指多种非汉族群。当然，除了泛指的用法，“生苗”、“熟苗”的分类，偶尔也可能在具体的多民族地域社会里确有所指，如苗族学者石启贵在《湘西苗族实地调查报告》中，把湘西的“土蛮苗”理解为熟苗，把“黑苗”理解为生苗[③]，而除此之外，湘西还另有“青苗”、“花苗”、“仡佬苗”等不同的支系。

---

① 杨胜勇：“明清时期‘生苗’与‘熟苗’社会经济发展比较研究”，中央民族学院 1991 年硕士学位论文。

② 张应强：《边墙兴废与明清苗疆社会》，《中山大学学报》2001 年第 2 期。

③ 石启贵：《湘西苗族实地调查报告》，湖南人民出版社，1986 年 12 月，第 35 页。

第七节 “生黎”与“熟黎”

以海南岛为中心分布的黎族，若是按照20世纪50年代黎族方言调查形成的见解，据说可分为“哈黎”、“杞黎”、“润黎”、“美孚黎”以及“赛黎”等多个支系，但在古代文献中却屡见“生黎”和“熟黎”的说法[①]。黎族的“生/熟”分类，也确实反映了古时汉人尤其是文人士大夫及地方官僚对黎族内部分化状况的基本认识。自唐以来，黎族的古称如“蛮”、“俚”、“僚”等见于各种文献；到了宋代，“黎”的称谓逐渐确定下来，成为专称。与此同时，“生黎”与“熟黎”也逐渐成为宋、元、明、清各朝代有关海南岛黎族之族群历史记述中常见的一组词汇。

“生黎”与“熟黎”的分类，较早地见于宋朝。《宋史·蛮夷传·黎洞》：“黎洞，唐故琼管之地，在大海南，距雷州泛海一日而至。其地有黎母山，黎人居焉。旧说五岭之南，人杂夷獠，朱崖环海，豪富兼并，役属贫弱；妇人服缌缏，绩木皮为布，陶土为釜，器用瓠瓢；人饮石汁，又有椒酒，以安石榴花著瓮中即成酒。俗呼山岭为‘黎’，居其间者号曰黎人，弓刀未尝去手。弓以竹为弦。今儋崖、万安皆与黎为境，其服属州县者为熟黎，其居山洞无征徭者为生黎，时出与郡人互市。”范成大《桂海虞衡志·志蛮·黎》：“蛮

① 王献军：“黎族历史上的‘生黎’与‘熟黎’”，《海南大学学报（人文社会科学版）》2010年第1期。

去省地远，不供赋役者名生黎；耕作省地，供赋役者名熟黎。”周去非《岭外代答》：“自廉东南渡海，曰琼州、万安、昌化、吉阳军。中有黎母山，环山有熟黎、生黎。若夫浮海而南，近则占城诸蕃，远则接于六合之外矣。”又“海南有黎母山，内为生黎，去州县远，不供赋役。外为熟黎，耕省地，供赋役，而各以所迩隶于四军州。黎质直犷悍，不受欺触，本不为人患，熟黎多湖广福建之奸民也，狡悍祸贼，外虽供赋于官，而阴结生黎以侵省地，邀掠行旅”。赵汝适《诸蕃志》卷下：“海南……四郡凡十一县，悉隶广南西路。环拱黎母山，黎獠蟠踞其中，有生黎、熟黎之别”；“熟黎峒落稀少，距城五七里许，外即生黎所居。不啻数百峒，时有侵扰之害，周侯谴熟黎峒首谕之，约定寅酉二日为虚市，率皆肩担背负，或乘桴而来，与民贸易，黎人和悦，民获安息”。大约成书于南宋的《琼管志》也指出：“琼郡周围二千余里，中盘黎峒，有黎母山诸蛮环居，号黎人，去省地远。不供赋役者号生黎，耕作省地者号熟黎。黎人之外，始是州县。”[①] 归纳上述文献可知，在海南岛以黎母山为中心，生黎居住在内，距州县远，不向朝廷提供赋役，且时不时有侵扰之害，但和平时期也会出山和郡人交易；熟黎则居住在外围，距离州县较近或已被编入州县，耕种着官府提供的土地，向朝廷提供赋役，时不时与“民”在虚市进行贸易。值得注意的是，在所谓“熟黎”

① 祁庆福、史晖等：《清代少数民族图册研究》，中央民族大学出版社，2012 年 2 月，第 135 页。

中，可能还包括一小部分从内地各省区流落于此的汉人[①]。

伴随着中央王朝对海南岛的进一步渗透和直接控制的强化，岛内居民构成也逐渐发生了变化，“黎多汉少”的格局出现改观。到明清时期，有关“生黎”、“熟黎”的记述有进一步增多和细化的趋势，其中包括族际的冲突、镇压、同化和交流等很多内容。明万历年间曾邦泰等纂修的《儋州志》：“生黎者，自古昔有此地即有此人。地皆丛山峻岭，曲溪绝涧。田不多于熟黎，村峒各有主”；“熟黎峒之大小不同，大者千余家，小者百余家”。顾炎武在其《天下郡国利病书》中记录了大量黎峒，其中的“熟黎”已被纳入地方行政管理，并向朝廷纳粮缴赋。至于散居山区的“生黎”，依然数目不详。《明史·地理志》：“南有五指山，亦曰黎母山，黎人环居山下，外为熟黎，内为生黎。”从《清史稿·地理志》：“府及崖州在南海中，曰海南岛，中有五指山，绵亘数邑。山南隶崖州，山北隶府。环山中生黎，其外熟黎，又外各州县”的记载来看，可知此格局一直延续到清朝，基本上没有改变。

《明史·广西土司传》：“永乐三年，广东都司言：琼州所属七县八洞生黎八千五百人，崖州抱有等十八村一千余户，俱已向化，惟罗活诸洞生黎尚未归附。帝命遣通判刘铭赍敕抚谕之。御史汪俊民言：琼州周围皆海，中有大、小五指，黎母等山，皆生熟黎人所居。比岁军民有逃入黎洞者，甚且

① 也有一种意见认为，“熟黎”应该是指海南岛的壮族。参见蔡汝栋：“浅谈所谓‘生黎’与‘熟黎’的不同族属”，《广东民族学院学报（哲学社会科学版）》1983年第2期。

引诱生黎，侵扰居民。朝廷屡使招谕，黎性顽狠，未见信从。又山水峻恶，风气亦异，罹其瘴毒，鲜能全活。近访宜伦县熟黎峒首王贤祐，尝奉命招谕黎民，归化者多。请仍诏贤祐，量授以官，俾招谕未服，戒约诸峒，无纳逋逃。其熟黎则令随产纳税，悉免差徭；其生黎归化者，免税三年；峒首则量所招民数多寡授以职。如此庶几黎人顺服。从之。”“四年，琼州属县生黎峒首罗显、许志广、陈忠等三十三人来朝。初以生黎多未向化，遣铭招抚。至是向化者万余户，显等从铭来朝，且乞以铭抚其众。帝遂授铭琼州知府，专职抚黎，仍授显等知县、县丞、巡检等官，赐冠带钞币，遣还。自是诸黎感悦，相继来归。琼山、临高诸县生黎峒首王罚、钟异、王琳等来朝，命为主簿、巡检。六年，铭复率土黎峒首王贤祐、王惠、王存礼等来朝，贡马。命贤祐为儋州同知，惠、存礼为万宁县主簿。八年，文昌县斩脚寨黎首周振生等来归，赐以钞币，俾仍往招诸峒。九年，临高县典史王寄扶奉命招至生黎二千余户，而以峒首王乃等来朝。命寄扶为县主簿，并赐王乃等钞。十一年，琼山县东洋都民周孔洙招谕包黎等村黎人王观巧等二百三十户，愿附籍为民。从之。临高民黄茂奉命招抚深峒、那呆等二十四峒生黎，率黎首王聚、符喜等来朝贡马，黎民来归者户四百有奇。通计前后所抚诸黎共千六百七十处，户三万有奇，盖皆本庙算云。十四年，王贤祐率生黎峒首王撒、黎佛金等来朝贡，帝嘉纳之。命礼部曰：黎人远处海南，慕义来归，若朝贡频繁，非存抚意。自今生黎土官峒首俱三年一贡，著为令。”正史的大量记载，生动地反映出朝廷致力于招抚和“教化”黎民的举措及其取得的成功。但其他一些记载则反映这个过程并非一帆风顺。如《明史·广西土司传》："琼州黎人，居五指山中者为生黎，不与州人交。其外为熟黎，杂耕州地。原姓黎，后多姓王及符。熟黎之产，半为湖广、福建奸民亡命，及南、恩、藤、梧、高、化之征夫，利其土，占居之，各称酋首。成化间，副使涂棐设计犁扫，渐就编差。弘治间，符南蛇之乱，连郡震惊，其小丑侵突，无时而息云。"《明史·沈希仪传》："琼州五指山熟黎素畏法，供徭赋，知州邵浚虐取之。"地方官员的"虐取"和亡命"奸民"的占居，则被认为是导致黎民动乱的重要原因。

清朝在雍正七年至八年，治黎取得了重大进展。《广东通志·编年志》："琼州生黎开辟以来，未通声教。七年恭届万寿圣节，众官公所祝厘。陵水县生黎三百四十八人焚香叩首，欢呼万岁嗣后。众黎虽极荒僻之区，俱闻风向化。"雍正七年六月初四，广东提督王绍绪的奏折亦说："查黎之附近于各县者则为熟黎，或至城市与民贸易，所种地亩薄输赋税。其与治境穷远者则为生黎，又为岐人，俗尤狡悍。然其居处，咸有村峒可名考诸纪载。"同年九月十五日，广东部政使王士俊向皇帝上奏："附近州县者为熟黎，一体输粮纳课；偏处山中者为生黎，力作谋生。"据《清实录·世宗实录》记载，雍正八年三月丙子，"署广东巡抚傅泰疏言：琼州府属生黎，诚心向化，愿附版图，请照例编入保甲，准其输纳丁粮。得旨：朕念生黎无田可耕，本不忍收其赋税。但伊等倾心依向，若将丁银全行豁免，恐无以达其输诚纳贡之悃忱。着将每名情愿输纳丁银二分二厘之数。减去一分二厘，止收一分，以作徭赋”。但实际上在此次标志着“生黎向化”的事件之前，却有过康熙年间的多次武力征剿。《广东通志·职官志》记载了“分巡雷琼道副使沈澄条议”：“请开通黎道以靖黎患也。琼属三州十县黎岐处其中，州县包其外。黎有生熟二种。熟黎居近平地。生黎盘踞五指山，道路不通，恃险梗化。自古及今，剿抚频行，而反顺靡常者，皆由我处奸徒犯罪，逃入黎境，借端煽惑，勾引为匪。待其蠢动，身赴官司，力任招抚。一遇委用，公然出入，乘机杀掠，从中攫利。以致剿不成剿，抚不成抚。……本道考之郡志，观从前议黎条略，皆以开通黎道为请。即康熙二十八年间总兵吴启爵统兵进剿，招抚生黎一十七村，黎人五百三十五家，业经呈请督院，自愿领兵裹粮廓清黎地，惜乎格于成议而止。”又《皇清职贡图》四库全书刊刻本图说：“康熙三十八年总兵唐光尧率兵剿抚，始获绥靖。雍正七年各峒生黎咸愿入版图，悉为良民。”[①]在《皇清职贡图》绘制事业的影响下，后来出现的部分“琼黎图”亦即清朝官方为掌控“黎情”绘制的黎族风俗图画，也对官府治黎多有反映，如在《琼州舆图》中描绘的黎峒，既有“熟黎村峒”，又有“生黎村峒”，记述颇为详尽[②]。中央民族大学藏本《琼州黎族风俗图说》，有“原黎”一段文字：“黎分生熟二种，有此地即有此人。生黎虽犷悍不服王化，亦不出为民害。为民害者惟熟黎，初皆闽商荡资亡命为黎，亦有本省诸郡人利其土，乐其俗而为

---

① 祁庆福、史晖等著：《清代少数民族图册研究》，第 113—114 页。

② 戴成萍：《清代琼黎图研究》，中央民族大学 2011 年博士论文，第 54—64 页。

黎者。前此黎人屡叛，或迫于诸求，或迫于凌虐，间有贸易奸徒利其香物，教以背叛，又使之构衅。生黎阴阳反复，凭陵猖獗者，此黎祸之媒孽，亦古今之通患也。”[①]这段文字和康熙年间《琼州府志》的有关记载基本相同，当为同一出处。由这些描述可以推测在当时所谓的“熟黎”中，的确有不少来自岛外的流民，官府对于屡屡发生的黎乱，往往是把起因归咎于他们。不过，《清史稿·汤右曾传》：“两广总督石琳疏言琼州生黎以文武官吏婪索，激而为乱”，却揭示了文武官吏的“婪索”或许才是更为直接的原因。袁枚《子不语》卷二十一：“崖州居民半属黎人，有生、熟黎之分。生黎居五指山中，不服王化；熟黎尊官长，来见则膝行而入。”“膝行而入”反映的与其说是尊敬，不如说是屈辱和对“官长”的畏惧。

《清史稿·潘思榘传》：“十三年，迁海南道。濬琼州西湖。深入五指山，安辑黎众，劾守将之残黎民者。调粮驿道。乾隆四年，迁按察使。惩贪钼猾，理冤狱尤多。民以旱纠众入市掠夺，思榘方被疾，强起坐堂皇，立捕数十人杖以徇，事乃定。疏言：广东有佷、瑶、黎三种：佷世居茂名，今附民籍，读书应试如平民。瑶亦输税归诚，设瑶童义学为训课。惟黎僻处海南，崖、儋、万、陵水、昌化、感恩、定安七州县为最多。生黎居深山，熟黎错居民间相往来，语言相习，请於此七州县视瑶童例设义学，择师教诲，能通文义

① 祁庆福、史晖等著：《清代少数民族图册研究》，第130—131页。

者许应试。部议从之。”这是将“义学”、“科举”等作为文化同化的路径来提议的。《清史稿·杨廷璋传》：“崖州安岐黎为乱，扰客民，廷璋檄镇道捕治。并奏：客民编保甲，禁放债。黎民市易设墟场，熟黎令薙发。民出入黎峒必讥，以杜后患。上从之。”这是把编制保甲、设立集市以及强制改变风俗（发型）等，作为综合性治黎的举措。其中的互市贸易应该是较为有效的，李调元《南越笔记》卷七：“黎母山高大而金，中有五指七指之峰。生黎兽居其中，熟黎环之。熟黎能汉语，常入州县贸易，暮则鸣角结队而归。生黎素不至诚，人希得见。”屈大均《广东新语》卷七：“凡欲买沉香者，使熟黎土舍为导，至生黎峒，但散与纸花、金胜，及锄头长一尺者，箭镞三角者，或绒线针布等物，生黎则喜。”这些野史笔记反映了“熟黎”常入州县贸易，“生黎”亦间接地通过“沉香”贸易商的到来得以和外部世界发生关联的情形。

汉人对海南岛黎人的“生 / 熟”分类，历经宋明清各朝，明显地已经形成了一种表述的“传统”。从朝廷到地方，从官僚到一般文人，都对黎人的“生”与“熟”有相当程度的一致性认知。内涵在这个二分法的分类之中的，一方面是挥之不去的疑虑和偏见，另一方面则是积极的同化政策及活跃的民间族际交流。在族际互动和交流中，虽然汉文化的流入是主要的，但也有黎人文化对内地的贡献。据说，宋末元初时的黄道婆，就是当时移民至崖州的“闽籍汉人”，她向当地“熟黎”学习了棉纺织技术并将之改进之后传播到内地，推动了全国棉纺织技术的提高[①]。在“生/熟”的分类当中，“熟黎”有举足轻重的地位。一般是把“熟黎”视为介于“生黎”和州县“省民”之间的存在，官府和汉人不仅通过“熟黎”接近和羁縻“生黎”，也以“熟黎”为中介，致力于和“生黎”做生意；朝廷则是通过“熟黎”去敦促“生黎”的归化[②]。故有研究者认为，通过对黎人的“生/熟”分类，事实上就在海南岛形成了“省民”-“熟黎”-“生黎”这样一个“三级圈层族群分布结构，从而彰显出族群力量的彼此消长以及和朝廷之关系的远近和亲疏[③]。

第八节　台湾的“生番”与“熟番”

按《现代汉语词典》的解释[④]，“生番”是旧时对开化较晚的民族的蔑称。历史上汉人对台湾少数民族的称谓，就曾使用过“生番/熟番”的分类[⑤]。较早移居台湾的福建沿海的闽南人，先是把台湾少数民族称为“番夷”或“东番夷”（何乔远《闽记》）等，后来便逐渐地出现了“生番”与“熟

① 杨先保：“从黄道婆看海南‘熟黎’对宋元明棉纺织业的贡献”，《海南大学学报（人文社会科学版）》1998年第1期。

② 瀬川昌久編：『近現代中国における民族認識の人類学』、昭和堂、2012年1月，第30—31頁。

③ 唐启翠：“族群利益与边界政治——海南‘熟黎’研究”，《海南大学学报（人文社会科学版）》2011年第5期。

④ 中国社会科学院语言研究所词典编辑室编：《现代汉语词典》，商务印书馆，1979年3月，第1015页。

⑤ 林惠祥：《林惠祥人类学论著》，福建人民出版社，1981年7月，第152页。

番”的说法[①]。从“生番”到“熟番”，台湾少数民族在汉人的分类和认知范畴的转换中经历的变化，实质乃是经由食物加热隐喻的“汉化”[②]。

当清朝从郑氏政权接管了对台湾的统治时，台湾已经有不少经由“生番”逐渐演变而来的“熟番”。清朝更加明确和直接地对台湾少数民族实行汉化政策，自然也很借重“生番”、“熟番”的分类。与此同时，台湾还存在“高山番”与“平埔番”、“土番”与“野番”等称谓。郁永河《裨海纪游》：“诸罗、凤山无民，所隶皆土著番人。番有土番、野番之别。野番在深山中，叠嶂如屏，连峰插汉，深林密箐，仰不见天，棘刺藤萝，举足触碍，盖自洪荒以来，斧斤所未入，野番生其中，巢居穴处，血饮毛茹者，种类实繁。”“平地诸番恒畏之，无敢入其境者。而野番恃其犷悍，时出剽掠，焚庐杀人；已复归其巢，莫能向迩。”《彰化县志》：“山高海大，番人禀生其间，无姓而有字，内附输饷者曰熟番；未服教化者曰生番，或曰野番。”可知“野番”有时是可以对应于“生番”的，《裨海纪游》在强调“野番”之野蛮性时，突出其巢居穴处、血饮毛茹（生食）的特点，可谓意味深长。

“熟番”主要分布在台湾岛的西部平原、台北平原、宜兰平原及西部的部分丘陵地带，还有一小部分迁徙至台中的埔里盆地和台东等地，大约到晚清时，“熟番”和所谓“土番”、“平埔人”基本上可以相互对应。“生番”主要集中在中部

---

① 在相关文献里，“番”、“蕃”可以通假。本章一概使用“生番”、“熟番”。

② 陈伟智：“由‘茹毛饮血’到‘烹调饮食’——十九世纪上半期汉人眼中的噶玛兰人”，《宜兰文献杂志》6，宜兰县立文化中心出版，1993 年 11 月。

山区和台东，晚清时也基本上可以和山地“野番”或“高山番”相互对应。[①] 一般认为，“土番”就是在行政设置范围内服役贡赋的“熟番”，“野番”就是指分布于深山密林且不服管辖的“生番”。尽管如此，这几组概念的逻辑并不完全不同，道光时的《噶玛兰厅志》将“平埔番”、“高山番”并列对举，是基于居住环境而言，是相对静止的概念。但台湾少数民族的“生/熟”之分却是流动性的，其具体所指的族群或其分支往往会发生变化，例如，原先的“生番”后来可能会变成“熟番”。从《噶玛兰厅志》的描述看，早年初进宜兰平原的汉人对噶玛兰人（kavalan）茹毛饮血的“生食”习惯印象很深，而剃发着衣、从事农耕、渐通汉语和烹调饮食（即“熟食”），乃是他们从“生”到“熟”之汉化过程所必然要经历的[②]。

邝其照《台湾番社考》：“生番又分两种：一为平埔生番，一为岩穴生番”，可见它们确实是基于不同逻辑的分类。蓝鼎元《鹿洲全集》卷十一：“台湾土番有生熟两种。其深居内山，未服教化者为生番，皆以鹿皮蔽体，耕地食芋，弓矢镖枪是其所长。……其杂居平地、遵法服役者为熟番，相安耕凿，与民无异，惟长发、剪发、穿耳、刺嘴、服饰之类不同耳。”这是把“土番”视为涵盖“生番”和“熟番”的台湾少数民族的总称。康熙六十年夏，蓝鼎元“台湾近咏上黄巡使”诗：“内山有生番，可以渐而熟”；蓝鼎元《平台纪

① 郭志超：《闽台民族史辩》，黄山书社，2006年5月，第51—52页。

② 陈淑均：《噶玛兰厅志》（台湾银行经济研究室编：《台湾方志汇刊》第二卷），1957年。

略总论》提到的抱负是：“以实心行实政，自觉月异而岁不同，一年而民气可静，二年而疆圉可固，三年而礼让可兴。而生番化为熟番，熟番化为人民而全台不久安长治，吾不信也。”这些都明白无误地表达了对于同化“生番”、使之由“生”变“熟”的期待。乾隆三十一年十月十五日，闽浙总督苏昌奏：“比年熟番滋生日蹙，及今不办，日久必潜入大山，仍作生番，”这说明当权的统治者深悉“生番”和“熟番”之间是可以互相转化的。伴随着朝廷行政统辖所及和汉文化的渗透，很多台湾少数民族族群的文化发生了改变，于是，还另外出现了“归化土番”之类的称谓。邓传安《蠡测汇钞》：“夫输饷之社，归化社也；不输饷之社，野番也。”这是说以“输饷”为标志的“归化”，便意味着脱离了“野生”的状态。

“生番”、“熟番”的区分常被用来描述台湾少数民族所受汉文化影响程度的不同，以及由此产生的社会经济发展和生计形态等方面的差距。视“生番”、“熟番”之不同在于社会经济状况，乃是很多学者的共识[①]。郭志超曾指出，由于接受汉族文化的影响是一个历史渐进的过程，因此，不同历史时段的“生番”和“熟番”的范围并不完全相同，而是存在着彼此的消长和变化。[②]鲁之裕《台湾始末偶记》：“其番有生者、熟者，其聚族所居曰社，其社有生番、熟番。何为生？不与汉群，不达吾言语者也；何为熟？汉番杂处，亦言我语者也。”这对番之“生 / 熟”可谓是简洁到位的表述。

---

① 卢勋、李根蟠：“清代高山族社会经济形态探讨”，《民族研究》1981 年第 6 期。
② 郭志超：《闽台民族史辩》，第 48—52 页。

周钟瑄撰《诸罗县志》卷八："内附输饷者曰熟番，未服教化者曰生番，或曰野番。"陈文达《凤山县志》卷十：台湾"山以西者为外番，在山以东者为内番。外番者，南北两路之熟番也"。这里的"内/外"之说，本是以台湾少数民族为本位而言的。虽然分类表述存在着诸多混乱，但无论如何，台湾少数民族族群之"生"、"熟"是最大众化的，同时也是一组最不宜忽视的范畴。

在剿抚并举、恩威并施的举措下，"生番"向化曾经始终是朝廷官方记录津津乐道的美事。《清史稿·兵志·海防》："二十二年，施琅以水师二万克台湾，乃置台湾府，设府县各官，铸铁币，开学校，筑城垣，逐生番，戍兵万有四千，遂为海外重镇。"《清史稿·世宗本纪》："满保奏台湾生番七十四社归化。"《清史稿·蓝鼎元传》"（康熙晚年）鼎元复为台湾道条十九事，曰信赏罚、惩讼师、除草窃、治客民、禁恶俗、儆吏胥、革规例、崇节俭、正婚嫁、兴学校、修武备、严守御、教树畜、宽租赋、行垦田、复官庄、恤澎民、抚土番、招生番。后之治台者，多以为法。"《清史稿·高宗本纪》："辛酉，上八旬万寿节，御太和殿，王、贝勒、贝子、公、文武大臣，蒙古汗、王、贝勒、贝子、公、额驸、台吉，回部王、公、台吉、伯克，哈萨克、安南国王、朝鲜、缅甸、南掌贡使，各省土司，台湾生番等行庆贺礼。"据《清史稿·乐志》记载：乾隆五十五年，高宗八旬万寿时演奏的庆隆舞乐十八章之"十三章"，既为"生番向化，倾心太平"。《清史稿·徐嗣曾传》："（乾隆）五十五年，高宗八旬万寿，台湾生番头人请赴京祝嘏，嗣曾以闻，命率诣热河行在瞻觐。”《清史稿·德宗本纪》：“五月庚子，台湾生番归化四百余社，七万余人。”《清史稿·林亮传》：“亮以台湾初被兵，加意抚绥，整水陆兵防。又招抚生番一百八社、男妇一万八百余人。”《清史稿·福康安传》：“疏请募熟番补屯丁，并陈善后诸事，要在习戎事，除奸民，清吏治，肃邮政，上悉从之。”《清史稿·食货志》：“自雍正十三年户部题准，福建台湾府生番百九十九名，汇入彰化籍，广西庆远府归流土民百七十九名，汇入宜山籍，嗣后台湾生番、四川生番、岭夷归化者甚众，定例令专管官编立保甲，查缉匪类，逢望日宣讲上谕，以兴教化，自是番民衣冠言语悉与其地民人无异，亦有读书应考者。”《清史稿·地理志》：“谨按台湾疆土赋役，日增月广，与旧时羁縻侨置情形迥不相同，因地制宜，似难再缓。况年来生番归化，狉榛之性初就范围，尤须分道拊循，藉收实效。”所有这些“生番归化”之类的记载，可以说非常生动地反映了朝廷管辖台湾，并对台湾少数民族予以同化的过程。

从乾隆时起，朝廷开始了旨在把中原王朝的“王化”理论予以具象化的工程，亦即《皇清职贡图》的绘制。乾隆十七年七月，闽浙总督喀尔吉善等奏：“查闽省界在东南，外夷番众甚多。臣等绘图进呈，通计畲民二种，生、熟番社十四种，琉球等国外夷十三种。”（《清实录·高宗实录》）《皇清职贡图》中的台湾番民图像，有台湾县大杰岭等社“熟番”八种，凤山县山猪毛等社归化“生番”五种等，其中的“大杰岭等社熟番”图说记载：“番民有生、熟二种，聚居各社，如内地之村落。不设土司，众推一人约束。”《皇清职贡图》“武英殿”刊本卷三，于“淡水右武乃等社生番”（图 19）的文字说明之后，增加“谨按：台湾生番向由该督、抚图形呈进者。兹乾隆五十三年福安康等追捕逆匪林爽文、庄大田，各生番协同擒剿，倾心归顺。是年冬，番社头目华笃哇哨等三十人来京朝贡。并记于此”[①]。可知“生番”有时也会和朝廷合作，甚至进京朝贡。不言而喻，施政者往往是因势利导，分而治之，并对台湾少数民族之“生/熟”给予区别对待[②]。

图 19　台湾右武乃社“生番”形象
（中国国家博物馆藏《皇清职供图》之局部）

---

① 祁庆福、史晖等著：《清代少数民族图册研究》，第 8 页。

② 陈国强、林加煌：“蓝鼎元治理台湾高山族的贡献”，《云南社会科学》1994 年第 5 期。

但朝廷始终对台湾少数民族尤其是“生番”高度戒备，也是不争的史实。黄叔璥《台海使槎录》曾提到“番界”：“康熙六十一年官斯土者议：凡逼近生番处所，相去数十里或十余里，竖石以限之，越入者有禁。”早期的台湾少数民族政策以减少“番害”、防御“生番”为主，故需要立石划界，同时由于东南沿海的汉人移民大量涌入，故在一个时期内为防止汉番冲突也在汉人主要居住地设立界碑，既严禁汉人擅越“番界”，也禁止“内山番人”出入“民界”[①]。《清史稿·王郡传》：雍正时，“台湾民居多平衍，山箐中皆生番，各险要皆置兵戍守”。《清史稿·杨景素传》：“（乾隆）十八年，授福建汀漳龙道。漳浦民蔡荣祖欲为乱，景素率营卒擒斩之。调台湾道。釐定汉民垦种地，并生熟番界址。革游民为通译而不法者，代以熟番。又禁入山采木，借修造战船材料为名，累诸番。”《清史稿·杨廷璋传》：“（乾隆二十四年）台湾与生番接壤，前总督杨应琚饬属勘界，挑沟筑土牛以杜私垦。至是，廷璋议彰化、淡水与生番接壤，依山傍溪，挑沟筑土牛为界；并於沿边设隘寮，分兵驻守。”所谓“土牛”，就是在原有的竖界碑方式之外，另行“挑沟筑土”，形成界限，因形似卧牛，故有“土牛沟”之称。这种做法已经和湘西的边墙颇为接近，由此也形成了明确的物化和固化“边界”。现藏“中央研究院”历史语言研究所（台湾）的《民番界址图》，标出了禁止外来“民人”进入“番地”的界限，即所谓“番界图”或“界址图”（图20）。

① 祁庆福、史晖等著：《清代少数民族图册研究》，第96页。

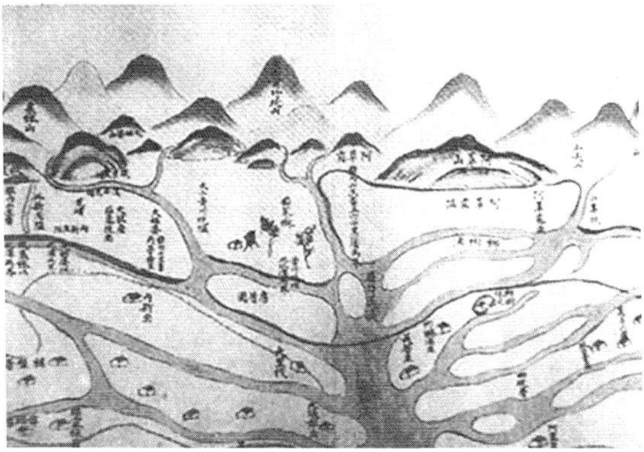

图 20 “中央研究院”历史语言研究所藏台湾《民番界址图》

后来，这种“边界”也从汉番边界发展到“生/熟”的边界。根据曾任“北路理番同知”的邓传安写于道光年间的《蠡测汇钞》：“台湾四面皆海，而大山亘其南北。山以西民番杂居，山以东有番无民。番所聚处曰社，于东西之间，分疆划界。界内番或在平地、或在近山，皆熟番也；界外番或归化、或未归化，皆生番也。”因为官府逐渐实施了将“熟番”安置在靠近“生番”界的丘陵地带，从而形成汉民－熟番－生番的分布格局[①]，直到 1874 年沈葆祯革除禁止汉民私入“番界”的禁令，招汉民入山屯垦为止。

和湘西的情形相类似的还有朝廷的隔离政策。根据乾隆年间的官方记录，台湾汉人若与“番妇”结亲，汉民照民苗结亲例，杖一百离异；土官、通事照民苗结亲媒人减一等例，各杖九十；地方官照失察民苗结亲例，降一级调用。

① 周翔鹤：“制度、地方官、‘汉番关系’——关于清代台湾‘番政’形成的一些考察”，《台湾研究集刊》2004 年第 3 期。

不仅如此，在台湾，汉人若偷越“番地”，也按民人偷越“苗地”例，处罚相关官员及偷越者。这表明朝廷在湘西的“治苗”实践，至少部分地对于其在台湾统治少数民族的实践产生过一定的影响。

大约成书于乾隆初年的六十七《番社采风图考》：“归化已久熟番，亦知以稼穑为重，凡社中旧管埔地，皆芟割草莱，垦辟田园。有虑其旱涝者，亦学汉人筑圳，从内山开掘，疏引溪流，以资灌溉。”由此可知，逐渐汉化的“熟番”采用了农耕生计的经济形态。《清史稿·丁日昌传》：“中路水埔六社不谙树艺，雇汉民代耕，谓之租贝业。复令有司计口给银米，教之耕作；广设义学，教之识字。”这是说除了农耕生计之外，“义学”和“汉字”等文化方面的同化也非常重要。在台湾，汉人的大量入殖，和“熟番”之间自然就发生了各种形式的“汉番土地关系”，“熟番”的土地被租耕、买卖甚或巧取豪夺。这个过程进一步还逐渐向“生番”地区扩张。与此过程并行不悖的是，汉商与“熟番”、“归化生番”的贸易活动，进而也以“熟番”为中介，逐渐地扩展到和“生番”也能够做生意了[①]。这些情形又和汉人在海南岛与“熟黎”、“生黎”发生关系的模式颇为类似。

1871 年，台湾发生了台湾少数民族（“生番”）杀害琉球渔民的事件，日本遂借机向中国发难。日本使臣向清朝“询台湾生番戕害琉球人民，拟遣人赴生番处诘问”，清朝曾以事发“化外之地”一说来应对。柳原前光既至京，先递照会

① 郭志超：《闽台民族史辩》，第 90—102 页。

有“台湾生番为无主野蛮，本不必问之中国”之语，而总署责以“台湾生番系中国地，不应称为“无主野蛮”。日使“坚以生番非中国版图为词。及示以《台湾府志》所载生番岁输番饷之数，与各社所具结状，日将始婉谢”。1874年，日本出兵台湾，并逼迫清朝签约赔偿，掀开了近代侵华史的第一页。围绕着台湾“生番”之“有主”、“无主”而延伸至中国版图的争论，突显了族群“生/熟”论之与中国朝廷的“天下观”相吻合，而与现代民族国家的基本逻辑有所抵牾的困扰。但1894年中日甲午战争之后，日本割占台湾，殖民统治当局亦沿用了“生番”、“熟番”的分类[①]。1897年，台湾总督府把台湾少数民族分为“平埔番”和“山番”，所谓“山番”大体上就相当于“生番”。1899年，伊能嘉矩、粟野传之丞对台湾少数民族的分类是指在“平埔番”之外，另有七族“生番”。历任台湾总督为顺利实施其“理蕃”政策，

① 日本国内的“和人”在论述少数民族阿伊努人时，也曾使用过“生虾夷”与“熟虾夷”、“生夷”与“熟夷”的分类。例如，常藩义公（德川光圀）《虾夷传》和中井蕉园《杞忧漫言》等。参见佐野大介：「中井蕉園『杞憂漫言』翻刻」、『懐徳堂センター報 2009』、大阪大学大学院文学研究科・文学部懐徳堂センター、2009年2月28日発行，第49—63頁。提倡“北方国防论”和“松前内徙论”的中井蕉园，曾深受中国古代“华夷之辩”思想的影响。“生虾夷”与“熟虾夷”分类的出典当在唐显庆四年，据《通典》卷一八五记载，“虾夷国，海岛中小国也。其使须长四尺，尤善弓矢。唐显庆四年，随倭国使入朝”。此事亦见于日方记载，《日本书纪》“齐明天皇五年秋七月丙子朔戊寅条”：“遣小锦下坂合部连石布、大仙（山）下津守连吉祥，使于唐国。仍以陆道奥虾夷男女二人，示唐天子。”注云：“唐主问，虾夷在何方？使人对曰：在东北。虾夷几种？对曰：三种。远者为都如留，次生虾夷，近者熟虾夷。今所将者为熟虾夷。”“和人”对阿伊努人的“生/熟”分类，有可能是受到伴随着汉字文化传入而在日本也促成了“小中华”思想的影响所致。

曾把汉文化对少数民族之“生 / 熟”分类也纳入其统治少数民族的理论体系之内，如在“蕃地”设立警政制度，予以严密的监视和镇压，围堵“蕃地”并进行经济掠夺，强力阻断长期以来“生番”的汉化进程而代之以“皇民化”过程等。

在由持地六三郎于 1902 年提出的“关于蕃地问题的意见书”中，以所谓文明“进化”的程度和是否“服从”殖民统治的态度为标准，将台湾少数民族（“蕃人”）分为“生”、“化”、“熟”三个阶段或层次。“生蕃”被认为进化程度最低，处于一般行政区之外，尚未成为日本帝国的臣民；“熟蕃”系在进化程度上基本达到和“支那人种”同等的程度，事实上已经成为一般行政区内日本帝国的臣民；所谓“化蕃”，则是指稍有进化、程度介于“生番”和“熟番”之间，虽有一些诸如纳税等接受日本殖民统治的事实，但尚未完全成为帝国臣民的状态。居住在新竹苗栗一带山脚的赛夏族，清朝时曾被称为“南庄化蕃”或“合蕃”，以便把他们和山里的“生蕃”相互区别。大概日本殖民当局所说的“化蕃”，也是沿用了清朝曾经的称谓。后来，被日本殖民当局征服的“生番”，又有所谓“归顺蕃”一说。“归顺蕃”在 1914 年由丸井圭治郎提出的“抚蕃意见书”、“蕃童教育意见书”等政策建议中，被视为是“抚慰”和“皇民化”教育的对象[①]。

据 1905 年殖民当局人口普查的数据，当时台湾有“生番”36363 人，“熟番”46432 人，出身福建、广东的汉人

① 藤井志津枝：《理蕃—日本治理台湾的计策》，文英堂出版社，1997 年 5 月，第 201 页。

约为 289 万人，另有来自日本内地的 57335 人，来自中国大陆（被认定为“外国人”）的“清国人”8973 人。随着日本人对台湾少数民族实地调查的进展，“生 / 熟”分类的重要性也逐渐下降，大约在 20 世纪 30 年代前后，殖民当局逐渐确立了新的族群分类法。日本部分学者开始对少数民族按照语言进行分类，与此同时，殖民当局逐渐地不再统计“生番”和“熟番”，而是分别统计“平埔”和“高砂”。除了新的族群分类法的出现，还有一个原因就是当局的殖民统治和同化政策进展较为顺利，于是，就逐渐放弃了“生 / 熟”这一较为简单的分类。

台湾于 1945 年光复以后，国民政府曾把在日据时期户籍曾登记为“熟蕃”及“平埔”的人们，一律划为汉族，但学术界仍将曾经的“熟蕃”泛称为“平埔族”。与此同时，“生蕃”则被改称为“山地同胞”或“山胞”。在 1956 年的人口统计时，对台湾少数民族（主要是山胞）身份进行登记，采用了九分法（泰雅、赛夏、布农、曹、鲁凯、排湾、卑南、阿美、雅美）。此后，台湾族群的分类屡经变动，据说目前计有 14 个族群之多，他们除了共享“原住民”这一共同称谓之外，很多族群都实现了按照其“自称”、通过音译以确定其汉文族称的目标。

第九节　“生夷”与“熟夷”及其他

“夷”是中国古代最多使用的异族群称谓之一，正如“东夷”、“四夷”、“西南夷”、“蛮夷”等用语所表明的那样，它既有作为专称的用法，更多地则是作为泛称。历史上也每每有“生夷”与“熟夷”的说法，如《宋史·蛮夷列传》：“治平中，熟夷李光吉、梁秀等三族据其（渝州蛮）地，各有众数千家。间以威势胁诱汉户，有不从者屠之，没入土田。”“乌蛮有二酋领：曰晏子，曰斧望个恕，常入汉地鬻马，……二酋浸强大，擅劫晏州山外六姓及纳溪二十四姓生夷。夷弱小，皆相与供其宝。”《宋史·孟珙传》：“大理至邕，数千里部落隔绝，今当择人分布数郡，使之分治生夷，险要形势，随宜措置，创关屯兵，积粮聚刍于何地，声势既张，国威自振”。《宋史·蛮夷列传》：“施州蛮者，夔路徼外熟夷，南接牂牁诸蛮，又与顺、富、高、溪四川蛮相错，盖唐彭水蛮也”；“罗个牟，熊本所团结熟夷也。王宣往救之，蛮解围，合力拒官军”。黄以周《续资治通鉴长编拾补》卷三十四：“泸之熟夷，晏州六县水路十二村及十州五村团思峨州洞众，素黠勇善斗。大中祥符、元丰间，屡为边患，为诸夷所畏，虽生夷，莫敢当之”；“然乘机用间，弭以官赏，使生、熟夷人自为向背，因以知彼虚实，探彼动静”等等。

《明史》中较为罕见“生夷”与“熟夷”的用例，但到了清朝，那些在明代曾被称为“生番”和“熟番”的异族群，却往往又被称为“生夷”与“熟夷”。尤其是针对四川、贵州等地的彝族先民（所谓“倮夷”等），较多使用“生夷”与“熟夷”的分类。但“生夷”与“熟夷”也有针对其他方向之异族群的用例，可知其用法较为灵活。

《清史稿·潘之善传》：“之善以边外辽阔，当设卡路杜窥伺，乃遣兵於沙州西路伊逊察罕齐老图及察罕乌苏诺尔分路侦御。并以住牧熟夷数百户，分置诸要隘，诇敌情，督修西安城及沙州五堡，以二千四百户屯田沙州，筹牛种，建房舍。”此处的“熟夷”显然是指西北方向的游牧族群。而《清史稿·杨芳传》所说“（道光）十三年，四川清溪、越嶲、峨边诸夷叛，提督桂涵卒於军，以芳代之。至则清溪、越嶲皆平，进攻峨边贼巢，斩其酋，十二姓熟夷皆降，山内倮夷亦就抚”。此则是指四川方向的异族群，可能就是彝语支的一些少数民族。《清史稿·吴杰传》：“越嶲厅，设抚民通判，止治汉民，而熟夷皆受治土司，通判无专责，且营伍非其所辖，呼应不灵，每以细故酿为大衅。请改为抚夷通判，千把总以下皆受节制。”又《清史稿·四川土司传》：“凉山夷倮儸者，居宁远、越嶲、峨边、雷波、马边间，浅山部落头目属于土司。深入则凉山，数百里皆夷地。生夷黑骨头为贵种，白骨头者曰熟夷，执贱役。夷族分数百支，不相统属。叛则出掠，掳汉民作奴，遇兵散匿。清兴，雍正五年、七年，嘉庆十三年、十六年，迭经川吏剿抚，加以部勒。”上述文献非常明确地将凉山彝族先民，亦即“凉山夷倮儸者”也做出了“生/熟”的区分。但把“黑骨头”、“白骨头”分别对应于“生夷”、“熟夷”，却反映了当时汉人对彝族先民之认知的局限性，此种误解很可能与曾经有人将历史上的“乌蛮”与“白蛮”分别理解为“生蛮”与“熟蛮”的情形有关。

《清史稿·四川土司传》还曾经罗列了康熙四十二年以及后来嘉庆、雍正年间，由于相继“归附”而被“授职”“土百户”、“土千户”等“凉山生夷”的清单：

明州乐土百户，其先盔甲，凉山生夷。其后骆哥，康熙四十二年，归附，授职。

油石洞土百户，其先普祚，凉山生夷。子咀姑，康熙四十二年，归附，授职。

旁阿姑土百户，其先脚谟伯，凉山生夷。子骆束，康熙四十二年，归附，授职。

大羊肠土百户，其先六盔，凉山生夷。子纽车，康熙四十二年，归附，授职。

腻乃巢土百户，其先必祚，凉山生夷。子脚骨，康熙四十二年，归附，授职。以上马边□马边营烟峰汛属。

挖黑土百户，其先亦赤，凉山生夷。子三儿，康熙四十二年，归附，授职。

阿招土百户，其先阿直，凉山生夷。子秧哥，康熙四十二年，归附，授职。

干田坝土百户，其先赊的，凉山生夷。子路引，康熙四十二年，归附，授职。

蔴柳坝土百户，其先鄂车，凉山生夷。子六贵，康熙四十二年，归附，授职。以上各土司，皆领有号纸。

木斯栗坪土千户，其先卜佐，凉山生夷。其后阿二，嘉庆十三年，归附，赏给职衔，领有委牌。

冷纪土外委，其先普祚，凉山生夷。子未铁，雍正元年，归附，授职。以上马边□马边营三河口汛属。

从族群"生 / 熟"论的文化逻辑上说，上面这些出身"凉山生夷"的土司，随后大都会慢慢地化为"熟夷"。明清时期针对西南及西北诸族群的分类，除了"生苗"与"熟苗"、

“生夷”与“熟夷”等之外，很多时候也会使用“生番”与“熟番”的对称。陈子龙等《皇明经世文编》所载“虏酋势劫熟番疏”：“至于松潘之事，或系诸酋西抢而还，合势远掠，生番恐而投顺，虚喝我以先声，熟番偲而急援，预控我以肤愬，未可知也。”又“议处熟番以昭威信疏”：“照得河西熟番、族种繁杂，强弱不齐，富者占据山场耕牧自给，贫者窃窥官道抢掠为患，国家治以不治，许以易马，实羁縻之良法。”《明史·洮州岷州等番族诸卫列》：“岷州番寇纵横，村堡为虚。……生番忍藏、占藏等三十余族酋长百六十余人，熟番栗林等二十四族酋长九十一人，转相告语，悔过来归，且还被掠人畜，愿供徭赋。杀牛告天，誓不再犯。”“成化初，因洮、岷诸处滥以熟番作生番冒送，已定例，生番三年一贡，大族四五人，小族一二人赴京，余悉遣还。”“番有生熟二种。生番犷悍难制。熟番纳马中茶，颇柔服，后浸通生番为内地患。”《明史·四川土司传》：“长官所辖河东熟番八寨，皆大姓，及马路、小关七族。其土舍辖河西小姓六寨。地土广远。饶畜产，稞麦路积。人皆枭黠，名虽熟番，与生番等。”这些记载显示虽有“生番”、“熟番”之分类，却无绝对固定的“生/熟”之区别。以“熟番”冒充“生番”去进贡，可能是希望得到朝廷赏赐更多的恩典。由于“熟番”较容易“浸通”“生番”，所以，也每每被视同“生番”而有所戒惧。但所谓“治以不治”，仅通过边境贸易诸如茶马互市之类的措施，有时也的确不失为明智的羁縻之策。

《清史稿·戴三锡传》：“越巂生番劫夺商旅，掠汉民妇女，捕驵黠者数十人置之法，救出被掠男妇，给赀安抚。”

《清史稿·董教增传》：“奸民与争界，焚夷巢，倮夷纠凉山生番为变，教增率兵往，议者多主剿，教增不可，廉得汉奸构衅者十一人，夷匪首事者六人，集众诛之，夷情帖然。”《清史稿·方积传》：“凉山生番叛，率师讨平之。……马边、峨眉岭诸夷结梁山生番盗边，积偕提督丰绅由马边三河口凿山深入，克六拔夷巢，遂出赤夷间道，进攻岭夷十二地。”此处的“凉山生番”与上述的“凉山生夷”并不能分得清楚，从史料的行文看，似乎有“番”、“夷”相互可以置换的用法。《清史稿·四川土司传》提到的“陇木长官司”、“沙坝安抚司”等，都是因为祖先曾经帮助中原王朝攻打某部“生番”而有功，故得到“授职与印”。

《清史稿·圣祖本纪》：“四十二年夏四月辛巳，四川威州龙溪十八寨生番归化纳粮。……五十二年十二月辛卯，洮、岷边外生番喇子等一十九族内附。”《清史稿·甘肃土司传》：“绰思觉，革那族生番也。明宣德间，授土官副千户。传至宏基，顺治十六年，归附，因事革配。”《清史稿·鄂海传》：“疏报甘肃洮、岷边外大山生番请归化，上以洮、岷边外无生番，或为蒙古属部，命详察。”可知当时的最高统治者对于“番情”是相当的重视和了解。《清史稿·兵志》：“岷州熟番四十三族，旧属土司，后为归安里，惟白水江以南、南山内外，皆黑番所在，亦称若瓦。”《清史稿·地理志·甘肃》：“番族分生、熟、野番三种。熟番五十四族，耕赋视齐民。生番十九族，畜牧资生。野番八族，其汪食代克一族，乾隆末北徙丹噶尔，余七族咸居东境，插帐黄河南岸。”《清史稿·兵志》：“贵德厅熟番旧五十四族，存五族，生番旧十九族，存五族，野番十九族，俱插帐河滨，番寺大者六所。循化厅口内熟番十二族，口外西番四十九寨，口外南番二十一寨。丹噶尔厅南乡熟番一族，河南西番八族，……平番县熟番三十六族，旧十余万丁，同治间存千余人，番寺十四所。”《清史稿·藩部·青海额鲁特传》：“（道光）十八年，玉树熟番内雍希叶布、蒙古尔津尼、牙木错、卡爱尔四族，以避果洛克番劫掠，奔赴青海，右翼盟长郡王恭木楚克集克默特愿让游牧内空闲地段住牧。”上述这些记载大多是将“生番”与“熟番”对称并举，其可能涉及四川、甘肃和青海等地的彝族、羌族、藏族、土族、裕固族以及蒙古族等很多少数民族的先民部落。

《清史稿·藩部·西藏》：“（道光）十五年，博窝滋事生番降，设曲木多寺四品番目营官一，宿凹宗、聂伊沃、有茹寺三处六品番目各一，宿木宗、普龙寺、汤堆批批三处七品番目各一。”“（道光二十一年）十月，拉达克部落勾结生番占踞藏境一千七百余里，夺据达坝、噶尔及杂仁三处营寨。”这是对西藏少数民族以及拉达克部落势力亦以“生番”称之的用例。

讨论：族群“生 / 熟”论的历史局限性

综上所述，古代汉文化对于周边异族群的“生 / 熟”分类，有非常之多的历史文献可资做深入的讨论，它不仅深植于汉人在认知异族群时驾轻就熟的文化逻辑当中，并在中国复杂的多民族相互关系史上形成了独特而又悠久的表述传承。

族群的“生 / 熟”分类，最早应该是起源于上古先秦时期的华夏文化当中，当时在汉文化中就已经形成了将“生食”还是“熟食”亦即将所谓“火化”与否视之为“文明”与否之标志的观念。秦汉时期，从汉语文献可以读取的认知，是将从“生食”经“火化”达到“熟食”，视为是华夏上古文化从蒙昧走向文明的进化历程。至于将起源于烹饪的“生 / 熟”分类或比喻，逐渐转用于对于周边异族群的分类，或用于对异族群不同状态的描述性概念，应该是在魏晋南北朝时期，并在唐朝及此后的宋辽夏金元等各朝代，日益发展成为中原王朝（或受汉文化影响之非汉政权）对于周边异族群进行分类描述时一对颇为常见和通俗的基本范畴。尤其是到了明清时期，朝廷对于周边异族群的“生 / 熟”分类，更是进一步地泛化和普及，并成为支撑大一统的天朝帝国的民族政策及其边疆政治的重要理论依据。

中国古代曾经使用过的民族“生 / 熟”分类，不仅涉及众多的古代民族，且在历史上被采用的跨度也很漫长。对异民族的“生 / 熟”表述，在汉文化的“他者”认知和“我族优越意识”的建构中如此普遍和重要，当然不是偶然形成或一时心血来潮、恣意所为，而是有着深远的文化根基。归纳起来，汉语文献对周边异民族的“生 / 熟”分类，大概有以下几种情形。

第一种情形是把异族群称为“生”，而往往不必和“熟”相对称，例如魏晋南北朝时期相继出现的“生蛮”、“生獠”、“生胡”之类，大都是如此。不言而喻的是，称异族他者为“生”，也就意味着汉人自以为是“熟”。“生”和“熟”就是“文明”

与否的一种表述或判断。在汉语字典中，“生番”一词的含义有二：（1）旧时侮称文明发展程度较低的人。（2）比喻凶残野蛮的人。在这个意义，“生/熟”的区分，也就是“我群”与“他群”的关系。

第二种情形，是针对具体、特定的族群之不同部分的指称，例如，把羌族、傈僳族、瑶族、黎族的一部分称为“生”，而将其另一部分称为“熟”，这多少是对异族群内部之差异性的描述，而汉文化中人是将自己置身于此一“生/熟”分类之外，所谓“生/熟”只是其接近汉文化的程度和距离不同而已。不过，对同一族群之不同部分的“生/熟”分类，往往并不能够穷尽其内部所有的分支。

第三种情形是针对某一面积较大、族群众多，但外部对其了解仍较为模糊的多民族地区，无论“生”或“熟”，都可以指称复数的族群或其部众分支，例如，明清对贵州“生苗”的指称，其实可以包括苗族、布依族、侗族等不同族群，“熟苗”也一样。在这种情形下，与其说“生/熟”是一种族群分类，不如说是对其和朝廷的关系，亦即对其是否接受官府管理之类姿态的归纳。

第四种情形，是用“生”指某一族群，而用“熟”指称另一族群。例如，在西北方向，曾有“熟回”与“生回”之说。明朝宰相严嵩曾在其《议处甘肃夷贡疏》中，将“汉回”区别于“回夷”，前者当指回族，后者则指来自西域的维吾尔人及其他信仰伊斯兰教的族群，其大概可以分别对应于清朝时的“熟回”和“生回”。在清朝，既有把回族和维吾尔族统称为“回”的情形，也有把回族叫做“汉回”或

“熟回”，进而与之相对，把维吾尔族视为“缠回”或“生回”的情形[①]。

由于有上述不同的语境，因此，在阅读古代相关文献以及通过它去研究有关学术问题时，应该谨慎而又仔细地予以具体分析，才不至于理解错误。归根到底，“生/熟”的族群分类是站在汉文化的立场上，通过汉文化的逻辑去对异族群进行的划分，虽然它对于中原王朝的地方官僚或汉人知识分子而言，几乎是理所当然的，故在历史上几乎是自然而然地得以形成；但对于被分类的异族“他者”人群而言却并非如此，往往对它是不以为然甚或断然拒绝的，只是在某些特定背景下才会有部分地予以接受，情形颇为复杂。例如，在湘西和贵州苗族地区，至今民间时不时仍会说哪里是“生苗”，哪里是“熟苗”，但对于像石启贵这样的苗族知识分子而言，基本上并不承认苗族的“生/熟”分类。《湘西苗族实地调查报告》几乎不使用“生/熟”分类，尽管他对于政府往往也提出一些通过教育“开导”、“开化”苗族的建议[②]，但他把苗族视为一个整体，而不倾向于将其简单地区分为“生/熟”两部。

历史上曾经实际存在过，甚或在眼下的现实中，依然以某种形态而有所遗绪的族群“生/熟”分类，就其具体指称的族群对象而言，未必那么确切或妥当，也未必那么有意义。本章把它们罗列起来，却令人震惊地蔚为大观。虽然汉文化

---

① 王钟翰主编：《中国民族史》，中国社会科学出版社，1994年，第637页。

② 石启贵：《湘西苗族实地调查报告》，湖南人民出版社，1986年12月，第670—672页。

周边四方的异族群的文化个性千差万别，但从东北、西北到西南、东南，所有这些“生/熟”分类的表述却惊人的一致，从其逻辑的结构，到文字的表述，再到以此为依据的分化、同化政策，到区别对应和软硬兼施、恩威并重的策略等等，都明显地具有相同的“结构”。距离较近，多少接受了汉文化的影响、汉语文能够沟通、能够和汉区做生意并基本上和平相处、接受朝廷或地方衙门的管辖、为朝廷输租服役等等，便是所谓的“熟”；与此对应的自然是那些距离较远、汉文化影响不到、朝廷教化不及、不通汉语文、和汉区没有直接的贸易往来、往往和汉区或官府处于对抗状态、尚未完全被朝廷征服、不接受地方衙门甚或土司管束、不向朝廷纳税服役等，便是所谓的“生”。上述区分“四夷”之“生/熟”的标准，或分别被描述为“生/熟”的状态，完全是以汉文化为中心形成的，它反映了古代汉文化的优越感以及居高临下的偏见意识，甚至也部分地成为民族歧视得以根深蒂固地延续下来的根源性论说之一。

在古代中国的王朝政治体系中，此种对周边异族群的“生/熟”分类，还与“中华”、“天下”、“教化”等观念有着密不可分的关系。在族群的“生/熟”分类中，不仅内涵着时间轴上单向的、从“野蛮”朝向“文明”的等级序列化，亦即高低贵贱之差别化的原理；还内涵着在横向的空间轴上单向的、从“野蛮”朝向“文明”的距离序列化，亦即是中心－周边及远近之亲疏化的原理。在这两个原理之间，又均可以和“远近”、“上下”、“内外”、“高低”、“优劣”、“先后”、“本末”等关系范畴发生对应和转化。此种族群“生 / 熟”论，曾经就是扎根于汉文化乃至于“中华”文化之深层的一种文化同化论、文化中心论和文化优劣论。可以说，中国多民族关系史上大量的族群“生 / 熟”论历史叙事或言说，主要是“中国”看待周边“四夷”的一种认知框架，在很多时候，它是单向、片面，有时甚或是具有偏执性的言说。虽然它作为汉文化或中原王朝的一种自以为是、自以为中心的认知框架，但此种分类亦具有认识论的某些意义。通过从“生”到“熟”的教化、同化过程，异族群就是可以接受、可以理解，可以把握，可以通融的。虽然它难以避免地具有历史的局限性和“汉文化中心主义”式的偏见，但因为其对于“他者”的认知意义而仍然值得引起学术界的重视。正是基于其认知的意义，族群的“生 / 熟”分类又具有某种应用性，亦即支撑古代王朝民族政策之方法论的侧面，尤其是历代中原王朝的同化（多数情形下，亦即汉化）政策，往往就是推动异族群从“生”到“熟”的变化；而所谓的分化政策，经常就是将“生”、“熟”予以区隔，分别对应，亦即正如谭其骧所指出的那样，“饵‘熟蛮’以利禄，使征‘生蛮’，此为历代常用之政策”①。

诚如王明珂指出的那样，汉语文献中对四方边缘人群的书写或言说，举凡涉及“生 / 熟”分类的，像“生苗”、“熟苗”，“生羌”、“熟羌”，“生夷”、“熟夷”，“生蛮”、“熟蛮”等等，无非都是“汉化”在此进行的“征兆”②。

---

① 谭其骧：“近代湖南人中之蛮族血统”，《史学年报》第二卷第五期，1939 年。

② 王明珂：“由族群到民族：中国西南历史经验”，《西南民族大学学报（人文社科版）》2013 年第 1 期。

他特别指出，无论是视“汉化”为汉文化之伟大包容力的证明，还是视其为大汉族主义对非汉族群予以歧视的结果，都不能够完全符合现实、具体的汉化过程。汉人或后来的“中国”之人，进而也可以扩及大一统的中原王朝的政治文化体系，自古就主要是只以文化的异同和程度来分辨“夷”和“夏”的，往往不以血统的区别来歧视或隔断族群之间的关系，因此，蛮夷入华即为华，与华夏杂居或接受了“教化”、“王化”，就可以成为夏，如此便不难理解，从“生”到“熟”之“化”的过程，正是中央王朝及汉文化中人所极力鼓励和期待的。异族群的“生”与“熟”，固然多以是否接受官府管辖及服纳税役为标准来划分的，但在“本土认知层面”，所谓的“生番”、“熟番”与“汉人”之间的边界却往往相当模糊。例如，那些经常歧视“生蛮子”的人，自身也有可能被邻近的“他人”视为“生蛮子”或“熟蛮”，甚至自称“汉人”并歧视“蛮子”的人，自身也有可能被他人视为“蛮子”。在西南云贵川等地区，所谓的“熟苗”往往在服饰与生活习俗上力求模仿汉人，甚或也自称“汉人”，并由此将自己区别于邻近的“生苗”，由此可知，近邻人群之间的歧视与模仿，反倒有可能是推动汉化进程之重要的社会与文化机制[①]。不过，在此需要补充的是，“生苗”、“熟苗”原本是作为一种“他称”的分类，但在某些条件下，例如在新的族际政治环境下，却也有一定的可能会被它所指称的对象族群所“内化”，例如，

① 王明珂：“由族群到民族：中国西南历史经验”，《西南民族大学学报（人文社科版）》2013 年第 1 期。

当“生苗”成为文化纯粹性的符号时，“熟苗”反倒有可能受到“生苗”的逆向歧视。

族群的“生 / 熟”分类，并不是汉语文献中唯一可被用来表示“文明”和“野蛮”的语汇，它和其他类似的语汇之间往往能够相互转换。谭其骧曾经指出：东汉时有所谓“五里六亭善蛮”者，盖即后世所谓“熟傜（瑶）”、“熟苗”也。各蛮族皆有“生”、“熟”之分，而“生”、“熟”之分，初无种族上之根本不同，不过因其汉化程度之深浅，予以区别而已。故“生 / 熟”随时代而推移，其始为生，既而进于熟，熟之斯极，遂变而为“汉”矣。是则东汉时之熟蛮，迟至魏、晋、六朝时，当已尽变为汉[①]。再比如，台湾的“生番”和“熟番”，经郭志超辨析，某种程度上是和“野番”、“土番”这一对范畴分别对应并可以相互置换的[②]。在云南省，清朝时有“生倮倮”和“熟倮倮”之分类，通常也很容易和所谓的“野倮倮”、“家倮倮”之分类相互对应并转换。此种“家”、“野”之分，实际上可以对应于因居住地不同、经济生活不同而分别出现的定居倮倮族和依然处于游猎状态的“野倮倮”[③]，它几乎就是“生 / 熟”的另一种说法。

古代汉文化倾向于依据“生食”和“熟食”来隐喻或暗

---

① 谭其骧：“近代湖南人中之蛮族血统”，《史学年报》第二卷第五期，1938 年。

② 郭志超：《闽台民族史辩》，黄山书社，2006 年 5 月，第 49—50 页。

③ 高志英：“流动的文化和文化的流动——唐代以来傈僳族的迁徙及其文化变迁研究”，载周星、于惠芳主编：《民间社会的组织主体与价值表述》，北京大学出版社，2010 年 11 月，第 232—242 页。

示“野蛮”和“文明”的分野，其对异族群的“生/熟”分类正是由此生发的。但意味深长的是，历史上一些由少数民族建立的局部政权如辽国，或大一统的王朝如元朝和清朝，也都或多或少地采用了同样的“生/熟”分类。对于由契丹人建立的辽国而言，把女真区分为“生女真”与“熟女真”，其标准主要是以是否被纳入“辽籍”、被直接统治而划定的，但也难以排除此“生/熟”分类是受到了汉文化某种程度的影响。因为辽国采用了很多汉人官僚，以至于有专家认为它实际上是一种基于二元组织（《辽史·百官志》：“以国制治契丹，以汉制待汉人”）的“混合国家”，其在文化和组织上都是“汉式”的①。辽王朝从最初起就把自己列入了中华王朝的行列，屡屡自称“中国”②。至于蒙古人建立的元朝和满族建立的清朝，同样都经历了类似的“入主中原”的过程，以及主动、进取地汲取中原王朝的“天下”理念，并逐渐地自我认同作为中国的一代王朝。元朝和清朝统治者均通过采用汉儒以及程度不等地接受汉文化，并进一步在“夷而进入中国则中国之”（元初郝经语）的原理下，积极主动地“用夏变夷”，从而最终获得并巩固了汉人士大夫对其合法性及正统性的认同③。例如，元朝对云南的统治直接而又

---

① 〔美〕巴菲尔德：《危险的边墙——游牧帝国与中国》（袁剑译），凤凰出版传媒集团江苏人民出版社，2011年7月，第131、219、225页。

② 王柯：《民族与国家——中国多民族统一国家思想的系谱》，中国社会科学出版社，2001年4月，第124、126页。

③ 姜海军：“蒙元‘用夏变夷’与汉儒的文化认同”，《北京大学学报》2012年第6期。

深入，其曾把当时的蒲人、濮人（或系佤德语支系统的民族）也分出“生 / 熟”来，亦即将靠近内地、和元朝保持关系的视为“熟蒲”，而把分布于更远的西南、不和元朝交通的视为“生蒲”（野蒲）[①]。到明清时期，这种“生 / 熟”之分又和“大卡”、“小卡”之分相对应，从而形成了“生卡佤”=“大卡”=“野卡佤”，“熟卡佤”=“小卡佤”的对应关系，通常是把具有“猎头”习俗的卡佤称之为“生”，将不再“猎头”的称之为“熟”[②]。其先祖曾经被分类为“生 / 熟”女真的满族，在建立了大一统的清王朝之后，更是全面地接受了“中国”、“天下”、“教化”等一系列天朝理念，同时又进一步把对周边异族群的“生 / 熟”分类应用得更加娴熟、更加泛化。

对族群之“生 / 熟”，学者们也有一些辨析。徐中舒曾经指出：生者，新也。“《庄子·胠箧篇》释文引向注：‘新者为生’；《荀子·礼论》：‘饭以生稻’，生稻新获之稻也；《庄子·天地篇》：‘生熟不尽于前’，生者陌生之人，熟者习熟之人。后世称生女真、熟女真，生苗、熟苗，生黎、熟黎，皆此意。”[③]这是说族群的“生 / 熟”和他人的“生 / 熟”乃是基于同一个逻辑。

汉语文献中反映出来的一般汉人官僚和士大夫们对异族

---

① 罗之基：《佤族社会历史与文化》，中央民族大学出版社，1995 年 5 月，第 51—52、62 页。

② 罗之基：《佤族社会历史与文化》，第 92 页。

③ 徐中舒：《先秦史十讲》之“第二讲 北狄在前殷文化上之贡献——论殷虚青铜器与两轮大车之由来”，中华书局，2009 年 7 月。

群的“生/熟”分类，经常会表现出“妖魔化”和“浪漫化”这样两种不同的倾向。例如，在《皇清职贡图》中所描绘的台湾“生番”形象，主要是披发、裸身或以草叶蔽体，多少反映出汉文化基于“非我族类”之意识而对异族群的“非人化造型”认知取向，众所周知，这种“妖魔化”倾向最典型的莫过于对异族群之族称的“动物化”表象。相对而言，后来的《番社采风图》却也表现出一定的同情、理解和尊重（图21）[①]。类似《皇清职贡图》那样的绘图版民族志，固然是有助于朝廷和地方官员了解不同族群的风俗习惯，以便于治理，但亦如王富文指出的那样，和上古时期的《山海经》相比较，中原王朝和汉文化对异族群的认知或印象，其中也逐渐地从异化、神秘化演变成为怀有同情并试图取理解的意向，正因为如此，在很多“百苗图”中，事实上便有一些作品致力于描绘人们的日常生活。明朝时的地方官僚钱嵘曾做《悯黎咏》：“中有黎母居，伊人尚蒙昧。凿井以饮渴，农田亦时艺。荒路暧匪通，幽岩或交市。虽尔隔华界，犹纪王正岁。生黎若草木，荣陨随和厉。熟黎若鸟兽，儦俟无智虑。所以古先圣，驭之以不治。”亲历征讨战争的钱嵘，虽在其感怀之作中表达了深切的同情，但也不乏对其原始状态（“生”）的“误读”。此外，在部分汉族文人的诗歌作品中，有时也会流露出对异族群文化的浪漫式误读，如元人张翥《忆闽中》的诗句：“人多熟酒烧藤叶，市有生蛮卖象牙。”又如陆荣

① 祁庆福、史晖等：《清代少数民族图册研究》，中央民族大学出版社，2012年2月，第295页。萧琼瑞：《岛民·风俗·画》，东大图书有限公司，1999年4月，第357—360页。

柜为友人的台湾“番社图”所作“题黄侍御番社图”诗云：“日丽中天万国环，八埏风俗版图间。谁言黑齿雕题远，只在鳞洲小水湾。清时绝岛似仙乡，密箐深林化日长。捉罢野牛还捕鹿，闲来饱饭夜舂粮。”这首诗把台湾番社描述为如此自给自足的“世外桃源”，就具有明显的浪漫化色彩。

图 21　六十七《番社采风图・乘屋》

清道光年间曾任噶玛兰通判的官员柯培元在所撰《噶玛兰志略》中，曾收录了他创作的《生番歌》和《熟番歌》（同治十年修纂的《淡水厅志》卷十五亦予以收录）：

生番歌

风藤缠挂傀儡山，山前山后阴且寒。怪石丛菁巨龟卧，横眼老干修蛇蟠。

呦鹿结群觅仙草，捷猿率旅寻甘泉。蕉叶为庐竹为壁，松皮作瓦棕作椽。

中有毛人聚赤族，群作鸟语攀云巅。鲸面文身喜跳舞。唐人头颅汉人奸。

或言嬴秦遣徐福，童男童女求神仙。神仙不见见荒岛，海岛已荒荒人烟。

五百男女自配合，三万甲子相回环。不识不知觉太古，以似以续为葛天。

何不招之隶户籍？女则学织男耕田。人生大欲先饮食，此辈喜见盛衣冠。

熙朝版舆轶千古，梯山航海暨极边。此亦穷黎无告者，圣人仁政怀与安。

熟番歌

人畏生番猛如虎，人欺熟番贱如土。强者畏之弱者欺，无乃人心太不古？

熟番归化勤躬耕，山田一甲唐人争。唐人争去饿且死，翻悔不如从前生。

窃闻城中有父母，走向城中崩厥首。啁啾鸟语无人通，言不分明画以手。

诉未终，官若聋。窃视堂上有怒容。堂上怒，呼杖具。

杖毕垂头听官谕：嗟尔番，汝何言？尔与唐人吾子孙。

让耕让畔胡弗遵！吁嗟乎生番杀人汉人诱！

熟番翻被唐人丑。为民父母者虑其后。

细读《生番歌》，可知作者对“生番”有着诸如“太古”或“仙境”式的浪漫化误读，也有将其纳入朝廷户籍和以“仁政”将其同化的抱负；而《熟番歌》则充满了对于“熟番”的深切同情，作者对“唐人”抢夺“熟番”山田以及“父母官”欺压“熟番”的现实，给予了尖锐的批判。

中国古代汉籍文献对异族群“他者”文化的描述，如果要表达其“开化”的水准较低，往往就要指出其具有“生食”的习惯。这一类描述与其说是客观的，倒不如说是象征性，甚或是想象着的，因为通过对“生食”或“茹毛饮血”之类情形的描绘而讲述异族群“他者”的“蒙昧”与“野蛮”或“原始”，几乎成为古代汉籍文献的一种固定和标准性的“语汇”。例如，关于贵州的苗族，还曾有一种较为特别的观点，亦即把是否“酸食”视为“生苗”的文化特点①。苗族传统饮食“以酸代盐”，嗜好酸食，这原本是对官府严控盐业的无奈但又不乏智慧的回应，但在“台拱、凯里、黄平、施秉”等地，因苗族民众“多野性，所食皆生物，即鱼肉亦以微熟食为鲜”，故被视为“生苗”②。将未经煮熟的食物，或者“微熟”，或者嗜酸（亦即腐食）作为“生苗”的文化特征，其实这正是从食物之“生 / 熟”过渡到族群之“生 / 熟”的典型例证。

由于对异族群的“生 / 熟”分类意识深潜于汉文化的分类逻辑之中，所以，它也会时不时地见于当代，往往还成为一些学者的描述或分析之语。例如，历史学者唐嘉弘曾认为，

---

① 张馨凌：“酸食的地域性研究——以贵州黔东南西江苗寨为例”，《百色学院学报》2015 年第 5 期。

② 李汉林：《百苗图校释》，贵州民族出版社，2001 年 7 月，第 86 页。

元明时期分布在川南一带的“都掌蛮”，有所谓“水都”和“山都”，意思是指他们分别居住于山上和水滨平地，可能二者之间就是“生”与“熟”的区别，“水都”吸收汉文化较多，和“山都”的不同乃是文化融合过程中的差异[①]。就中国的多民族杂居区而言，由于往往存在垂直分布的情形，那些居住在山脚、平坝的较为先进或接近于汉人的民族，历史上有时就会加以“熟”字，如“熟番”、“熟黎”等，表示他们和“生番”、“生黎”有所不同[②]。此外，巫达博士把黑彝和白彝不是视为等级的不同，而是指出其分布区域不同，乃是不同的亚族群，白彝是土司管辖区的人，是王化的“熟蛮”；黑彝是土司权力控制不了的人，是不服管理的“生蛮”。来源于汉语翻（误）译的“黑”、“白”两分法，从背景看，“黑”者象征“未开化的，野蛮的，未汉化的”，与“生蛮”、“生番”等对应；“白”者象征“开化的，较文明，接近汉族的”，与“熟蛮”、“熟番”相对应。这是“黑”、“白”两种颜色分别被用来象征两个亚族群的反映，这种象征直接来源于汉语，反映了尚白厌黑的汉民族心理[③]。

拥有悠久的文字历史的汉文化，采用汉语文和自我中心的分类认知逻辑，对于通常主要是无文字民族进行的“生/熟”分类及表述，其中内涵着从“野蛮”到“文明”的假设，因此，它可以说是中国汉文化有关“文明”乃至整个中国或中华体

① 唐嘉弘：《中国古代民族研究》，青海人民出版社，1987年8月，第276页。
② 同上书，第434页。
③ 巫达：《社会变迁与文化认同——凉山彝族的个案研究》，学林出版社，2008年8月，第138页。

系的“文明论”言说之一，其形成与发展对历代中央王朝的民族政策产生了直接和深远的影响。事实上，它促成了以“文化同化”为主旨的权力性的话语传统，从而使其原本具有的片面性被遮蔽起来，进而也很有可能扭曲多民族国家的历史和复杂族际关系的某些真相。

在中国这个大一统和多民族构成的国家结构中，汉民族长期以来在与周边其他很多少数民族的密切交往中，不仅吸纳了少数民族的很多文化影响和人口，也对周边少数民族产生过很多影响，形成了一套完整的“民族观”。汉文化的民族观说起来也很复杂，既包括以“中心”统治“边缘”为前提的大一统的“天下观”，也包括“夷夏之防”、“夷夏之辩”的民族观；既有“四海之内皆兄弟”的内容，也有“非我族类，其心必异”的成分。在古代，如对少数民族的一些蔑称所反映的那样，甚至也有一些种族歧视的倾向，但总体上又将“文化”看作是比“种族”更为重要的因素。历来对汉文化之民族观的研究，在族群分类方面多有忽视，应该说，对周边族群的“生 / 熟”分类，正是这一民族观最为重要的组成部分。

在由内到外、由近到远、由亲到疏、由中心到边缘、由“熟悉”到“陌生”的多族群“世界”秩序里，还可以不断地把与亚洲人体质特征不同的“外番”（如“红毛番”之类）也包括了进来[①]。对少数族群或异族的“生 / 熟”分类，正是这样一种秩序化的努力，一定意义上，它也是对“差序格局”的一种放大。其实在中国历史上，不只少数族群，汉人

① 彭兆荣：《红毛番》，《厦门大学学报》1998 年第 3 期。

也不例外，大凡处于朝廷控制之外者，便是“化外”的蛮夷，要受到排斥；前来归附接受“王化”者，则受到鼓励，被认为是“慕化”或“向化”。故历史上去海外移民，几乎就等于难民、弃民，从来得不到朝廷的保护，且向来被认为是坏事而非好事[①]。

在历史上，“生 / 熟”的族群分类和表述，固然有汉文化中人愿意看到或更加容易理解的“现实”，并由此构成了其异域“番情”知识的一部分，但其中也不乏盲目“想象”和人为“建构”的成分。尤其是在以汉文化为核心、为“正统”而搭建的“中华”文明之大一统“天下”体系之内，族群“生 / 熟”论无疑正是“华夷”中心—边缘文明论的一个最为通俗而又根深蒂固的版本。因此，在文化相对主义的人类学文明观传入中国之前，一般的汉人几乎对它不具有免疫、反省和自我批评的能力。直至辛亥革命之后，中国成为一个独立的多民族共和的国家，而不再是以“天下”为理念的天朝帝国，于是，已经和时代格格不入的族群“生 / 熟”论也才终于被各民族共和、平等和团结的政策理念所取代。

自 20 世纪 50 年代以来，和新的多民族国家的意识形态相适应，除了对“中华民族”或“国族”的重新阐释与建构实践之外，对于国内各少数民族的研究也进入了通过实地的田野调查，展开实证、科学之民族研究的新阶段。1950—1970 年代涉及少数民族的历史、语言（包括方言）和文化的

① 曾少聪：《东洋航路移民》，江西高校出版社，1998 年 11 月，第 38—42 页。

大调查以及大规模的“民族识别”工作，是将每一个少数民族均视为一个整体，从而彻底地超越和摈弃了异民族“生/熟”论的言说传统，应该说，此种新的“民族认识的人类学”[①]，乃是以费孝通的“多元一体”理论为指向、为归宿的。

① 瀬川昌久編：『近現代中国における民族認識の人類学』、第ⅰ—ⅷ頁、昭和堂、2012年1月。

结 语

本书是针对中国汉人社会及文化所做的一项结构主义人类学式的研究。我把法国人类学家列维-斯特劳斯有关"生食"与"熟食"的命题，引入对中国汉人社会及文化的本土人类学研究之中，尽最大努力去动员本土社会及文化的多种观点和素材，深入地开掘母语文化的逻辑，从而不断地深化和反思从文化人类学和民俗学的视角对于汉人社会及文化进行深度探索的可能性。

正如列维-斯特劳斯在其《野性的思维》一书中指出的那样，结构主义人类学的分析，是要超越千差万别的经验事象的层面，获致其背后或深层的人类社会及文化的"常项"，本书有关汉人社会及文化之"生/熟"问题的讨论，无非也是想要去揭示汉人社会及文化中，以及我们日常生活里一些潜在"常项"的意义。我们使用汉语言所形成的分类体系和民俗概念，固然是在我们的社会及文化里，原本就具备了普世性的，是我们基于人类的感性和理性的依据创造出来的，但同时，由于置身其中的缘故，我们却经常是被经由这些分类范畴或由方言俗语、乡土语汇所表象或意味着的那些"常识”所淹没、浸透和遮蔽，故对于它们反倒常有不假思索地视之为“理所当然”的倾向。在这个意义上，本书试图探索的正是有可能被那些理所当然的“常识”所屏蔽的本土文化的深奥之域，希望由此助长我们的文化自觉，深化我们有关自身的自知之明。

本书的写作过程，同时也是在自己亦置身其中的“生活世界”里，不断地致力于“将熟悉之处去熟悉化”[①]的努力过程。本书的研究策略是把汉人社会及文化中诸如“生食/熟食”、“生药/熟药”、“生人/熟人”之类的二元对立事项，视为是生活文化和经验层面的分类逻辑。在汉人现实的日常生活世界，“生/熟”的分类逻辑引申出了很多生活智慧，当然也产生了不少困扰。但本书将通常很难被学者们彼此联系起来予以思考的来自不同领域的问题，通过“生/熟”这一民俗分类范畴加以融会贯通，试图哪怕只是部分地揭示和解释为我们所处在的社会及文化的一些“常识”所遮蔽的真相及其意义。在我看来，这也正是本土人类学和民俗研究这一学术实践的方向所具有的魅力。

在中国的文化史上，古代思想家们对于能否“用火”以及是否“熟食”，均看得非常重要，将它视为是从“野蛮”进化到“文明”的根本性标志。古代文献强调了“未有火化”之前和后来“修火之利”之间的巨大变化，亦即先民们得以从“茹毛饮血”的状态，逐渐发展出烹调、宫室、青铜器、

① 〔英〕戴维·英格利斯：《文化与日常生活》（张秋月等译），中央编译出版社，2010年6月，第14—16页。

礼仪等高度的文化与文明。这其中表现的思想和列维－斯特劳斯提示的“生/熟”对应于“自然/文化”的思路可以说是不谋而合。

在讨论中国汉人社会及文化中“生”与“熟”这一对民俗分类范畴的意义时，我们不难发现，由列维－斯特劳斯提示的“生/熟”二元对立的认知结构或思维模式，在中国文化，尤其是在汉人的饮食文化中，确实是能够得到明晰的确认，并获得强有力的支持。可以说拥有数千年历史的汉文化，已经将“生/熟”这组二元对立的分类范畴或其中所内涵的逻辑发挥到了淋漓尽致的地步。中国的饮食文化在漫长的发展过程中，发明出了无数多的烹饪技术和加工、料理食材的方法，就此而言，它是达致“烂熟”的文化。不仅如此，在汉人社会及文化中，此类致力于从“生”到“熟”的努力，以及在“生”与“熟”之间寻找更多可能性的创造性实践活动，还逐步地扩展到中医药、手工制作以及书画、书法艺术，甚至人生仪式、人际关系实践以及对异族群“他者”的理解等中国文化的很多其他领域。这些相隔遥远、看起来似乎是“风马牛不相及”的领域，如本书揭示的那样，它们彼此之间却始终内在地贯穿着相同或类似的分类原理或思维逻辑。

通过对众多的事实、具体的现象和一些独特案例所做的描述与分析，本书指出，延伸、扩展、适用或渗透于各相关领域的“生/熟”分类，它们彼此之间存在着能够相互转换或过渡的对应关系。例如，经由“烹饪”使得食物由“生”变“熟”；经过“炮制”使得中药从“生”到“熟”；经由“教育”、“训练”和“性”的经验使得男人和女人从“生涩”到“成熟”；经由“社交”使得“生人”成为“熟人”；以及经由“同化”使得少数民族“他者”从“生”到“熟”等等；这些不尽相同的过程和状态彼此之间，却是非常明显地处于可以相互转换的对应关系之中。正因为如此，我们也就不妨将“生/熟”作为一组抽象性较高、有较宽的概括力和较强的解释力的学术概念或术语来考虑，进而采用它对中国本土的汉人社会及文化进行一些探索性的深究。

本书讨论的“生/熟”分类本身及其相关的表述，并没有那么复杂，而是相对较为简单和直白的。我认为，真正深奥的地方或许是人们在“生/熟”之间的各种实践性活动。“生食/熟食”之间的“烹饪”或“料理”，仅“火候”一项就有无限多的精妙之处，由此就在“生/熟”出现很多的可能的“度”（程度），这才是厨师可以真正发挥个性的空间；陶器在从“生坯”到“熟器”的过程中，经由炉火烧制的程序，同样也要有深谙“火候”、“时辰”等诸多关键的“熟练”窑工去掌控；要成功地走到并完成人生巅峰的结婚仪式，需要有漫长的相亲、恋爱、“拍拖”，直至把异性他者或她者与自己一起“烧”或“炒”为“成熟”的状态；想要获得社会周遭的承认，就要好好做人，就需要主动去“社交”，不断地把“生人”纳入自己的“熟人圈”，但社交却有无限多的“分寸”需要拿捏，当然也包括对世态炎凉的复杂体味；要把异族群从“生”的状态“同化”为“熟”的状态，但“同化”却也是有着非常多的政策举措需要去试错和实践。

总之，在过去20多年间，经由持续不断的思考，我最终是倾向于认为，“生/熟”问题的枢纽就在于人们在“生/熟”

之间，几乎是无限多地拥有从事各种日常生活实践及社会文化实践的可能性。因此，“生 / 熟”有度、“生 / 熟”之间，才是本书所要揭示的真正的奥义。

后记与鸣谢

1998年7月2日，在北京大学主办的教育部第三届社会文化人类学高级研讨班上，我以“生与熟：汉人社会文化中的一对分类范畴”为题做了发言，得到了当时与会师友的点评和指教。后来，我将发言提纲扩充成文，以“‘生’与‘熟’：汉人社会与文化中一组重要的民俗分类范畴”为题，作为北京大学社会学人类学研究所的“ISA工作论文”（1999年015号），供学界同行进一步批评。随后，将题目改为“‘生’与‘熟’：关于一组民俗分类范畴的思考”，发表于马戎、周星主编：《二十一世纪：文化自觉与跨文化对话（二）》，第376—404页，北京大学出版社，2001年5月；随后又收入笔者学术文集《乡土生活的逻辑——人类学视野中的民俗研究》，第1—24页，北京大学出版社，2011年4月。

2012年12月24—25日，在日本国立民族学博物馆举办的主题为“中国的社会与民族——人类学的分析框架和个案研究”的国际研讨会上，我提交了题为“人的‘生/熟’分类与汉人社会的人际关系”的专题论文。我在25日的口头发表，得到了韩敏、横山广子、濑川昌久、小长谷有纪、秦兆雄、田

村克己诸位教授的点评和指教。该文作为日本国立民族学博物馆“机关研究”课题“中国における家族・民族・国家ディスコースの生成と実態——グローバルな視点から(Generation and Dynamism of Discourses, Family・Ethnicity・State in China-From Global Perspectives. 课题代表：韩敏，2012—2014）”的成果之一，后被收录于韩敏、末成道男编：《中国社会的家族・民族・国家的话语及其动态》，第 61—87 页，Senri Ethnological Studies，2014 年 3 月；随后，又收入笔者学术文集《本土生活的常识——人类学视野中的民俗研究》，第 130—164 页，北京大学出版社，2016 年 2 月。

2013 年 11 月 18—19 日，中国社会科学院民族学与人类学研究所与日本国立民族学博物馆联合在北京举办了主题为“中日人类学・民族学的理论创新与田野调查”的国际学术研讨会，我提交了“汉文化对周边异族群的‘生 / 熟’分类”，并在大会发言，得到周大鸣、韩敏、色音诸位学者的点评与指教。此文后收入韩敏、色音主编：《人类学视野下的历史、文化与博物馆——当代日本和中国的理论实践（Anthropological Perspectives on History, Culture and Museum: Theoretical Practice in Japan and China）》，第 221—263 页，National Museum of Ethnology Japan,2018。由于该文较为冗长，故后来又应王延中教授约稿，以其为基础，另行压缩完成了一个简本：“古代汉文化对周边异民族的‘生 / 熟’分类”，发表于《民族研究》2017 年第 1 期。此外，该论文的日语版译文「漢文化の周辺異民族への「生 / 熟」分類」，由宫胁千绘博士翻译，收入韩敏编『家族・民族・国家——東アジ

アの人類学アプローチ』一书，将由日本国立民族学博物馆于2019年3月底之前出版。

日本国立民族学博物馆于2014年11月22-23日，在大阪举办了主题为“中国文化的持续和变化（Continuity and Change of Chinese Culture：Family, Ethnicity and State under Globalization）”国际研讨会，我提交了题为“汉文化中人的‘生涩’、‘夹生’与‘成熟’”的论文，我在22日下午的口头发表，以“漢人社会とその文化からみる個人の『生』から『熟』への成長”为题，得到了横山广子、梁闲淳、潘宏立、聂莉莉诸位学者的点评和指教。随后，该文收入这次国际会议的论文集：『中国文化の持続と変化—グローバル化の中の家族・民族・国家—/中国文化的持续与变化——全球化中的家族・民族・国家/Continuity and Change of Chinese Culture：Family, Ethnicity and State under Globalization』，第102—128頁，国立民族学博物館、2014年11月；后正式发表于《民俗研究》2015年第3期。不久前，该文的英文压缩版也得以问世，可参见：ZHOU Xing：A Person's Being “Raw,” “Half-cooked” and “Cooked” in Chinese Culture”, Han Min, Kawai Hironao and Wong Heung Wah (ed): Family, Ethnicity and State in Chinese Culture Under the Impact of Globalization, Bridge21 Publications,LLC. pp.105-121.

2015年10月16日，我在美国参加了在加利福尼亚州的长滩（Long Beach）召开的美国民俗学会（AFS）2015年年会，并在以“中国日常生活的仪式实践”为主题的中国民俗学的分科会上，以“汉文化中‘人’的生涩、夹生与成熟”为题，做了口头发言，由于张举文教授的鼎力翻译，围绕这一话题，得到了美国民俗学家苏独玉（Sue Tuohy）和中国民俗学家游自荧等人的点评和讨论。紧接着，在10月22日，由崴涞大学（Willamette University）亚洲研究中心资助的一个小型国际会议（The Seminar on the Meaning of Becoming an Adult in East Asia），在俄勒冈州西宁市（Salem）得以举行，这次会议以我的美国访学计划“东亚的‘成人’与成人式”为主题，邀请了中美日十多位学界同行一起讨论，我的发言题目为“成人的‘生’与‘熟’”、“现代社会的成人礼”，并得到张举文、铃木规夫、高丙中、萧放、王杰文、张霞等多位学者的指教和评论。

如上所述，本书的主要内容，实际上是在过去20多年间陆续完成的。承蒙很多学术界同行友好的不弃和鞭策，这些慢慢积累起来的内容和延展开来的思路，才逐渐地形成了一些看起来算是有一定的新意之处。如果没有各位学界朋友的指教和鼓励，我自己未必能够坚持这么长久。商务印书馆编审李霞博士鼓励我把上述那些研究篇章改写成册；爱知大学的博士研究生钱寅帮助我核对了本书所引述的历史文献；另一位博士研究生朱皓轩替我校读全书，并指出存在的一些问题，使我有机会把它们改正过来。在此，我谨向各位致以最为诚挚的谢意，也由衷地期待本书在问世之后，能够得到广大读者的批评和喜爱。

周　星

2018年12月1日，名古屋